U0962056

新物流培训系列

仓储可视化管理 2

图表诠释仓库作业全流程管理方案

叶剑◎著

中国经济出版社
CHINA ECONOMIC PUBLISHING HOUSE
·北京·

图书在版编目（CIP）数据

仓储可视化管理．2，图表诠释仓库作业全流程管理方案 / 叶剑著．-- 北京 ：中国经济出版社，2025. 2.

ISBN 978-7-5136-8074-5

Ⅰ. F253

中国国家版本馆 CIP 数据核字第 2025W416H4 号

责任编辑　夏军城
责任印制　李　伟
封面设计　任燕飞

出版发行　中国经济出版社
印 刷 者　天津嘉恒印务有限公司
经 销 者　各地新华书店
开　　本　710mm × 1000mm　1/16
印　　张　15.75
字　　数　258 千字
版　　次　2025 年 2 月第 1 版
印　　次　2025 年 2 月第 1 次
定　　价　88.00 元

广告经营许可证　京西工商广字第 8179 号

中国经济出版社　**网址** http: //epc.sinopec.com/epc/　**社址** 北京市东城区安定门外大街 58 号　**邮编** 100011

本版图书如存在印装质量问题，请与本社销售中心联系调换（联系电话：010-57512564）

版权所有　盗版必究（举报电话：010-57512600）

国家版权局反盗版举报中心（举报电话：12390）　服务热线：010-57512564

序 言

管理仓库看似简单，但真正管理好仓库并不简单！

管理仓库，既要懂得现场管理的方法（如何管理人员、设备、货品、物料），又要能通过数据分析优化流程并提高各环节的作业效率，要在确保库存准确率的同时，提升空间利用率和作业效率。遗憾的是，掌握现场管理方法的仓库管理人员并不多，其中可基于数据分析提高作业效率的更少。那么什么样的仓库管理才是合格的呢？

表 0–1 什么样的仓库管理才是合格的

什么样的人才叫会管理仓库？

仓储匠人

1.会管理熟悉的货品/仓库，不会管理其不熟悉的货品/仓库；×

2.其管理的仓库货品其他人都找不到，无法配货；×

3.有ERP、WMS的仓库会管，没有ERP、WMS的仓库不会管；×

4.一位一货，标识清楚，任何人拿着配货单都能到其管理的仓库进行配货；√

5.不仅能管理好库存货品，完成各项操作，而且能对各方面数据进行统计分析，提供有价值的报表数据；√

6.无论是不是其熟悉的货品/仓库，任何行业、任何业务类型的仓库，不管有无ERP、WMS等系统，都可以通过正确的方法进行管理。√

要管理好仓库，仓库管理人员必须将“魂”融入仓库。

在我看来，要干一行爱一行。没有一腔热情，不想成为仓库管理方面的能人，自然就管不好仓库。仓库管理人员要乐在其中，把解决仓库管理问题当成乐趣。

仓库管理人员只有将“魂”融入仓库，才会想办法弄清楚仓库里有什么货品，才会思考要做哪些事，才能感受仓库里发生的变化（哪些货品存储超过 1 个月了？哪些货品临近有效期？哪个巷道很久没有拣货作业了？订单从哪些库位拣货？人员怎么走，哪条路径最优？）

当我们开始关注每一个出入口、每一组货架、每一个巷道、每一辆液压车、每一把封箱器、每一个PDA、每一箱货物、每一盏灯、每一个水龙头、每一张单据、每一堆物料……就说明我们已真正进入仓库管理的状态。

目录 Contents

第1章　仓库运营基点

1. 供应链、物流与仓库（★）

作为仓库管理者，需要了解国家物流标准术语，以及供应链和物流相关知识。

（1）供应链

供应链是指由产品生产和流通过程中涉及的原材料供应商、生产商、批发商、零售商以及最终消费者组成的供需网络，即由物料获取、物料加工，并将产品送到用户这一过程所涉及的企业及部门组成的网络。供应链网络上任何一个环节出现问题，都会给整个供应链带来影响。企业要稳定经营，不仅需要有稳定的运作团队、客户，还需要有稳定的供应商、承运商、代理商等。

（2）物流

物流是指在物品从供应地向接收地的实体流动过程中，将运输、储存、装卸搬运、包装、流通加工、配送、信息处理等基本功能（包括分拣、回收）有机地结合，实现用户或社会需求的过程。

（3）仓库及其功能

仓库是保管、储存物品的建筑物和场所的总称，是从事包装、分拣、流通加工等物流作业活动的物流节点设施。一般而言，仓库具有以下功能。

①储存和保管。

②调节供需。

③调节货物运输能力。

④配送和流通加工。

（4）库内保管要求

①严格验收入库货物：货物短少、破损有可能不是在库内发生的，而是

入库前已经存在。因此，必须对来货进行严格验收。

②适当安排储存场所。

③进行堆码苫垫。

④控制好仓库温度、湿度（自然通风、机械通风、密封、吸潮剂吸潮等）。

（5）物流类别

按照作用分类：供应物流、生产物流、销售物流、回收物流、废弃物物流。

按照物流活动的空间范围分类：地区物流、国内物流、国际物流。

按照物流系统性质分类：企业物流、行业物流、社会物流。

（6）物流的流向

实物流：指库存物品在仓库内外的流动，按作业流程的先后顺序，包括接运、验收、保管、保养、加工、分拣备货、包装、集货、发运、配送等环节。

信息流：指与实物有关的各种单据、凭证、报表、文件、资料、库存货物的档案等的填写、核对、传递、保存等。（有实物流就有信息流，信息流指导实物流。）

（7）仓库的分类

按使用范围不同分类：自用仓库、营业仓库、公用仓库、出口监管仓库、保税仓库。

按保管物品种类分类：综合库、专业库。

按仓库保管条件分类：普通仓库，保温、冷藏、恒湿恒温库，特种仓库。

按仓库建筑外观分类：封闭式仓库、半封闭式仓库、露天式仓库。

按建筑结构分类：平房仓库、楼房仓库、高层货架仓库、罐式仓库、简易仓库。

按建筑材料分类：砼结构仓库、砖石结构仓库、木结构仓库、钢结构仓库。

按库内形态分类：地面型仓库、货架型仓库、自动化立体仓库。

按仓库功能分类：集货中心、分货中心、转运中心、加工中心、储调中心、配送中心、物流中心。

为便于管理，仓库还可分为正品仓、残次品仓、高价货品仓、临期货品仓、呆滞待处理货品仓、特别对待货品仓等。这里的“仓”，也可以指一个特定的区域。

（8）仓库作业

仓库作业大多离不开装卸搬运、取下放上。

装卸搬运是指同一地域范围内进行的、以改变物品存在状态和空间位置为主要内容和目的的活动，具体包括装上、卸下、移送、拣选、分类等。

装卸搬运的原则主要有：①省力原则；②消除无效搬运原则；③提高搬运活性原则；④合理利用机械原则；⑤连续化原则；⑥保持物流的均衡顺畅原则；⑦集装单元化原则；⑧人性化原则；⑨提高综合效果原则。

（9）物流过程的“四个正确”

“四个正确”，即将正确的货物以正确的方式在正确的时间送到正确的地点。

正确的货物，从仓库管理角度来看，可以理解为品名、质量、单位、批次、数量正确，做到先进先出。

正确的方式，即收货、发货、理货、移库、盘点方式恰当，发货包装用料、包装方式及选用运输途径节能环保。

正确的时间，可理解为不早送不晚送，不等待不延误。从仓库角度来看，即及时补货、物料补给及时到位，不早不晚。

正确的地点，即准确到位，减少二次搬运。货物应该送到什么位置就送到什么位置，应该是几号门收货就是几号门收货。设备、物料、货品存储都要有相应的区域，要放到该放的位置；能用托盘堆码的要使用托盘，以便后续移动。提升效率的物流作业管理发展趋势如图 1–1 所示。

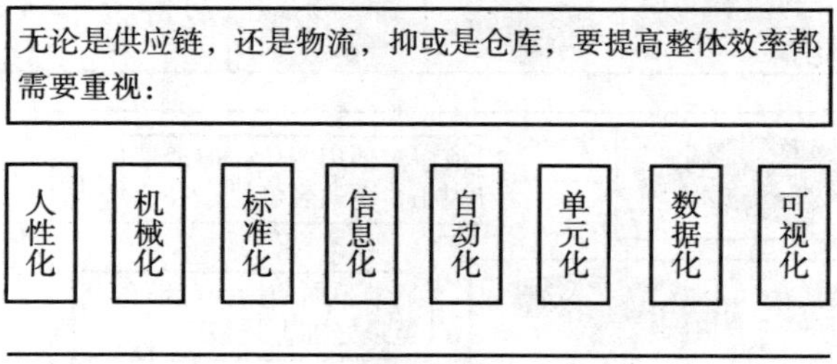

图 1–1　物流作业管理发展趋势

2. 仓库作业中用到的常见设备及技术（★★）

提升仓库空间利用率和仓库作业效率离不开相关的设备和技术。仓库作业常用的设备及技术主要有：①装卸搬运设备；②输送设备；③储存设备；④拣选设备；⑤分货设备；⑥检测计量设备；⑦流通加工设备；⑧包装设备；⑨信息处理设备；⑩打印设备；⑪清洁设备；⑫通风恒温设备；⑬消防设备；⑭办公设备；⑮展示演示设备；⑯无线射频技术与设备；⑰智能机器人；⑱货到人拣选技术等。

在选择设备时，仓库管理人员要考虑不同的设备适用于不同的仓库场景。即要事先了解每一类型设备的优缺点、适合的场景，多做比较，多了解同行的使用情况。

仓库作业中常见的装卸搬运和存储设备如图 1–2 所示。

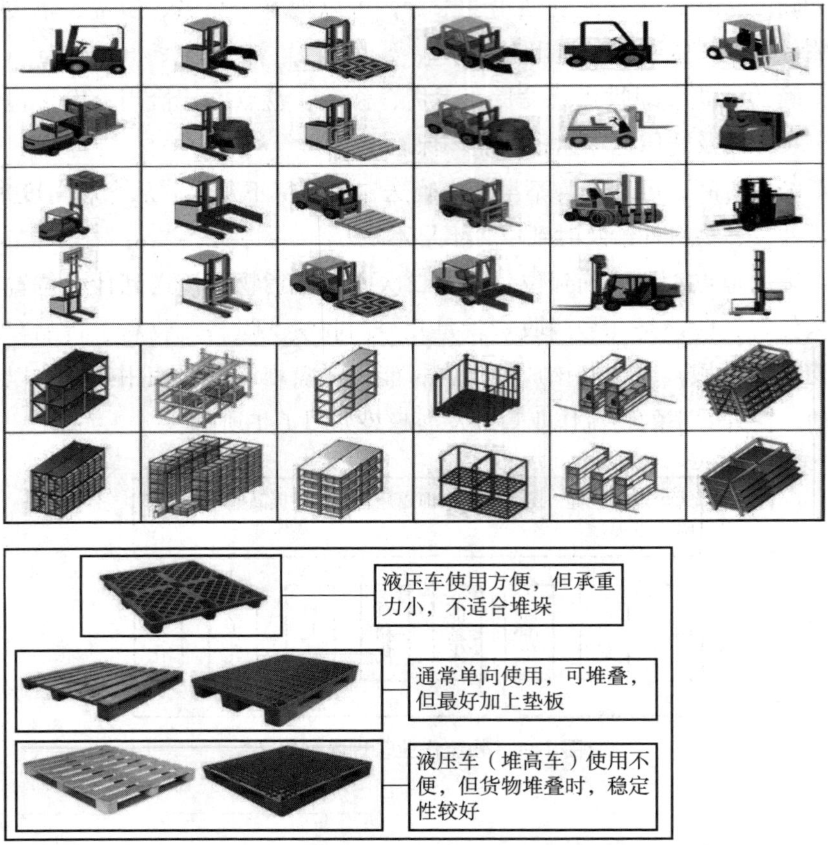

图 1–2　仓库作业中常见的装卸搬运和存储设备

一些设备虽不常见，但关键时离不开，如塔吊、行吊、起重机，如图 1–3 所示。

图 1–3　关键时离不开的塔吊、行吊和起重机

目前，生产货到人存储拣选设备和系统的企业较多，深圳一家企业生产的旋转式货架，下面铺有轨道，货架可以往复旋转，拣货人员只需在固定的拣货口等待拣货即可，拣货口同时是上货口和货物盘点口。这样的设计，对仓库结构没有太高的要求，层高不需要太高。由于拣货人员不需要进入货架区，故货架与货架之间基本不需要预留空隙，空间利用率较高，有一定的应用场景。该旋转式货架的拣货界面如图 1–4 所示。

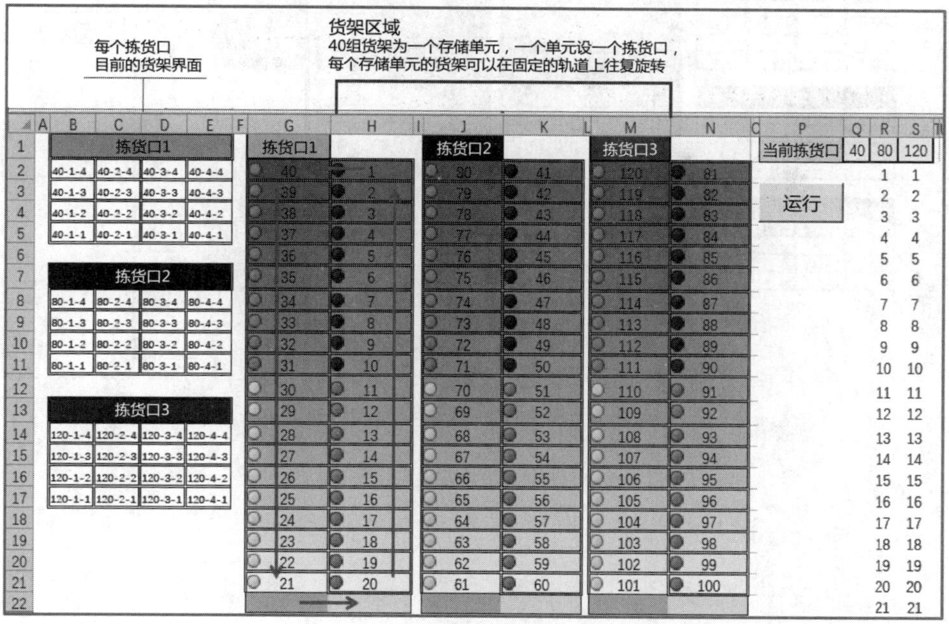

图 1–4　旋转式货架的拣货界面

步骤一：启动“运行”按钮，所有货架可以旋转（见图 1–5）。

货架单元号	货架层号	货架号	存储SKU	数量	备注	当前路径
5	2	5-1-2	SKU001	1	停	5
10	3	10-2-3	SKU002	2	停	10
57	1	57-4-1	SKU003	1	停	17
67	1	67-2-1	SKU004	2	停	13
87	1	87-2-1	SKU005	1	停	7
101	4	101-3-4	SKU006	2	停	19
107	2	107-2-2	SKU007	1	停	13
111	4	111-2-4	SKU008	1	停	9

图 1–5　订单所等待拣货库位示例

步骤二：当需要拣货的那一组货架行驶至拣货口，提示拣货人员拣货，并告知具体的拣货位置（见图 1–6）。拣货人员按指示取出货物，确认拣货完毕，货架继续旋转，直至下一个需要拣货的货架到达拣货口方停止旋转（见图 1–7）。

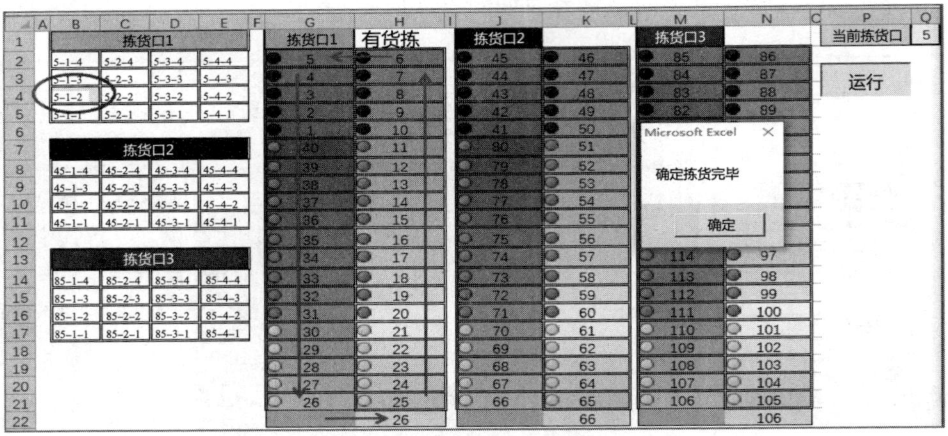

图 1–6　第一个需拣货的拣货口界面

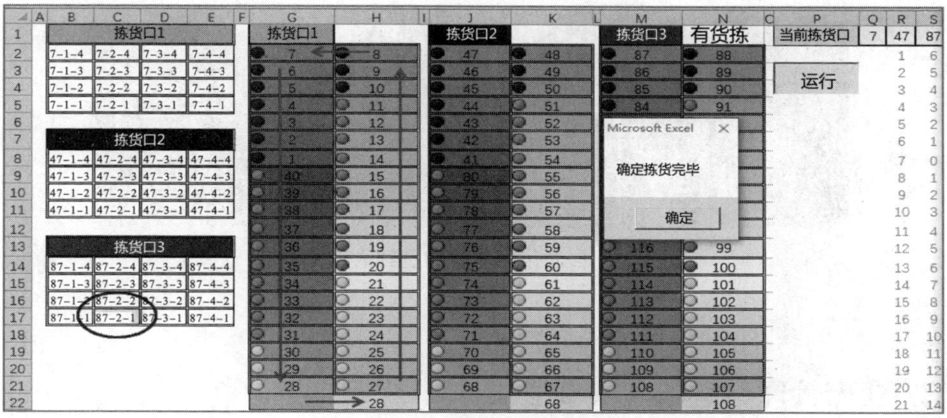

图 1–7　下一个需拣货的拣货口界面

哪一个单元的拣货口有货要拣，哪一个单元的货架就会停止旋转，供拣货人员拣货；不需要拣货的单元继续旋转，直至拣完所有的货品。

除旋转式货架之外，利用无人驾驶叉车（堆垛机）、自动导向车（AGV）及多层料箱机器人配合作业也可以实现货到人拣选。料箱机器人与托举式机器人如图 1–8 所示。

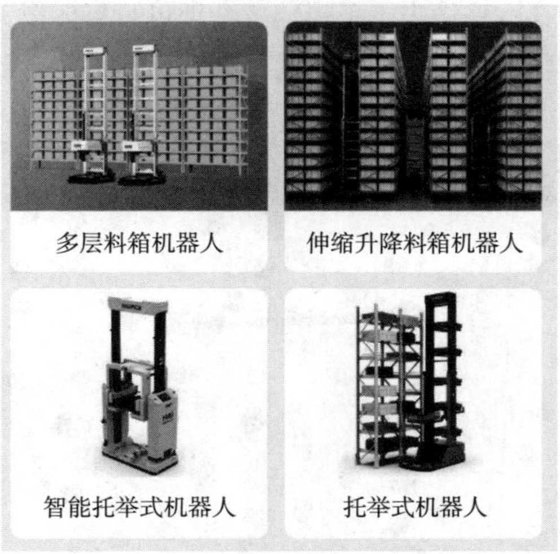

图 1–8　料箱机器人与托举式机器人

经过多年发展，自动化立体库已逐渐成熟（见图 1–9）。对于相对规则的产品而言，自建仓库时设立一部分自动化立体库，从长远来看是可取的。

图 1-9　自动化立体库的货到人拣货设计

3. 仓库管理与运输（★★）

（1）仓库管理者的角度

①仓库的操作会直接影响待运输货物后续的装车、分拣、识别、清点以及货物是否失窃、短少、破损。不同运输方式对货物包装有不同的要求。

②仓库的选址会影响货运和快递公司提送货。

（2）仓库管理者的思考

①如何让运输满载率更高？（包装与堆码）

②如何让货物在运输途中不破损？（合理包装与标识）

③如何实现货物在运输中转环节的分拣？（标识的重要性，见图 1-10）

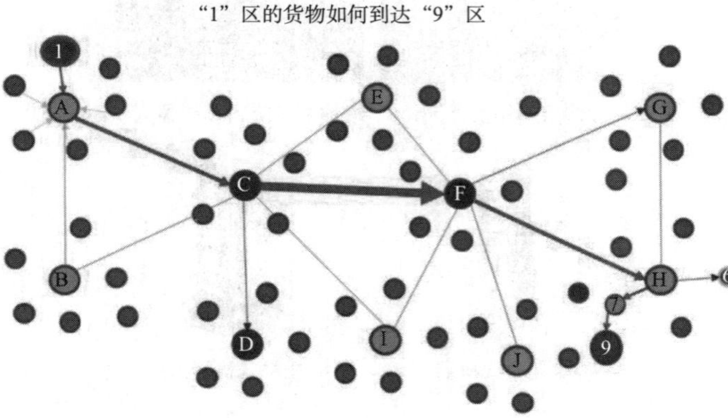

图 1-10　货物运输中转环节的标识

某家仓库就发生过因为仓库员工书写潦草，将上海发到南宁的货物发到南京的事情。从始发地到目的地，无论是快递包裹还是零担货物都会经过多次中转，中转中发生任何差错，都会让货物偏离原有的方向，影响最终时效。因此，仓库发出的货物外包装上的标识显得尤为重要。比如，上海发往山东聊城的货物由济南中转站中转，货物上是标注“上海→聊城”，还是标注“上海→济南→聊城”呢？很显然，后一种要好一些。

④可以做哪些指导性标识和温馨提示？（温馨提示的重要性，见图 1-11）

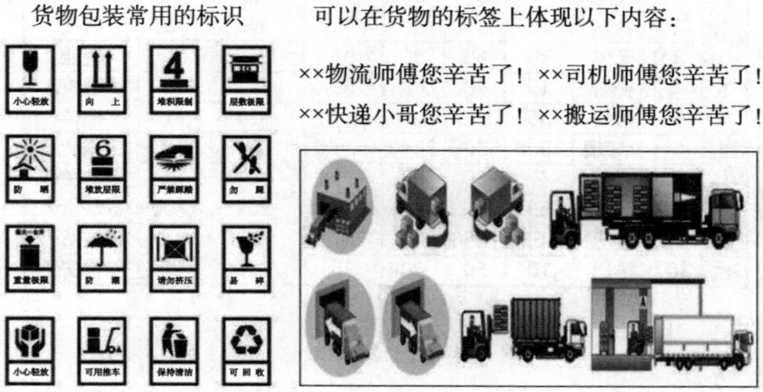

图 1-11　常见的标识及温馨提示

（3）运输承运商的选择

①依据经验选择承运方式（见表 1-1）。

表 1-1　依据经验选择承运方式

	A	B	C	D	F	H	I	J	K
1	地区	时效要求（天）	重量（kg）	发货承运方式		目的地	要求时效（天）	重量（kg）	自动计算确定发运方式
2	苏州	1	0	顺丰当天件		青岛	1	10	方式14
3	苏州	1	20	托大巴车		苏州	2	10	飞时快递
4	苏州	1	100	专送		苏州	1	10	顺丰当天件
5	北京	1	0	上航空运		青岛	2	10	方式18
6	北京	1	50	铁路行邮		北京	2	10	快递公司A
7	北京	1	500	小车专送		西安	1	10	方式21
8	北京	1	1000	大车专送		广州	1	10	方式33
9	苏州	2	0	东方快递		武汉	1	5	方式53
10	苏州	2	10	飞时快递		北京	1	5	上航空运
11	苏州	2	100	优速快递		济南	1	60	方式67
12	北京	2	0	快递公司A					
13	北京	2	20	快递公司B					
14	北京	2	500	快递公司C					
15	北京	3	0	方式11					
16	北京	3	50	方式12					
17	北京	3	500	方式13					
18	青岛	1	0	方式14					

②基于报价选择运费最低的合作方（见表1–2）。

表1–2　基于报价选择运费最低的合作方

	A	B	C	D	E	F	G	H	I
1	单号	城市	重量(KG)	合作方				最低价格	选择公司
				捷佳	银联货运	德鲁快递	顺飞快运		
2	1	江门	1	80	80	14	23	14	德鲁快递
3	2	台州	55	121	121	不可发	563	121	捷佳
4	3	无锡	30	60	81	96	313	60	捷佳
5	4	铜川	15	80	80	69	163	69	德鲁快递
6	5	常州	55	110	121	不可发	563	110	捷佳
7	6	武陵镇	1500	3300	2340	不可发	15013	2340	银联货运
8	7	成都	7	50	80	39	101	39	德鲁快递
9	8	都江堰	69	242	200	不可发	907	200	银联货运
10	9	厦门	568	1250	875	不可发	5693	875	银联货运
11	10	扬州	10	50	80	36	113	36	德鲁快递

思考题

（1）如何确定运输方式？选择整车、零担、快递的依据分别是什么？试比较不同货运公司、不同重量、不同城市、不同时效的报价。

（2）铁路、航空及公路零担对发货各有何具体要求？为什么航空货运的货物周长不得小于40厘米？为什么仓库发货人需要了解不同飞机机型的舱门尺寸？

（3）试比较仓库附近的航空货运、铁路货运、公路货运、快递公司。

4. 货物包装、集装与单元化（★★★）

（1）包装

包装是指在货物流通过程中为保护货物、方便贮运、促进销售，而按一定技术方法使用的容器、材料及辅助物等的总称，也指为达到上述目的使用容器、材料和辅助物时施加一定技术方法的操作活动。包装对货物保管、运输等具有重要意义，无包装货物存在很多隐患，仓库管理人员需谨慎处理（见图1–12）。包装的具体分类如下。

①按产品销售范围划分：内销产品包装、出口产品包装；

②按包装在流通过程中的作用划分：单件包装、中包装和外包装等；

③按包装制品材料划分：纸制品、塑料制品、金属、竹木器、玻璃容器和复合材料包装等；

④按包装使用次数划分：一次用包装、多次用包装和周转包装等；

⑤按包装容器的软硬程度划分：硬包装、半硬包装和软包装等；

⑥按产品种类划分：食品包装、药品包装、机电产品设备包装、危险品包装等；

⑦按功能划分：运输包装、贮藏包装和销售包装等；

⑧按包装技术方法划分：防震包装、防湿包装、防锈包装、防霉包装等；

⑨按包装结构形式划分：贴体包装、泡罩包装、热收缩包装、可携带包装、托盘包装、组合包装等。

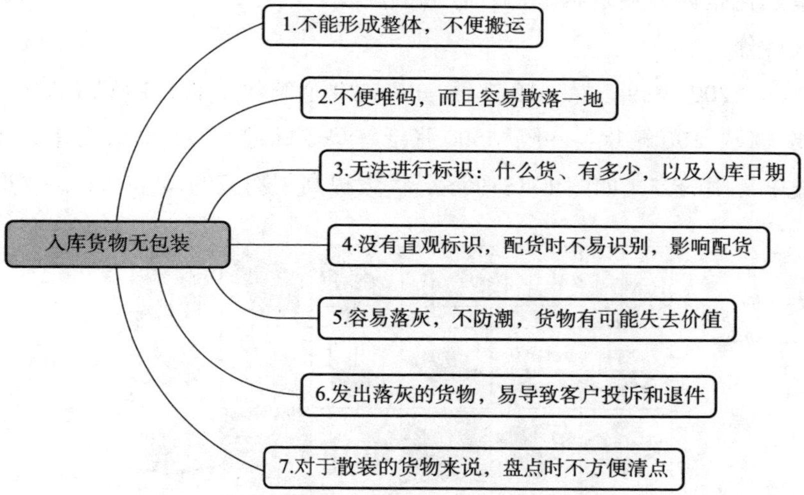

图 1-12　无包装货物的隐患

货物的外包装对物流仓储各环节的操作效率、准确率，以及空间利用率都会产生较大影响。为此，仓库管理人员要留意以下情况：

①外包装上有没有货品名称；

②外包装上有没有货品条码；

③外包装上有没有货品编码；

④外包装上相关信息是不是直观清楚；

⑤外包装是否牢固（抗压、抗摔）；

⑥外包装是否方便堆码；

⑦外包装是否可以进行标识、贴标签；

⑧外包装上有无尺寸、重量、生产日期等信息；

⑨外包装上有无货物的图片；

⑩能否通过外包装判断货物品类（易碎品、食品、水果等）。

（2）集装

集装是为实现物资的有效搬运，对若干个物品、包装货物或者零散货物进行组合包装，以适于装卸、存放、搬运及机械操作。

集装单元化是以集装单元为基础进行装卸、搬运、存储和运输等物流活动的方式。

（3）单元化

单元化是为方便货物堆码、存储、配发、清点，基于需要进行的标准化集装或拆分。

例如，200 块砖一垛、10 文钱一串、20 个螺丝一袋、10 件衣服一捆、2 层货物一板、100 箱货物一隔、500 张纸一垫（标记）等。集装与单元化在货物运输中常用的方式如图 1–13 所示，大大提高了物流的操作效率、效益。

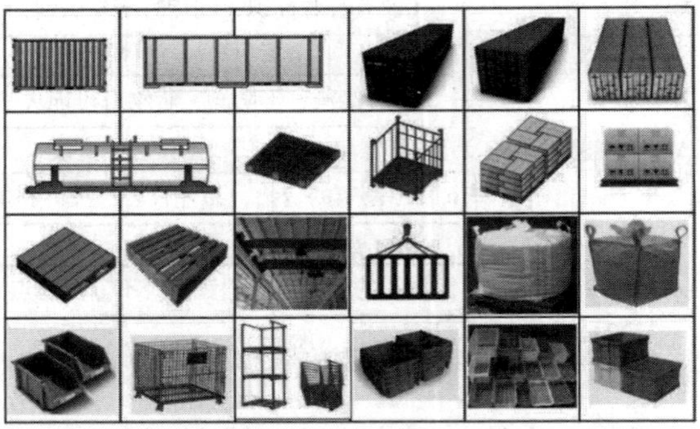

图 1–13　集装与单元化在货物运输中常用的方式

思考题

（1）集装箱有哪些优点？可运用于哪些方面？

（2）对于小件商品（如纽扣电池），应当如何存储保管？

5. 仓库运营的基础条件（★★★）

（1）健全规范的流程制度

要注意流程与标准流程的区别，如在收货中，卸货—码托—清点—签收可以理解为流程。但标准流程要具体细化到用什么托盘码什么货物、货物怎么堆码等。

仓库管理中涉及很多流程（见图 1–14），包括员工工作出错，要走警告流程；工作有创新，要走激励流程。

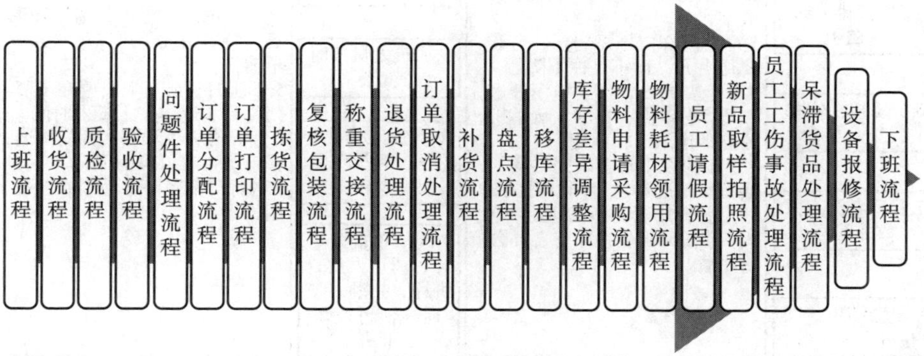

图 1–14 仓库管理流程

（2）清晰明确的组织架构

仓库如果没有清晰的组织架构，就容易导致员工不知道听谁安排，有问题也不知道向谁汇报。仓库的每一名员工，都要明晰直接汇报对象是谁。若直接汇报对象不在岗，又该向谁汇报？此外，一个员工不在岗，工作由谁顶替也要明确。

在仓库，有一个重要的职能部门，即库维组，或叫理货组、机动组。库维组的工作相当重要，其要确保货物库位的准确性。同时，库维组要基于数据分析，对货物进行整理、补货、移库，腾出空间。库维组的工作做好了，不仅能提高收货组上架的效率，配货组配货、拣货也会变得高效。即使仓库不大、人数不多，至少也要安排一名理货员或机动员，理货员由主管或经理直接领导。理货员要熟悉仓库业务，责任心强，具备一定的数据分析能力，知晓如何提高空间利用率、如何整理方便后续配发货。如何规范库房员工上下班如表 1–3 所示。

表 1–3 如何规范库房员工上下班

1.打卡 2.部门签到 3.检查库房现场有无异常 4.做好准备工作 5.将早会内容、工作安排公布于白板 6.员工按指定站位集合早会 7.管理者清点人数并问好 8.早会结束，归位并开始工作	上班强调事项： 1.部门要建立签到本，一周一页，打印全员姓名，员工上班和下班须签上时间。 2.员工到岗后应当做好准备工作：检查设备、工具、电源，打扫好现场，准备好物料，工作现场不要聚集聊天。 3.管理人员早会要用白板，白板上公布早会内容和当天主要工作计划。 4.员工必须按指定位置站立，一人一位，固定位置，可以在早会区标注，一人一点位，用数字代替。 5.早会问好口号要响亮，声音要往上升，而不是往下降。 6.早会要高效，不要拖泥带水。 7.严禁吃零食、吸烟、玩手机，要立即进入工作状态。 8.员工应在上班前吃完早餐，遇特殊情况经主管同意可到餐厅用餐，用餐完毕迅速返岗。 9.严禁任何人员在库房、办公室用餐	1.主管事先确定当晚加班人员 2.下班时间部门人员集合（同早会） 3.讲评当天工作 4.不加班人员做好交接，收拾好现场，签退下班 5.加班人员按时就餐 6.完成工作计划任务，清扫现场，归位设备工具 7.晚值负责人集合、清点人员，讲评、拍照、签退，锁门关灯下班	下班强调事项： 1.无论当晚是否加班，管理者都要提前确定下班时间，统计好就餐人数报餐，避免不必要的浪费。 2.无论当晚是否加班，仓库人员都应当在正常下班时间集合，对白天工作进行讲评，安排晚上工作；不加班人员做好交接后才能下班。 3.无论何时下班，都应当在早会集合区集合。 4.无论何时下班，下班前都应当检查现场，归位设备工具，当充电的及时充电，清扫好现场，特殊情况下可以第二天一早清扫。 5.下班时，所有人员要在《部门签到签退本》上签上时间。 6.遇异常天气和相关部门沟通，报上级批准可提前下班。 7.各部门准备一次性雨衣以备用

（3）配套齐全的硬件设施

仓库必须配套必要的硬件设施，包括库内设施（见图 1–15）、雨棚及临时帐篷等（见图 1–16）。

图 1–15 库内必要的硬件设施

图 1–16　雨棚及临时帐篷

（4）合理的仓库规划布局

仓库布局应以单一的物流流向、最短的搬运距离、最少的装卸环节和最大限度的利用空间为原则。

（5）匹配各种存储设备

存储货物是仓库管理的重要工作，如何使仓库空间得到最大化利用，以最小的面积存储最多的货品，并且不影响配发货？选择合适的存储设备，显得尤为重要。最重要且最常见的仓库存储设备是货架，货架的种类很多，图 1–17 为常见的仓库货架。

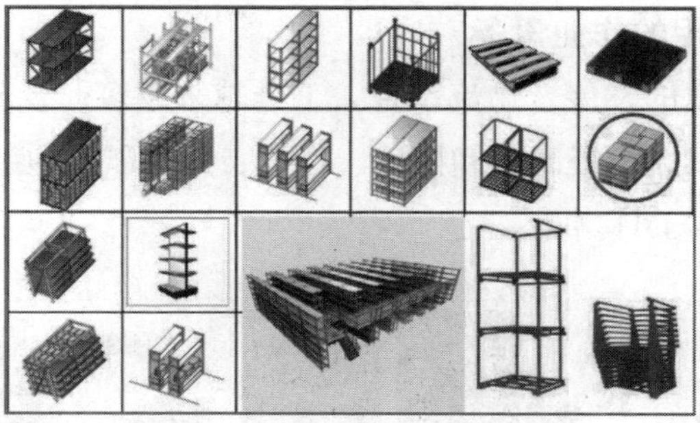

图 1–17　常见的仓库货架

（6）灵活的上架存储策略

仓库的储位大小务必灵活，要根据货物到货量、发货量、发货频次、在库时长、体积和重量等信息，选择大小不同的库位进行存储。货架布置及设置原则如图 1–18 所示。

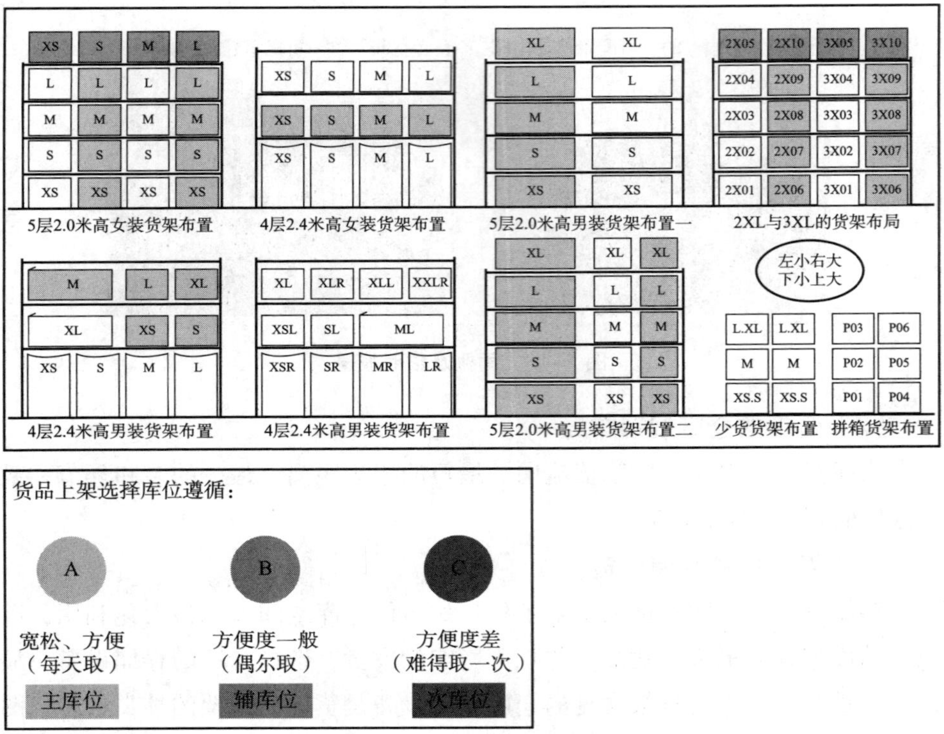

图 1-18　货架布置及设置原则

（7）先进适用的作业设备

随着科学技术的发展，物流设备、工具越来越多，合理采购并用好这些设备和工具，可以大大提高装卸搬运、拣货、分拣以及包装的效率，图 1-19 为部分物流设备、工具。

图 1-19　物流设备、工具示例

例如，仓库最不可缺少的设备标签打印机，无论是在收货入库环节，还是在盘点、发货环节，标签打印机都发挥了重要作用。

（8）良好的信息管理系统

仓库管理系统应具备以下相应的管理功能及消息：仓库结构、仓库人员、仓库库位、仓库设备、仓库货品、仓库物料、仓库操作、仓库所有订单的管理及消息。

理想的仓库管理信息系统可满足仓库管理人员的以下需求：

①仓库的所有信息；

②需要的功能；

③需要的数据；

④系统操作方便，反应速度快。

总之，通过仓库管理系统，仓库管理者对所有货品分布、库位使用情况一清二楚，对每个作业环节、待完成、已完成和正在操作的工作一清二楚。表 1–4 为某仓库管理系统订单处理进度管理表。

表 1–4　某仓库管理系统订单处理进度管理表

客户	流入订单号	分配进度	打印进度	拣货进度	复核包装进度	称重进度	揽收进度
客户1	N00001	已分配	已打印	已拣货	已复核	已称重	已揽收
客户1	N00002	已分配	已打印	已拣货	已复核	已称重	已揽收
客户1	N00003	已分配	已打印	已拣货	已复核	未称重	未揽收
客户1	N00004	已分配	已打印	已拣货	已复核	未称重	未揽收
客户1	N00005	已分配	已打印	已拣货	已复核	未称重	未揽收
客户1	N00006	已分配	已打印	已拣货	已复核	已称重	已揽收
客户1	N00007	已分配	未打印	未拣货	未复核	未称重	未揽收
客户1	N00008	已分配	已打印	已拣货	已复核	已称重	未揽收
客户2	N00009	已分配	已打印	已拣货	未复核	未称重	未揽收
客户2	N00010	已分配	已打印	已拣货	已复核	已称重	未揽收
客户2	N00011	已分配	已打印	已拣货	已复核	已称重	未揽收
客户2	N00012	已分配	已打印	已拣货	已复核	已称重	未揽收
客户2	N00013	已分配	未打印	未拣货	未复核	未称重	未揽收
客户2	N00014	已分配	未打印	未拣货	未复核	未称重	未揽收
客户2	N00015	已分配	未打印	未拣货	未复核	未称重	未揽收
客户2	N00016	已分配	未打印	未拣货	未复核	未称重	未揽收
客户3	N00017	已分配	未打印	未拣货	未复核	未称重	未揽收
客户3	N00018	已分配	已打印	未拣货	未复核	未称重	未揽收
客户3	N00019	已分配	已打印	未拣货	未复核	未称重	未揽收

总订单量	未分配量	未打印量	未拣货量	未复核量	未称重量	未揽收量
236	138	144	158	161	167	183

理想的<u>信息管理系统</u>，可以帮助我们了解所有订单的作业进度，以及整体未完成的工作量情况

每个环节都应该有工作进度看板

（9）称职的各岗操作人员

没有爱岗敬业的员工就没有企业的发展，要重视员工岗位技能和综合能力的提升，尤其是"德"，不能忽略员工的"品德"。企业要发展，具备竞争力，就要全面提升员工的业务技能和品德修养。

（10）好的拣货和配货策略

拣货和配货策略有很多，如按不同渠道分开拣货、按承运方式分开拣货、

按包装方式分开拣货、按重货轻货分开拣货、按单品多品分开拣货、按难易程度分开拣货、按库区不同分开拣货、临时汇总移库拣货、一单一货标签拣货、按人数平均分段拣货等，需要根据订单特性和仓库现场实际情况确定。

（11）好的分拣策略

货物分拣有摘果法和播种法之分，采用比较多的是播种法。播种法从纸单汇总分拣发展到扫描货物条码分拣，再到自动化设备分拣。事实上，扫描货物条码分拣或自动化设备分拣效率和准确率并不一定比纸单汇总分拣高；纸单汇总分拣的成本也不一定就比扫描货物条码分拣或自动化设备分拣低，如果效率低，差错率高，成本自然就会提高。所以，无论采用什么策略，适合的才是最好的。

比如表 1–5 的纸单汇总分拣，可转变格式为表 1–6。

表 1–5　纸单汇总分拣

	订单统计	22	19	15	12	12	8	8	7	8	7	8	4	8	4	7	5	9
库位	店名	南宝	银泰	地中海	南方	现代	大金	嘉亭荟	罗宾森	鹿都	五宝	假日	龙之梦	浦东商场	正大	青东	塘巴	莘庄龙之
	物品代码	1店	2店	3店	4店	5店	6店	7店	8店	9店	10店	11店	12店	13店	14店	15店	16店	17店
601A1201	SKU0001	1										1						
601A1401	SKU0002		2						1									
601G1401	SKU0003								1	1								1
601D0302	SKU0004				1			1										
601D0302	SKU0005		2			2												
601A0501	SKU0006	1																
601A0301	SKU0007				1													
601A0201	SKU0008	1							1									4
601F0902	SKU0009	1					1							4				
601F1002	SKU0010		1		1				1									
601F1102	SKU0011					1												
601F1202	SKU0012	3			1				1									
601F1401	SKU0013													1				
601F1201	SKU0014	3					2											

	订单统计	4	15	8	8	8	8	7	5	23	8	1	11	6	6	4	9	3
库位	店名	名店街	南汇万达	五巴	一百	石化	北虹口	北岸	百倍	八佰伴	百盛	天山百盛	五华	大华	大拇指	天汇	上海城	徐太
	物品代码	18店	19店	20店	21店	22店	23店	24店	25店	26店	27店	28店	29店	30店	31店	32店	33店	34店
601A1201	SKU0001												2				1	
601A1401	SKU0002	1																
601G1401	SKU0003				1												1	1
601D0302	SKU0004												1			1		
601D0302	SKU0005							1			2			2				
601A0501	SKU0006									1								
601A0301	SKU0007												1					
601A0201	SKU0008						4			1							1	
601F0902	SKU0009									1					1			
601F1002	SKU0010										1		1				1	
601F1102	SKU0011													1				
601F1202	SKU0012		1							3			1				1	
601F1401	SKU0013					1												
601F1201	SKU0014	1			2					3					2			

表 1–6　纸单汇总分拣的格式转换

拣货库位	转换格式	转换格式：人性化读报信息，不易看错店铺名													
	物品代码	店名	数量	店名	数量	店名	数量	店名	数量	店名	数量	店名	数量	店名	数量
601A1201	SKU0001	1店	1	11店	1	29店	2	33店	1						
601A1401	SKU0002	2店	2	8店	1	18店	1								
601G1401	SKU0003	8店	1	9店	1	17店	1	21店	1	33店	1	34店	1		
601D0302	SKU0004	4店	1	7店	1	29店	1	32店	1						
601D0302	SKU0005	2店	2	5店	2	24店	1	27店	2	30店	2				
601A0501	SKU0006	1店	1	26店	1										
601A0301	SKU0007	4店	1	29店	1										
601A0201	SKU0008	1店	1	8店	1	17店	4	23店	4	26店	1	33店	1		
601F0902	SKU0009	1店	1	6店	1	13店	4	26店	1	31店	1				
601F1002	SKU0010	2店	1	4店	1	8店	1	27店	1	29店	1	33店	1		
601F1102	SKU0011	5店	1	30店	1										
601F1202	SKU0012	1店	3	4店	1	8店	1	19店	1	26店	3	29店	1	33店	1
601F1401	SKU0013	13店	1	22店	1										
601F1201	SKU0014	1店	3	6店	2	18店	1	21店	2	26店	3	31店	2		

同样，当订单量较大时，要提高拣货效率，则需要增加波次订单量。因为一个波次的订单量增加，尤其是多品订单，带来的是分拣的工作量增加和场地的增加，这时可以考虑采用二次分拣，如表 1–7 所示。

表 1–7　订单量较大时的二次分拣

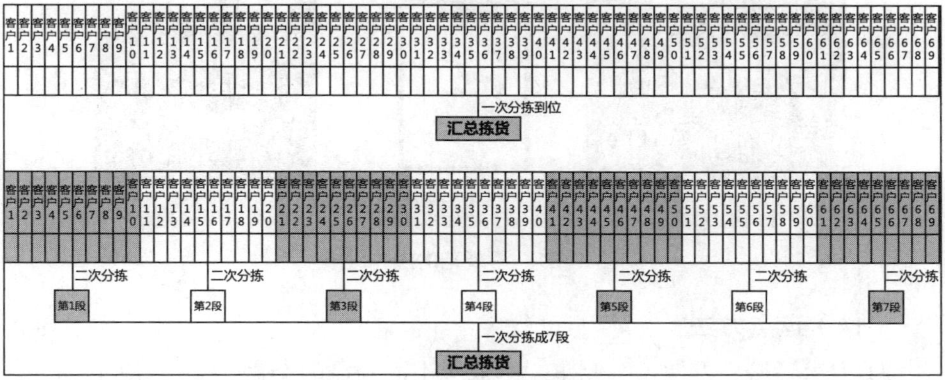

（12）包装技术

无论是钉木箱，还是捆扎打包都需要采用先进的技术。

许多不便寄运的易碎品，有了先进的容器和适当的填充物也可以进行快递发货。总之，方法总比困难多，总会有合适的包装技术，图 1–20 为一些先进的包装技术。

图 1–20　先进的包装技术

（13）物料工具与容器

无论仓库大小，都要配备封箱器、板夹和美工刀之类的工具。要选择操作使用方便、省时省力、牢固耐用、可折叠与可堆码、数字化与单元化的物料工具，一些仓库员工不使用美工刀，直接用刀片，或者美工刀刀片过长，这些操作都是不规范的，如图 1–21 所示。

1.封箱不用封箱器　　2.盘点拣货应用的板夹　　3.开箱应用的美工刀

图 1–21　不规范的操作细节

（14）盘点方法

①力求轻松、方便、有侧重、有效（不需要盘的不盘）。

需要特别注意的是，基于每一次盘点都有盘点记录，即盘点流水账，为减少不必要的盘点工作量，货品在盘点之后，没有产生出入库和移库作业，即盘点之后没有动过的货品，下次盘点时可以不盘。

如何确定货品盘点之后没有发货？可借助于仓库的收发历史记录和盘点记录。为确认货物盘点之后有无变动，可在每一次盘点时贴上盘点标签，如果货物不配发，则保留盘点标签。盘点标签格式不限，可详细可简化，具体要看各个仓库的需求，见图 1–22。

盘点学问之盘点标签

××货主××盘点标签

时间：2021–12–22 11:45

盘点序号：1

库位：A01–01–01

1盘：240　2盘：

时间：打印盘点标签的时间

盘点序号：盘点货品所在库位、托盘、箱子的流水号

库位：货物实际所在的位置

1盘：第1个盘点人员填写的数量，可以视情不填写，打钩，表示已盘。

2盘：第2个人盘点的数量

图 1–22　盘点标签

②货品如果有条码，要设法借助于条码。

③为确保盘点数量的真实性，防止盘点人员弄虚作假，可以采用设错法。关于盘点的方法和技巧，下文会有详细讲解。

（15）绩效考核

有效的绩效考核可以提升团队员工的积极性，只对员工有利或只对企业有利的绩效考核，不是有效的绩效考核。绩效考核一定要借助于数据，没有数据支撑的绩效考核是伪绩效。同时，进行绩效考核要学会变通，尽量不要出现“罚”这个字眼。关于绩效考核的方法，具体参见第 2 至第 7 章节。

（16）团队氛围

好的团队一定有共同目标。

比如，每天的共同目标是完成所有发货订单，每月的共同目标是效率提升 1%，每季度的共同目标是盘点达标，没有误差或误差率小于多少，等等。共同目标可以把大家凝聚在一起；没有共同目标，团队就是一盘散沙，员工很容易只考虑本部门或个人的利益。

（17）好的培训体系

①要从上到下重视培训。

②要重视员工的思想品德教育，引导员工“慈心于物”。

③鼓励员工和管理者争当“四会”教练员。

④做好“传帮带”工作。

⑤开展主题月活动，每月都要有一个中心任务。

⑥巩固培训成果。

（18）好的领导干部

好的领导干部需要考虑以下问题。

①大家的安全意识如何？消防知识掌握得如何？

②团队注重学习吗？能不能做到“四会”（会做、会说、会写、会教）？

③和同行相比，我的水平如何？

④仓库管理难点在哪里？

⑤能否经常巡视现场，发现存在的问题？

⑥团队的整体工作效率如何？如何做好统筹安排？

⑦是否经常与员工沟通，是否主动沟通？

⑧最耽误工时的操作有哪些？有无改进和优化？

⑨需要掌握哪些知识和技巧？

⑩平时是否留意仓库中的“五距”（顶距、灯距、墙距、柱距、垛距）？

⑪现场“8S”管理、看板管理、目视化有无提升空间？

⑫工作量数据统计工作做得怎么样？

⑬是否经常进行数据分析？

⑭数据分析需要掌握哪些技能？

⑮员工办公软件操作水平如何？

⑯是否主动思考，利用一切资源和办法解决现有问题，为企业创造价值？

⑰遇到问题时，能否先想办法解决一时之需？

6. 货品命名对仓库管理的影响（★★）

仓库货品命名存在的问题主要有：一是重名；二是过于简单，不能直观体现货品，或者是过于复杂。

货品命名是否合理，直接影响后续配货的准确率和效率，基本原则是在区别于其他类似货物的同时，尽量简单明了。

以下 5 个货品命名示例中，示例一和示例二没有体现具体的货品；示例三、示例四、示例五相对较好。

示例一　苹果，矿泉水。

示例二　陕西红苹果，娃哈哈矿泉水。

示例三　陕西红苹果（特级），娃哈哈矿泉水（596mL）。

示例四　陕西红苹果（特级，黄标），娃哈哈矿泉水（596mL，红标）。

示例五　2023 年版 366 页《仓库管理手册》上册（10 本装）。

示例四名称和实物吻合度较高且不复杂，是值得推广的一种命名方式。

示例五不仅说明了是 2023 年出版，与之前年份出版的手册相区分，还说明了书的页数（366 页）；同时，上册可与下册区别；10 本装，说明不是一本，而是 10 本装货品命名，从而不易与其他《仓库管理手册》混淆。

货品命名看上去是一件很小的事，却会影响供应链、物流、仓储等诸多环节。

有些货物涉及进出口，货品名称可能为英文，字段相对较长。用这样的名称来区别货物，会产生两个问题：一是费时；二是仓库人员对英文如果不熟悉，难以识别英文名称。于是就有了用实物名称，或者直接用编号来代替货物名称，如表 1-8 所示。

表 1–8　自动生成的货品名称

序号	大类	简称	型号	规格	颜色	产地	品牌	年份	材质	款式/系列	单位	自动生成货品名称（全称）
1	床	床垫	E201	1.5米×2米	灰色					梦甜	件	E201灰色1.5米×2米.梦甜床垫
2	床	高低屏		1.5米	白色				榉木	欧式	套	白色1.5米.榉木欧式高低屏
3	食品	方便面		200g			白象				包	200g.白象方便面
4	食品	饼干		150g			旺旺			芒果夹心	包	150g.旺旺芒果夹心饼干
5	饮料	矿泉水		596ml			娃哈哈				瓶	596ml.娃哈哈矿泉水
6	饮料	果汁		450ml			娃哈哈			苹果味	罐	450ml.娃哈哈苹果味果汁
7	酒	白酒		500ml			茅台	1988		迎宾	瓶	500ml.茅台迎宾1988白酒
8	酒	干红		750ml			王朝			二代	瓶	750ml.王朝二代干红
9	酒	葡萄酒		750ml		法国		2005		钟爱一生	瓶	750ml.钟爱一生2005法国葡萄酒

7. 货品编码对仓库管理的影响（★★）

货品编号是为了方便数据计算、匹配，同时区别于其他不同类别、不同型号、不同名称的货品。

货品编号最初的目的是用简单的编号来代替较长的货品名称。目前仓库的货品大多有货品编号，除少部分货品编号简洁明了且能代表相对应的货品外，大部分货品编号过于复杂，字段过长。

理解掌握以下几个“号”，对我们后续化繁为简，区别不同货物有很大帮助。

（1）设计序号：设计出来的第几种产品，如表 1–9 所示。

任何物料都有一个设计序号。从表 1–9 中可以看出，如果货物的标识上不体现“设计序号”，识别货物就相当不容易；相反，加上“设计序号”，识别货物就简单得多。

类似地，“生产序号”“仓库序号”也可以起到这种作用。

（2）生产序号：说明生产出来的第几种产品。

（3）仓库序号：说明进入库房的第几种产品。

任何类型的仓库，我们都可以给进入仓库的货品，基于其进入的先后顺序赋予其序号，并用这个序号来代替复杂的货物名称和货品编号，甚至可以区别不同的供应商、不同的批次。

相对较好的货品编号做法是各种代码组合 + 序列号 = 货品编号，如果字段超过 10 个字就需要优化，如用设计序号、生产序号等代替。

表 1–9 设计序号

设计序号	设计部门	设计人	物料编码	物料名称	规格型号
1	设计*部	**	M.04.003.000197	Cable Assembly, Y Flex	E-003021
2	设计*部	**	M.04.003.000232	Cable Assembly, X Flex	E-003027
3	设计*部	**	B.01.001.000001	Z轴伺服模组	GTH4-L6-200-BR-ESM06X-C4
4	设计*部	**	M.01.004.000565	Festo螺纹快插接头	QSLV-G1/4-6
5	设计*部	**	M.04.003.000271	Cable Assembly, #2 IR Tube, Left	E-003065-004
6	设计*部	**	M.04.003.000272	Cable Assembly, #2 IR Tube, Right	E-003065-005
7	设计*部	**	M.04.003.000252	Cable Assembly, Ground Strap, Z Tray	E-003178-005
8	设计*部	**	M.04.001.000659	CONN - HEADER 0.1 IN DUAL ROW - THRU - 72P	TSW-136-07-S-D
9	设计*部	**	W.03.001.000375	Motion Controller	SP+EC-02020264NNNDNDNN
10	设计*部	**	B.01.002.000033	BOTTOM PLATE - X CAR	见图纸M-000976
11	设计*部	**	B.01.002.000031	RIGHT PLATE - X CAR	见图纸M-000980-D
12	设计*部	**	B.01.002.000033	BOTTOM PLATE - X CAR	见图纸M-000976
13	设计*部	**	B.01.002.000031	RIGHT PLATE - X CAR	见图纸M-000980-D
14	设计*部	**	M.03.001.001458	TOP PLATE - X CAR - IDEX	见图纸M-002939
15	设计*部	**	B.01.003.000233	CAMERA - ELP - USBFHD01M-L21	USBFHD01M-L21

物料编码	W.03.001.000375
物料名称	Motion Controller
规格型号	SP+EC-02020264NNNDNDNN
物料编码	M.04.001.000659
物料名称	CONN - HEADER 0.1 IN DUAL ROW - THRU - 72P
规格型号	TSW-136-07-S-D

设计序号	9
物料编码	W.03.001.000375
物料名称	Motion Controller
规格型号	SP+EC-02020264NNNDNDNN
设计序号	8
物料编码	M.04.001.000659
物料名称	CONN - HEADER 0.1 IN DUAL ROW - THRU - 72P
规格型号	TSW-136-07-S-D

总而言之，要遵循简洁的原则，只要“号”是唯一的，可以代替货品就行了。某企业同一物料多个供应商货品的识别号编码示例见表 1–10。

表 1–10 同一物料多个供应商货品的识别号编码示例

	A	B	C	D	E	H	I	J	K	L
1	序号	物料名称	物料编码	型号	供应商	货品识别号	区别简码		供应商名称	供应商代码
2	1	A5纸箱	A0994882	57*43*35	大胖	G06-A0994882	G06-001		大华	G01
3	2	A5纸箱	A0994882	57*43*35	大宝	G02-A0994882	G02-001		大宝	G02
4	3	**PC胶带	SKU087	2*100	大华	G01-SKU087	G01-001		大禹	G03
5	4	**PC胶带	SKU087	2*100	大胖	G06-SKU087	G06-002		大福	G04
6	5	**缠绕膜	SKU008	0.6*100	大福	G04-SKU008	G04-001		大水	G05
7	6	3号泡沫箱	P01895	23*35*38	大胖	G06-P01895	G06-003		大胖	G06
8	7									
9	8									
10	9									

=IFERROR(VLOOKUP(E2,K:L,2,0)&"-"&C2,"")

=VLOOKUP(E2,K:L,2,0)&"-"&REPT("0",3-LEN(COUNTIF(E$1:E2,E2)))&COUNTIF(E$1:E2,E2)

8. 弄清“库存”（★★）

库存不仅是 ERP 系统中某种货物的数量，还需从仓库管理角度，尤其是供应链管理的角度对库存进行区分，这对合理采购、生产以及库位安排具有重要意义。

（1）实物库存：指仓库中实际存在的货物数量。

（2）可用库存：指实物库存减去订单占用的库存。

（3）待入库存：指尚在收货暂存区，没有验收确认上架入账的库存。

（4）在途库存：指供应商已发货，还没有到达仓库的货物数量。

（5）供应商库存：指供应商拥有的库存数量。

（6）客户库存：指客户拥有的库存数量。

（7）线边库存：指从仓库出库待投产的物料数量。

对库存进行分类，有助于预测未来的到货和发货情况。同时，有利于各部门知悉库存情况，减少不必要的重复采购和生产。库存的类别如表 1–11 所示。

表 1–11　库存的类别

采购流水号	采购日期	采购单号	货品	采购批次	单位	采购数量	未到货量	在途数量	到货数量	质检数量	上架数量	订单占用量	发货数量	账面可用数量	实物库存
1	2023年2月1日	CG0001	苹果	第1批	箱	200	80	50	120	15	120	120	120		
2	2023年2月1日	CG0002	橘子	第1批	筐	300	210		90	5	90	80	80	10	**10**
3	2023年2月2日	CG0003	苹果	第2批	箱	450	330		120	3	120	80		40	**120**
4	2023年2月2日	CG0004	香蕉	第1批	箱	500	280	10	220	38	80	80	80		
5	2023年2月3日	CG0005	电视机	第1批	台	300	220		80						
6	2023年2月4日	CG0006	手机	第1批	部	300	100		200	22	120	120	120		
7	2023年2月5日	CG0007	橘子	第2批	筐	200	200	80							
8	2023年2月6日	CG0008	苹果	第3批	箱	150	150	80							
9	2023年2月7日	CG0009	香蕉	第2批	箱	200	200	80							
10	2023年2月8日	CG0010	电视机	第2批	台	300	300	50							
11	2023年2月9日	CG0011	手机	第2批	部	450	10	10	440	25	400	180	180	220	**220**
12	2023年2月10日	CG0012	橘子	第3批	筐	100	100								
13	2023年2月11日	CG0013	苹果	第4批	箱	300	300								
14	2023年2月12日	CG0014	香蕉	第3批	箱	100	100								
15	2023年2月13日	CG0015	电视机	第3批	台	200	200								
16	2023年6月1日	CG0016	扑克	第1批	盒	500	500								

掌握了各种库存的数量，根据货品的体积、重量、包装规格（装箱数量）、码托数量，可推算出各种仓库货品的托、箱数及零头，以及其占用的体积、面积等信息。

9. 仓库管理中的那些“账”（★★★）

没有“账”，就无法知悉仓库的一切。以下这些账都不能少。

（1）库存账（包括货品、物料、文具、工具、食品、日用劳保用品等）

很多仓库只有库存货品的库存账。忽略了物料、包材、辅料、劳保用品、文具用品的库存管理，缺少相关账目。

（2）库位账（仓库有多少库位，每个库位的使用情况）

库存账的主字段是货品，体现货品库存量。库位账的主字段是库位，体现的是仓库每一个库位的使用情况，有没有存放货、存放了几种货、存放了多少货。

（3）货品到货入库流水账

仓库的到货入库流水账，可体现仓库的入库频次、哪些供应商到货量大、哪些货品到货量大，反映哪个季节、月份是到货旺季、淡季等。

（4）货品发货出库流水账

仓库的发货出库流水账，可体现仓库各货品的出库频次和出货量，据此可分析仓库货品有无呆滞及呆滞时长，哪些货品通常一起发货，各种货品一次通常发多少，等等。

（5）员工出勤流水账

员工出勤流水账关系员工的收入，在进行绩效考核时，可据此获得投入的人工数量。

（6）员工请假流水账

知悉员工请假情况，包括员工年假休假情况。

（7）物料采购与领用流水账

统计采购了哪些物料，采购了多少；统计领用了哪些物料，领用了多少；统计各部门领用什么物料较多，还有什么物料以及剩余多少。

（8）各环节操作流水账

记录仓库各部门、各环节什么时间段做了什么，分别是由谁操作。各环节操作流水账可用于工作效率的考核和人员的分工。

（9）人员工作安排流水账（每天做哪些事，分别由谁负责）

除了正常的收发货，仓库还有许多工作，包括库内整理、卫生、组装货架、盘点、移库等。每天的工作安排，需要有记录，时间段工作由哪些人负责，这关系到每名员工的绩效和工资。

（10）各环节异常问题记录流水账

工作难免出现问题。在收货、上架、配货、分拣、打包、发货等环节，一旦出现问题和异常，仓库管理者应该第一时间进行反馈，并做好记录，直到问题解决、异常消除。同时，要根据历史统计数据，分析哪些异常较多，哪些环节、哪些部门、哪些人容易出现问题，从而找出问题的根源并加以解决。

（11）设施设备报修与维修流水账

不管什么设备，一旦出现故障就需要反馈报修，并跟进修理结果；否则就容易出现坏了没人管、没人问的现象。

（12）会议记录流水账

要做好会议记录，如什么时间开晨会、例会、周会，有哪些内容、参与人员、缺席人员等。

（13）员工入职离职流水账

要做好员工入职离职情况记录，根据部门员工的入职流水账和离职流水账，可获取每月的人员流动情况，分析各部门员工的稳定性。员工入职离职情况如表 1–12 所示。

表 1–12　员工入职离职情况

入职日期	员工工号	姓名	性别	出生年月	籍贯	学历	入职部门	岗位变动次数	现在所属部门	在职情况
2010年1月1日	G001	某某1	男	1978年1月	江苏	初中	客服		客服	离职
2010年3月2日	G002	某某2	女	1978年2月	浙江	高中	质检	1	仓储	在职
2010年5月1日	G003	某某3	男	1978年3月	安徽	中专	销售		销售	在职
2010年6月30日	G004	某某4	女	1978年4月	河南	大专	企划		企划	离职
2010年8月29日	G005	某某5	男	1978年5月	湖南	本科	采购		采购	在职
2010年10月28日	G006	某某6	女	1978年6月	湖北	硕士	营运		营运	在职
2010年12月27日	G007	某某7	男	1978年7月	四川	博士	仓储	1	客服	离职
2011年2月25日	G008	某某8	女	1978年8月	重庆	初中	生产		生产	在职
2011年4月26日	G009	某某9	男	1978年9月	江西	高中	企划		企划	在职
2011年6月25日	G010	某某10	女	1978年10月	广西	中专	采购	1	售后	离职

10. 仓库管理者日常工作（★★）

仓库管理者的日常主要工作如下。

（1）画图

快速熟悉整个仓库，掌握整个仓库的利用情况，熟悉仓库日常作业流程。

（2）做账

要了解仓库有什么、有多少，每个库位有什么货；及时更新仓库存货信息，进行账务处理；知道做账的原理，利用系统做账；等等。

（3）收货

要明白所收货物的功用是什么；入库还是越库；如何快速完成卸货、清点；若到货有差异，如何发现并从源头规避；签收要注意哪些细节。

（4）上架

仓库管理者要清楚到货目前有无库存，到货存储多久，到货适合放在什么库位，哪里有空闲库位。

（5）打单

仓库管理者要清楚用什么系统或软件打印单据，哪些单据先打印、哪些单据后打印，依据什么规则创建波次优先，用什么打印机打印，哪一类纸张或标签使用量最大。

（6）配货

仓库管理者要清楚用什么车辆配货，用什么容器配货，如何选择配货路径，如何快速找到要配的货及数量。

（7）分拣

仓库管理者要清楚分拣方式，如何防止播种差错，如何快速找到出错原因。

（8）出库复核

仓库管理者要清楚出库复核什么，是纸单核对，还是扫描核对；如何扫描得更快；复核发现差异如何处理。

（9）出库包装

仓库管理者要清楚什么货物需要钉木箱发货；常用的纸箱、纸盒、填充料、包装袋有哪些；如何提高包装效率。

（10）移库

仓库管理者要清楚移库的目的，哪些货需要移库；移库可能出现哪些问题；如何正确移库。

（11）盘点

仓库管理者要清楚盘点的意义和作用，哪些货物需要盘点；用什么方法进行盘点；如何提高盘点效率和准确率。

（12）清洁卫生

仓库管理者要清楚保持仓库清洁卫生的重要性，仓库灰尘的主要来源。清洁卫生需要注意哪些细节？如何清洁既快又好？

（13）仓库的常用工具

仓库管理者要清楚仓库应常备哪些工具、封箱的技巧及美工刀的用法。

（14）仓库设备使用

仓库管理者要清楚仓库各环节有哪些常用设备、设备的供应商与提供商、设备的维修与保养，以及哪些设备需要持证，如何训练员工熟练使用这些设备。

（15）数据分析

仓库管理者要清楚仓库发货量大的货品及分布位置，有无滞销品占用了好的位置，订单的特性等。为进行数据分析，仓库管理者日常要关注表 1–13 的相关数据。

表 1–13　仓库管理者需要关注的数据

①仓库库存期初数与期末数	⑥剩余库位与可用空间
②到货总件数与入库总件数	⑦物料采购到货与领用情况
③各渠道总订单量与发货总订单量	⑧人员出勤情况
④完成工作量与未完成工作量	⑨客户投诉与问题处理数据
⑤入库总体积与发货总体积	⑩设备在位与维修给养数据

11. 仓库里的“物”（★★★）

不同的货物，存储方式和方法不一样，配货、分拣、包装方式也不一样。仓库管理者只有真正弄清仓库里的货物，才能管理好货物。仓库管理者要清楚仓库货品的具体情况，见图 1–23。

（1）仓库管理者要清楚库存货物是原料、半成品还是成品；成品是鞋服、家电、化妆品、食品、日用百货、文具用品、医疗药品、保健器材、儿童玩具，还是化工原料、汽车零配件、军工产品；等等。

（2）仓库管理者要清楚货物有无包装及包装大小，包装上有无条码、名称及能否贴标签等。

（3）仓库管理者要清楚货物是否规则，是否方便测量、堆垛、搬运。

（4）仓库管理者要清楚货物有无温度、湿度要求，是否为易燃易爆货品、易碎品，能否倒置，有无保质期要求，是否实行批次管理，是否有严格的先进先出要求等。

（5）仓库管理者要清楚仓库货品种类、货物名称和编号，编号和条码是否一致，是否实现条码管理等。

（6）仓库管理者要清楚货品是直接发货、贴标后发货、加工加固后发货，还是组装后发货。

（7）仓库管理者要清楚是否需要增加新品，是否依据固定货品，货品在库周期及日发货量等。

（8）仓库管理者要清楚单件货品的重量、体积，重货还是泡货，高价值货品还是廉价货品等。

（9）仓库管理者要清楚货品是否易盗：价值高、体积小、易携带、短少不容易被发现。

（10）仓库管理者要清楚货物可否提前预包，或提前组包，需要采用的包装材料。

（11）仓库管理者要清楚每一种货物适合的托盘、货架、存储容器，库位的大小等。

（12）仓库管理者要清楚货物通常在库时长、周转天数、日均发货次数 / 发货量及月均发货次数 / 发货量等。

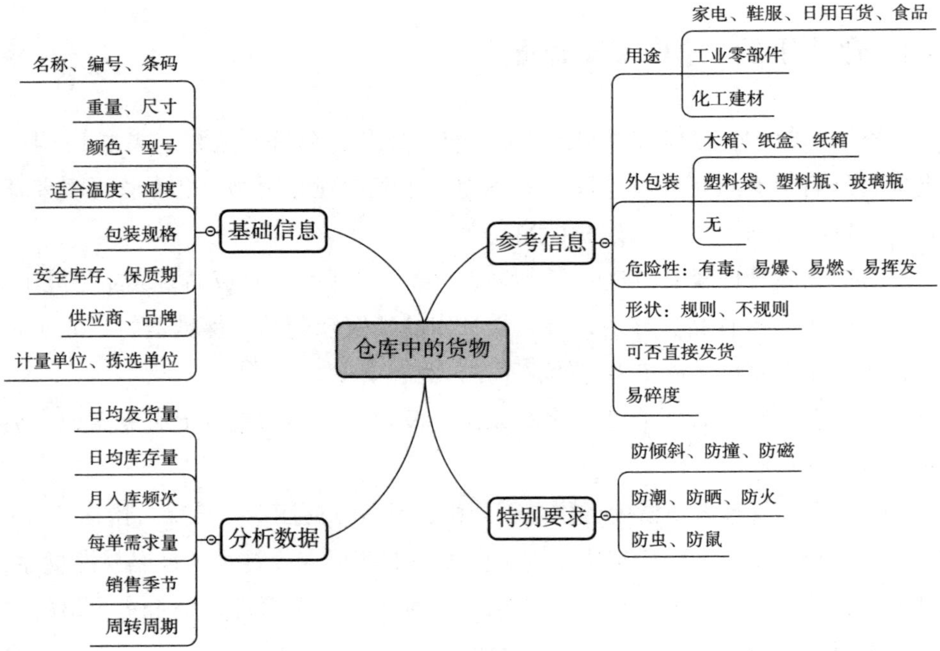

图 1–23　仓库管理者要清楚仓库货品的具体情况

12. 数据处理和分析（★★★）

（1）数据处理

仓库日常工作中，难免涉及数据处理。常见的数据处理有填充颜色、筛选、查找、数据汇总、换行、分列、提取字段等。当数据量较大或复杂度较高时，采用合适的数据处理方法非常重要。方法若不得当，会导致工作效率低下且容易出错，示例如下。

示例 1：将货品的汇总数据转换为货品的明细，如表 1–14 所示。

表 1–14　将货品汇总数据转换为货品的明细数据

品名	编号	门店1	门店2	门店3	门店4	门店5	门店6	门店7	门店8	门店9
香蕉	SKU0001	2	2	1		2		2		1
苹果	SKU0002	2			2		1		3	
西瓜	SKU0003	2	1			1				
橘子	SKU0004		9	3	2		7		8	
胡萝卜	SKU0005		8	8	9		5	9	3	2
萝卜	SKU0006	1	9			8	1	8	8	9
黄瓜	SKU0007	2	5		6		5	9		
猕猴桃	SKU0008	2	5	9		9		1	1	1
火龙果	SKU0009		7		1		5		6	
橙子	SKU0010	2	5	9	3	2	5	9		9
梨子	SKU0011		1	8	8	9	7		8	
大枣	SKU0012	1		6		1	5	9	3	2
甘蔗	SKU0013		9		9		1	8	8	9
蜜柑	SKU0014			8		4	5	9		
柚子	SKU0015		9	3	2		2	1	1	1
榴梿	SKU0016		8	8	9		2	1	1	1

物品条码	编号	门店	数量
香蕉	SKU0001	门店1	2
苹果	SKU0002	门店1	2
西瓜	SKU0003	门店1	2
萝卜	SKU0006	门店1	1
黄瓜	SKU0007	门店1	2
猕猴桃	SKU0008	门店1	2
橙子	SKU0010	门店1	2
大枣	SKU0012	门店1	1
香蕉	SKU0001	门店2	2
西瓜	SKU0003	门店2	1
橘子	SKU0004	门店2	9
胡萝卜	SKU0005	门店2	8
萝卜	SKU0006	门店2	9
黄瓜	SKU0007	门店2	5
猕猴桃	SKU0008	门店2	5
火龙果	SKU0009	门店2	7
橙子	SKU0010	门店2	5
梨子	SKU0011	门店2	1
甘蔗	SKU0013	门店2	9
柚子	SKU0015	门店2	9
榴梿	SKU0016	门店2	8
葡萄	SKU0017	门店2	9

示例 2：将左边货品的明细数据，按指定行数显示，形成右边的格式，见表 1–15。

表 1–15　将货品的明细数据按指定行数显示

	A	B	C	D	E	F	G	H	I	J	K	L	M	N	O	P	Q	R	S	T	U	V	W
1																							
2																							
3	1	SKU01		A001	5		1	SKU01		A001	5		11	SKU11		A011	15		21	SKU21		A021	25
4	2	SKU02		A002	6		2	SKU02		A002	6		12	SKU12		A012	16		22	SKU22		A022	26
5	3	SKU03		A003	7		3	SKU03		A003	7		13	SKU13		A013	17		23	SKU23		A023	27
6	4	SKU04		A004	8		4	SKU04		A004	8		14	SKU14		A014	18		24	SKU24		A024	28
7	5	SKU05		A005	9		5	SKU05		A005	9		15	SKU15		A015	19		25	SKU25		A025	29
8	6	SKU06		A006	10		6	SKU06		A006	10		16	SKU16		A016	20		26	SKU26		A026	30
9	7	SKU07		A007	11		7	SKU07		A007	11		17	SKU17		A017	21		27	SKU27		A027	31
10	8	SKU08		A008	12		8	SKU08		A008	12		18	SKU18		A018	22		28	SKU28		A028	32
11	9	SKU09		A009	13		9	SKU09		A009	13		19	SKU19		A019	23		29	SKU29		A029	33
12	10	SKU10		A010	14		10	SKU10		A010	14		20	SKU20		A020	24		30	SKU30		A030	34
13	11	SKU11		A011	15																		
14	12	SKU12		A012	16																		
15	13	SKU13		A013	17																		
16	14	SKU14		A014	18																		
17	15	SKU15		A015	19																		
18	16	SKU16		A016	20																		
19	17	SKU17		A017	21																		
20	18	SKU18		A018	22																		
21	19	SKU19		A019	23																		
22	20	SKU20		A020	24																		
23	21	SKU21		A021	25																		
24	22	SKU22		A022	26																		
25	23	SKU23		A023	27																		
26	24	SKU24		A024	28																		

（2）数据分析

对仓库数据进行统计与分析十分重要，仓库的进销存数据能反映整个企业的运营情况。基于数据统计分析，可获取以下信息。

①仓库货品动销情况：进出频次和规律，见表 1–16。

表 1–16　仓库货品动销情况

基础信息（库存数据）		数据分析与建议											
货品编号	单位	1.当前库存总量	2.占用库位数	3.所在库位SKU总数	4.一周订单数	5.一周订单量	6.库存可用周数	7.拣货位库存	8.存储位库存	A类库位数量	B类库位数量	C类库位数量	参考性建议
SKU0001	台	267	3	3	2	168	1	1	266	118	149	0	
SKU0002	台	273	3	3	0	0	上周无发货记录	3	270	0	122	151	进一步分析货品呆滞量
SKU0003	台	279	3	3	0	0	上周无发货记录	5	274	153	126	0	建议A类库位移库
SKU0010	箱	481	5	5	6	316	1	19	462	0	163	318	
SKU0013	瓶	249	3	3	4	210	1	25	224	25	224	0	
SKU0014	瓶	112	2	2	4	214	0	27	85	0	112	0	建议补货

②仓库空间使用情况：库位的使用情况和动态，见表 1–17。

表 1–17　仓库空间使用情况

基础信息				分析过程与结果建议				
库位	离地高度	库位属性	取放货便捷度	此库位存货种类	此库位存货数量	1周拣货发生次数	分析结果	分析建议
B01-01-1	**	拣货位	A	1	1	0	此库位未发生拣货	建议移库
B01-01-2	**	拣货位	B	1	3	0	此库位未发生拣货	
B01-01-3	**	拣货位	B	1	5	0	此库位未发生拣货	
B01-01-4	**	拣货位	C	6	72	4	此库位存放种类较多	是否做好标识号
B01-02-1	**	拣货位	A	0	0	23	高频次拣货	
B01-02-2	**	拣货位	B	0	0	45	高频次拣货	

③员工工作量、工作质量。

④仓库全年物料使用品种及各月用量。

⑤订单特性：平均每单的 SKU 数、箱数、重量等消息。

⑥到货预报供应商（送货商）、需求量较大客户（门店）、提货量较大承运商、提货较准时承运商等消息。

（3）Excel 数据分析技能

仓库管理者若掌握以下 Excel 相关函数和数据分析功能，可大大提高工作效率和数据分析能力。

①数据透视与“返透视”。

② SUMIF 与 SUMIFS 的应用。

③ COUNTIF 与 COUNTIFS 的应用。

④ LOOKUP 与“区间”的应用。

⑤ VLOOKUP 与 HLOOKUP 的应用。

⑥ INDEX 与 MATCH 的应用。

⑦ IF、AND、OR 的应用。

⑧ LEFT、MID、RIGHT 的应用。

⑨ NOW、TODAY、DATE 的应用。

⑩ HOUR、MINUTE 的应用。

⑪ FIND 的应用。

⑫ LEN 与 LENB 的应用。

⑬ SUBSITUTE 的应用。

⑭符号“*”“$”“&”的应用。

⑮ ROW 与 COLUMN 的应用。

⑯数组公式 CTRL+SHIFT+ENTER。

⑰数据处理之条件格式与颜色填充。

⑱数据有效性与下拉列的应用。

⑲ VBA 与宏的基础应用。

⑳ Excel 常用函数使用要领见表 1–18。

表 1–18　Excel 常用函数使用要领

IF：用于判断满足或不满足某些条件时，得到或执行想要的结果。 SUMIF：求货品的采购总量、出入库总量、总体积重量。 COUNTIF：求货品的采购次数、入库次数、发货次数。 VLOOKUP：匹配货品的单价、库位、规格、条码等信息

13. 条码相关知识（★★）

①仓库中需普及的条码。为方便管理，提升各环节数据采集和录入的效率，仓库中的所有物品都应有相应的条码，包括货品条码、物料条码、库位条码、托盘条码、箱号条码、各种单据号条码等。总之，为方便数据的采集，能生成条码的都要生成条码，见图 1–24。

入库单号	2100012172 -0010	2100012172-0010
箱号	CDBOX0001	CDBOX0001
要求到货时间	2015/9/2 9:00	2015/9/2　9:00
承运商	其他	
运单号	bbycd20150 90101	bbycd2015090101

图 1–24　仓库中条码使用示例

②名称相同，但不同生产日期、不同生产商、不同包装规格、不同质量的货品应尽量采用不同的条码。

③外包装上尽量标有识别货品的条码。

④货品条码要尽量与库位条码的位数不同，货品条码不要与库位条码的编码前缀相同，用中文标注条码类型。

常见条形码示例见表 1–19。

表 1–19　常见条形码示例

库位条码字段	字符数	托盘条码字段	字符数	箱号条码字段	字符数	货品条码字段	字符数
B01-01-1	8	TP0001	6	XH0000001	9	6900000000001	13
B01-01-2	8	TP0002	6	XH0000002	9	6900000000002	13
B01-01-3	8	TP0003	6	XH0000003	9	6900000000003	13
B01-01-4	8	TP0004	6	XH0000004	9	6900000000004	13
B01-02-1	8	TP0005	6	XH0000005	9	6900000000005	13
B01-02-2	8	TP0006	6	XH0000006	9	6900000000006	13
B01-02-3	8	TP0007	6	XH0000007	9	6900000000007	13
B01-02-4	8	TP0008	6	XH0000008	9	6900000000008	13
B01-03-1	8	TP0009	6	XH0000009	9	6900000000009	13
B01-03-2	8	TP0010	6	XH0000010	9	6900000000010	13
B01-03-3	8	TP0011	6	XH0000011	9	6900000000011	13
B01-03-4	8	TP0012	6	XH0000012	9	6900000000012	13
B01-04-1	8	TP0013	6	XH0000013	9	6900000000013	13
B01-04-2	8	TP0014	6	XH0000014	9	6900000000014	13

⑤可以通过 Excel 中“开发工具”插入控件“Microsoft Barcode”生成条码，也可以通过 VBA（宏）实现批量打印。

14. 仓库管理制度（★★）

（1）仓库组织与岗位职责

①明确仓库的组织架构，包括仓库主管、账务员、仓管员、搬运工等岗位。

②明确各岗位的职责和工作要求，确保工作顺利开展。

③定期对员工进行培训和考核，提高其业务能力和工作积极性。

（2）物资入库管理

①制定详细的物资入库流程，包括验收、登记、分类、上架等环节。

②对每批物资进行严格验收，确保数量、质量、规格等信息与订单相符。

③采用合适的货架和容器，合理安排物资的存放位置，便于查找和管理。

④定期对仓库进行清理和整理，保持仓库整洁有序。

（3）物资出库管理

①制定详细的物资出库流程，包括审核、拣货、包装、发货等环节。

②根据生产计划或销售订单，合理安排物资的出库顺序和数量。

③确保拣货准确、包装严密，防止物资损坏或丢失。

④与运输部门协调，确保物资及时送达客户或生产现场。

（4）库存管理与盘点

①采用合适的库存管理方法，如ABC分类法、实时库存管理等，提高库存管理效率。

②定期对仓库进行盘点，确保库存数量与账目相符。

③分析库存数据，及时发现和解决库存积压、过期等问题。

④根据生产和销售情况，调整库存结构，降低库存成本。

（5）仓库安全与环境管理

①建立健全仓库安全管理制度，包括安全检查、消防设施管理等。

②定期对仓库进行安全检查，确保设施设备完好有效。

③严格执行防火、防盗、防潮等安全措施，确保仓库无安全事故。

④保持仓库环境整洁、卫生，为物资提供良好的储存环境。

（6）信息化管理

①采用仓库管理软件，实现物资入库、出库、盘点等操作的信息化管理。

②建立数据库，对仓库物资进行动态管理，便于查询和分析。

③通过信息化手段，提高仓库管理的效率和准确性。

④定期维护和升级，确保系统稳定运行。

（7）物资标识与追溯管理

①对仓库中的每一种物资进行标识，包括名称、规格、数量等信息。

②采用条形码或射频识别（RFID）等技术，实现对物资的快速识别和追溯。

③建立完整的追溯体系，对每一种物资的来源和去向进行记录和管理。

④通过追溯管理，提高物资的透明度和可控性，便于问题追溯和解决。

（8）员工培训制度

①新员工培训：新入职的员工应接受基础的业务培训，包括仓库管理的基本知识、物资的分类与存放、安全操作规程等。

②在职员工培训：定期为在职员工提供进阶培训，如库存控制、先进先

出管理、物资的保养与维护等，以不断提升员工的业务能力。

③外部培训：鼓励员工参加行业内的专业培训和研讨会，以拓宽视野，吸收新知识。

④培训效果评估：每次培训后，应有相应的考核或问卷调查，以评估培训效果，根据反馈调整培训计划。

（9）员工考核制度

①日常考核：对员工的日常工作表现进行记录和评估，包括任务完成情况、工作态度、团队协作等。

②定期考核：每季度或半年进行一次全面的工作考核，结合员工的自我评价和上级主管的评价，进行综合评估。

③绩效奖惩：根据考核结果，对表现优秀的员工给予奖励，对表现不佳的员工给予相应的辅导或岗位调整。

④晋升与降职：依据考核结果，给予有潜力的员工晋升机会，对无法达到工作要求的员工进行降职或调岗。

⑤考核反馈：应就考核结果与员工进行沟通，明确指出其优点和需要改进的地方，为员工提供明确的职业发展指导。

（10）仓库管理制度的执行与监督

①制定仓库管理制度，明确各项工作的流程和标准，确保员工了解并遵循。

②建立监督机制，定期对仓库管理工作进行检查和评估，确保制度得到有效执行。

③及时对违反制度的行为进行纠正和处理，防止问题扩大化。

④鼓励员工提出改进意见和建议，不断完善仓库管理制度，提高管理效率。

（11）与其他部门的协作与沟通

①与生产、采购、销售等部门建立良好的沟通机制，确保仓库管理工作与整体业务流程的顺畅对接。

②及时向相关部门反馈物资库存情况，便于生产计划的制订和销售策略的制定。

③协调解决与其他部门在仓库管理方面的问题和矛盾，保持良好的合作关系。

④定期与其他部门进行业务交流和培训，提高整体水平。

第2章　仓库管理精要

1. 管理几要素（★）

仓库管理，必须懂管理。做好仓库管理，首先要弄清什么是管理，管理有哪些要素。

（1）计划

计划是为实现目标，预先确定行动和资源分配的过程，包括制定目标，确定行动步骤、时间表和资源需求等。通过计划，管理者可以有条理地指导和控制组织的运作，以及应对未来的挑战。

（2）组织

组织是指将各种资源（人力、物资、财务、信息等）和任务分配给不同的人或部门，以实现目标，包括设立职责、建立组织结构、制定工作流程以及协调和管理人员等。管理者要通过正确的组织，促进有效的沟通和合作，并确保任务的高效完成。

（3）协调

协调是指管理者在组织中调和各种利益与资源，以实现组织目标，包括以个人合作和团队合作的方式解决冲突、整合各项资源、协商和平衡各部门之间的利益等。通过协调，管理者可以促进内部协作，提高工作效率和质量。

（4）控制

控制是管理者对组织的活动进行监督和评估，以确保其按照预定的计划和目标进行，包括设定标准、收集和分析数据、与实际情况对比并采取必要的纠正措施等。通过控制，管理者可以识别和解决问题，确保组织运营符合预期，并实现长期发展。

（5）创新

创新是指管理者引入新思想、新方法、新产品或新服务，以推动组织的发展和竞争力，包括创造性思维、挑战现有的做法、推动变革和在不确定的环境中发现新的机会等。通过创新，管理者可以引领组织适应变化，提高竞争力，并开拓新的业务领域，创新示例见表 2–1。

表 2–1　创新示例

革新项目	革新效果	参考数据
退货上架标签打印	每箱货的操作时间节约 1 分钟	全年退货上架箱数约为 20 万箱
越库按托分配	20 托以上的货品，拼箱和拼箱操作可以节约 4 个多工时	全年 20 托以下的越库货品约为 2000 款
发货标签一次性打印	节约打印时间 5 分钟 / 款、贴纸粘贴时间 10 分钟 / 百箱	全年发货 6000 款以上，箱数 63 万箱
越库发货自动拼装	平均每款货品的整体拼装发货时间可以节约 1 小时	全年发货 6000 款以上，10 万多批次

通过计划、组织、协调、控制、创新，确定我们要做什么，谁来做，怎么做，先做什么和后做什么，什么时候做，什么时候做完，出现问题怎么办，如何一次比一次做得更好。

（6）带队伍

管理者还有一项重要工作——带队伍。只有教会下属，才有时间、精力去做更有价值的事，才能有时间去统筹、协调更重要的工作。

2. 仓库管理者的“管理”思维（★★★）

什么样的班长带出什么样的兵，仓库管理者的思维影响着仓库员工的工作方向和质量。一个优秀的仓库管理者应当具备什么样的管理思维呢？

（1）理想的系统性管理思维

①仓库管理者要能够勾勒理想的仓库管理系统应是什么样，需要输入什么信息、输出什么信息。知道如何管理仓库，应当管成什么样子。

②不管遇到什么情况，仓库管理者都要用系统的逻辑思考，研究如何解决问题。

（2）盲人思维

仓库管理者要像盲人一样，充分发挥三维空间想象来管理仓库。同时，务必重视员工工作习惯的养成。

仓库管理者要严格要求各部门熟悉各库位货品。要明白“取法乎上，得乎其中；取法其中，得乎其下”的道理。任何货物均不可以倒置。

（3）自动化思维

仓库管理者要善于把复杂的事情变得简单明了，借鉴学习行业中的先进技术和科学思路，运用到作业现场。

2007 年，笔者在某企业上海物流中心负责越库工作。越库是根据各个地区的订货量对供应商的到货进行分发，传统的方法是根据各型号的订货量一个城市一个城市地挑拣。每一批到货颜色、尺寸都不相同，加上每箱件数不统一，导致经常出错，人工挑拣分货效率低下。据此可结合实际做出如图 2–1 所示的创新。

2007年某企业上海物流中心越库分货现场

颜色	型号	成都	重庆	青岛	长春	贵阳	哈尔滨	沈阳	合肥	宁波	南昌	温州	杭州	扬州	徐州	南京	苏州	南通	无锡	南宁	深圳	郑州	昆明	长沙	武汉	济南	西安	烟台	兰州	西宁	广州	大连
牛仔蓝	XSR	1	1	19	11		17	15	12	15	15	20	6	24	4	18	26	17	24	9	24	14	19	15		19	17	5	7	4	23	12
牛仔蓝	XSL	20	20	19	11	6	17	15	9	10	4	5	21	6	8	11	13	4	19	9	19	14	11	10	19	19	17	5	7	4	19	12
牛仔蓝	XSRW	12	12	23	14	22	22	19	4	7	12	16	16	19	26	9	15	14	8	2	8	18	10	7	11	24	22	6	8	5	7	15
牛仔蓝	SR	17	17	22	2	5	18	12	20	23	18	24	22	1	11	1	8	20	12	16	11	10		23	16	24	19	13	18	10	10	4
牛仔蓝	SL	27	27	2	18	9	27	23	13	14	5	6	1	8	10	15	17	5	25	12	26	22	15	14	27	3		7	10	6	25	19
牛仔蓝	SRW	14	14	13	25	14	9	4	20	21	8	10	16	12	16	23	27	8	12	18	12	3	23	21	13	14	10	10	14	8	11	26
牛仔蓝	SLW	10	10			12			18	19	7	9	12	11	15	21	24	8	8	17	8		21	19	9						8	
牛仔蓝	MR	6	6	20	18	1	13	4	14	18	16	21	12	25	6	21	1	18		11	1		22	18	4	23	15	19	27	16	27	21
牛仔蓝	ML	12	12	18	11	4	17	15	6	6	2	3	13	3	5	7	8	2	12	5	11	14	7	6	12	19	17	5	7	4	11	12
牛仔蓝	MRW	14	14	16	27	14	13	7	20	21	8	10	16	12	16	23	27	8	12	18	11	5	23	21	13	18	14	11	16	9	10	1
牛仔蓝	LR	24	24	3	9	17	26	19	25	27	10	12	27	15	20	1	5	10	21	23	21	17	1	27	23	5	27	15	21	12	21	10
牛仔蓝	XLR	24	24	16	27	8	13	7	11	12	4	6	26	7	9	13	15	5	23	11	23	5	13	12	24	18	13	11	16	9	23	

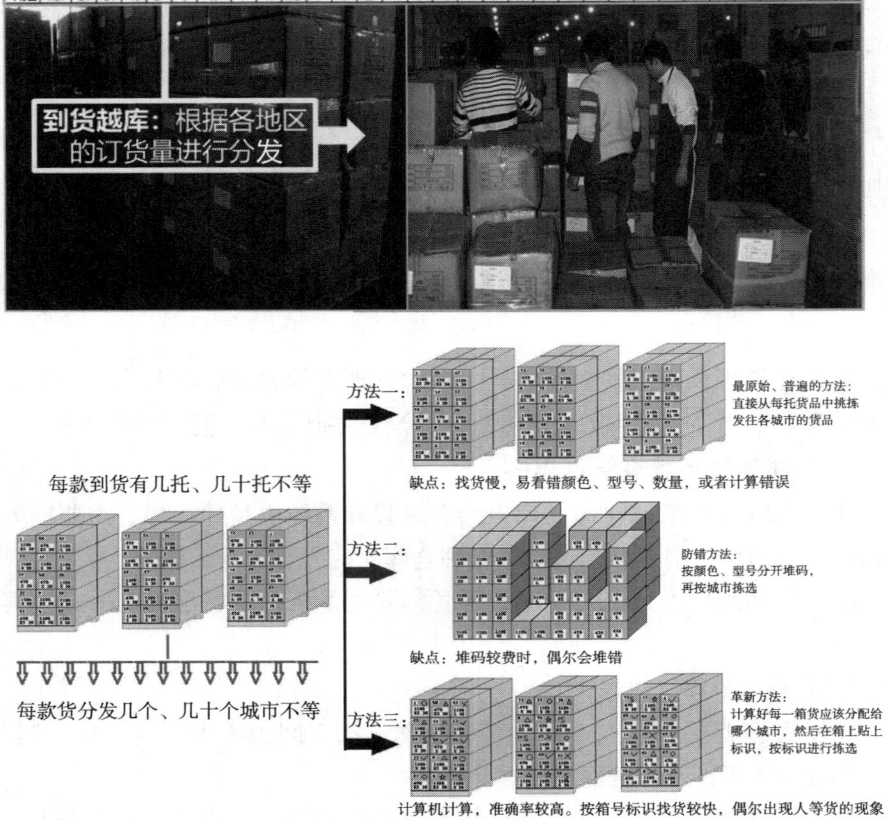

图 2–1　越库操作方法创新

若我们知道每一箱货应该发往哪个城市，拆零的货物也无须人工计算挑拣，那么效率和准确率自然会得到提升，其实这就是自动化思维。

基于此想法，笔者通过 Excel 设计了一个小程序，根据到货明细和订货明细进行匹配计算，计算每一箱货物要发往的城市，每个城市每种货品除整箱外还需要多少零头，如此一来，工作效率和准确率较之前翻了几倍（见表 2–2）。

表 2–2　到货与订货相匹配的越库操作

	:1433207·分发明细打印时间 11:50		标识人:		识日期:			
1	61	121	181	241	301	361	421	481
2	62	122	182	242	302	362	422	482
3	63	123	183	243	303	363	423	483
4	64	124	184	244	304	364	424	484
5	65	125	185	245	305	365	425	485
6	66	126	186	246	306	366	426	486
7	67	127	187	247	307	367	427	487
8	68	128	188	248	308	368	428	488
9	69	129	189	249	309	369	429	489
10	70	130	190	250	310	370	430	490
11	71	131	191	251	311	371	431	491
12	72	132	192	252	312	372	432	492
13	73	133	193	253	313	373	433	493
14	74	134	194	254	314	374	434	494
15	75	135	195	255	315	375	435	500
16	76	136	196	256	316	376	436	501
17	77	137	197	257	317	377	437	502
18	78	138	198	258	318	378	438	503
19	79	139	199	259	319	379	439	504
20	80	140	200	260	320	380	440	505
21	81	141	201	261	321	381	441	506
22	82	142	202	262	322	382	442	507
23	83	143	203	263	323	383	443	
24	84	144	204	264	324	384	444	
25	85	145	205	265	325	385	445	
26	86	146	206	266	326	386	446	
27	87	147	207	267	327	387	447	
28	88	148	208	268	328	388	448	
29	89	149	209	269	329	389	449	

不仅仓库的现场操作需要自动化思维，日常的数据处理、对账也需要自动化思维。

例如，每天、每周、每月都要重复处理的数据，务必用模板来提高效率。通过模板，放入“源数据”就能“自动”生成我们想要的结果。

（4）RFID 思维

优秀的仓库管理者需要有足够的空间想象力。RFID 思维就是通过某种方法设法一次完成若干环节、若干操作，减少不必要的过程。

比如，掌握库存数据和发货数据，就能知道每个库位每个托盘每个箱子有什么货，就能计算出哪些库位哪些托盘哪些箱子里的货物可整箱配发，哪些库位哪些托盘上的箱子要拆箱，要取多少货物，见表 2–3。

表 2-3　根据库存数据和订单数据，计算整托发货、整箱发货及拆箱发货量

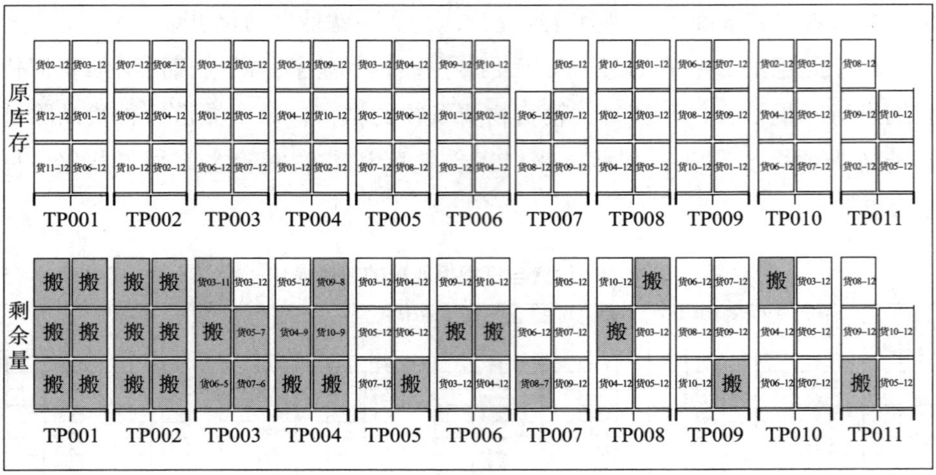

实战经验告诉我们，仓库管理要抓住两个关键词：一是“透明”，二是“透视”。透明就是要能直观地看出仓库里的每一箱、每一包货物。为此，包装物可考虑透明材质。透视主要指数据要透视，以便汇总，让复杂的数据变得简单明了。

（5）要有“首件检验”意识

仓库管理者要学习掌握一些好的管理方法，如“首件检验”意识。

①生产的第一件产品或第一批到货需要检验；

②批量生产前打样的第一件样品工艺需要检验；

③表格或模板第一次使用需要检验；

④打印或印刷的第一张条码标签需要检验；

⑤第一次填写的单据和卡牌需要检验；

⑥第一次使用的设备和器材需要检验。

我们要把所有问题消灭在源头，包括错误的动作、错误的方法、错误的流程、错误的标识和说明等。

（6）供应链思维

仓库管理者需要有供应链思维，具体内容如下（示例见图 2–2）。

①要知道仓库的货物从哪里来。

②要知道仓库的货物到哪里去。

③要知道仓库的货物是如何来的。

面对一张"入库单"，

管理者的思维：
①填写部门
②份数、传递部门
③填写人、经手人
④当天的第几张单据
⑤传递的信息，规范的格式
⑥单据的适用性
⑦基础数据来源
⑧系统相关操作、同步信息

图 2-2　管理者的供应链思维

④要知道仓库的货物怎么发出。

⑤要知道前后有哪些相关者。

⑥要思考前后需要做哪些工作。

⑦要思考哪一环节的作业量最高。

⑧遇到问题时联系谁。

思考题

若仓库员工将 7 瓶柠檬口味的饮料错配成 7 瓶水蜜桃口味的饮料，你认为原因何在，谁的责任。

首先，配货的员工有责任；其次，两种饮料的标识区分不明显，说明产品包装的设计人忽略了这一点；最后，入库没有做好标识、相似货品的库位相邻也是一个原因，收货上架人员也有一定的责任。

要管理好一个仓库，管理者需要梳理好仓库的内部和外部关系，见图 2-3。

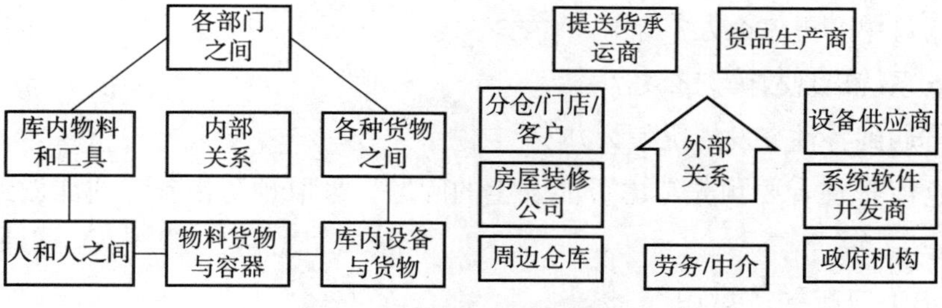

图 2-3　仓库的内部和外部关系

仓库管理者要厘清仓库内部、外部关系，提高作业效率，必须基于以下方式方法。

①往前推，往后想。

对于每一项工作、每一个环节、每一步操作，要提高效率，一定需要从前一项工作、前一个环节和工序想办法。例如，卸货要快，必须从装车开始想办法。装得不好，自然就不好卸。类似地，货品上架做得不好，拣货效率肯定不会高；配货者乱放货物，出库复核者就不方便。希望收货的仓库、门店方便清点货物，仓库装箱时就要考虑如何方便后续清点。总之，要提高仓库工作效率，就得往前推，往后想。

②抓住不放，一个都不能少。

为梳理仓库的整个作业流程，管理者就要从到货开始，一个环节一个环节地梳理，每个环节都不能放过，要弄清每个环节需要多大场地，需要什么人，用到哪些设备、物料，会出现何种情况，如何正确、合适、高效地解决。

③问题到此为止，到我为止。

要避免出现同样的问题，提高效率和准确率，仓库管理者必须找到问题的根源，从根源解决，做到问题到此为止，到我为止。

（7）如果思维

仓库管理者要善于思考日常管理中可能会出现哪些情况，如果出现这些情况会怎么样，如何提前做好相应的准确工作。例如，仓库日常运营中出现以下情况应如何做。

①停电了怎么办？

②停水了怎么办？

③收货时下雨了怎么办？

④库位不够用了怎么办？

⑤订单变更怎么办？

⑥系统出现故障怎么办？

⑦遇到各种突发情况怎么办？

仓库管理者要预先考虑可能发生的问题，采取预防措施，才能做到“有备无患”。

（8）应有的“意识”

应有的“意识”包括安全意识、节约意识、学习意识、创新意识、区域意识、通道意识、团队意识、大局意识、经营意识等。

3. 梳理信息数据（★★）

仓库管理者要梳理的信息数据如表 2–4 所示。

（1）仓库基本信息

仓库基本信息包括仓库名称、编号、地址、建筑面积、容量（长、宽、高）、消防等级、联系方式等，可用于标识和定位仓库。

（2）库存货物信息

库存货物信息包括货物名称、货品编号、货物单位、库存数量、货品种类、库存金额等。

（3）库内设备信息

库内设备信息包括各种搬运设备数量、各种存储设备数量、各种打印设备数量、各种办公设备数量、各种拣选设备数量、各种检测计量设备数量、各种照明设备数量等。

（4）库内结构设施信息

库内结构设施信息包括电梯数量与位置、卫生间数量与位置、消防栓数量与位置、门窗数量与位置、柱子数量与位置、插座与电源开关位置等。

（5）库内区域信息

库内区域信息包括操作相关区域、存货相关区域、办公相关区域、其他行政区域等。

（6）库内通道信息

库内通道信息包括通道编号、属性、数量、长、宽、面积、日通行频次等。

（7）库内库位信息

库内库位信息包括地堆库位信息、托盘货架库位信息、轻型货架库位信息等。

（8）库内物料信息

库内物料信息包括物料名称、物料编号、物料用途、物料单位、物料数量等。

（9）库内组织架构与人员信息

库内组织架构与人员信息包括部门、职务、姓名、性别、年龄、学历、入职时间、直接汇报对象等。

表 2–4　仓库管理者要梳理的信息数据

序号	目录	重要性	信息维护部门	负责人
1	仓库示意图	★★★★★		
2	货品信息	★★★★★		
3	库位信息	★★★★		
4	包材信息	★★★		
5	库存数据	★★★★★		
6	入库数据	★★★★		
7	订单数据	★★★		
8	出库数据	★★★★		
9	作业数据	★★★		
10	装箱明细	★★★		
11	包装数据	★★★		
12	发运数据	★★★★		
13	员工工时	★★★★		
14	作业设备	★★★		
15	托盘管理	★★★		
16	区域面积	★★		
17	库存概况	★★★★★		
18	货品分析	★★★★★		
19	库位分析	★★★★★		
20	订单分析	★★★★		
21	物料分析	★★★★		
22	货运分析	★★★		
23	员工工作	★★★★★		
24	库存报表	★★★		
25	货架库位动态	★★★★		
26	货物标签	★★★★		
27	货架库位标签	★★★		
28	拣货单格式	★★★		
29	箱号标签	★★★		

续表

序号	目录	重要性	信息维护部门	负责人
30	组盘标识贴纸	★★★		
31	异常上报	★★★		
32	异常统计汇总	★★★★		
33	黄金组合分析	★★★★		
34	入库进度汇总	★★★★		
35	发货进度汇总	★★★★		
36	仓库区域分布图	★★★★		
37	仓库运营思维图	★★★★		
38	货主信息统计	★★★		
39	员工基础信息	★★★		
……	……	……		

（10）库内作业流程

库内作业流程包括收货流程、验收流程、质检流程、入库上架流程、配发货流程、复核打包流程、发货交接流程、盘点流程等。

（11）库内作业量

库内作业量包括收货作业量、验收作业量、质检作业量、入库上架作业量、配发货作业量、复核打包作业量、发货交接作业量、盘点作业量等。

（12）其他方面

其他方面包括货主信息、供应商信息、承运商信息等。

4. 仓库管理者需要思考的“7+ 异”（★★★）

仓库管理者需要思考的“7+ 异”具体内容如下。

（1）人：具备相关职业技能和职业道德的人。

（2）机：工作中需要的机器、设备、容器、工具的总称。

（3）料：工作中所接触的物品物料，以及需要消耗的物料等。

（4）法：工作的流程、方法、技巧、细节与注意事项。

（5）环：满足工作要求的环境、场地。

（6）能：工作中人员和设备需要消耗的能源、资金，以及人员应具备的能力。

（7）信：与工作相关的知识、资料、图像、数据、文件等信息数据。

（8）异：曾发生或容易出现的问题和异常。

基于表 2–5，仓库管理者可以梳理仓库从收货到发货各环节涉及的人、机、料、法、环、能、信、异等因素。据此可以发现，哪些人员可以共享，哪些设备可以共享，哪些环节使用的工具和物料一样，货物经过哪个区域再到哪个区域直至离开仓库。

表 2–5　仓库管理者需要弄清的“号”

到货序号	到货日期	货品名称	货品序号 / 代号	同品批次序号	托盘数 / 箱数	托盘号 / 箱号
1	1 月 1 日	苹果	1	1	4	1–4
2	1 月 2 日	苹果	1	2	1	5
3	1 月 3 日	橘子	2	1	2	6–7
4	1 月 4 日	橘子	2	2	3	8–10
5	1 月 5 日	苹果	1	3	1	11
6	1 月 6 日	橘子	2	3	2	12–13
7	1 月 7 日	香蕉	3	1	5	14–18
8	1 月 8 日	橙子	4	1	6	19–24
9	1 月 9 日	西瓜	5	1	1	25
10	1 月 10 日	菠萝	6	1	1	26

5. 管理工作中不可或缺的“号”（★★★）

（1）仓库管理者需要弄清的“号”

仓库管理者需要弄清的“号”如表 2–5 所示。

到货序号：也称“到货行号”，指到货的先后顺序，从第 1 条开始记录，标注在货物上。

货品序号：也称货品代号，指代仓库中的第几种货品。

同品批次序号：指代同一种货品到达仓库的不同批次，用于识别不同批次的货品。

托盘号 / 箱号：指代仓库到达的第几托或第几箱货物，若同一批货物有多个托盘或箱子，要确保一个托盘或箱子一个号，如表 2-6 所示。

表 2-6　货品的托盘号

托盘号	1	托盘号	2	托盘号	3	托盘号	4
货品名称	苹果	货品名称	苹果	货品名称	苹果	货品名称	苹果
货品代号	1	货品代号	1	货品代号	1	货品代号	1
到货序号	1	到货序号	1	到货序号	1	到货序号	1
同品批次序号	1	同品批次序号	1	同品批次序号	1	同品批次序号	1

以表 2-6 来说，仓库的第一批到货是“苹果”，货品代号、到货序号、同品批次序号皆是 1，到货有 4 托，托盘号分别为 1、2、3、4。

（2）如何用好“号”

①编号法，也称“代号法”“代码法”，见图 2-4。

编号法将不易识别的货品、文字信息、较长的数字和字母字段用简单的自然数代替，以方便查找、识别、录入和排序。

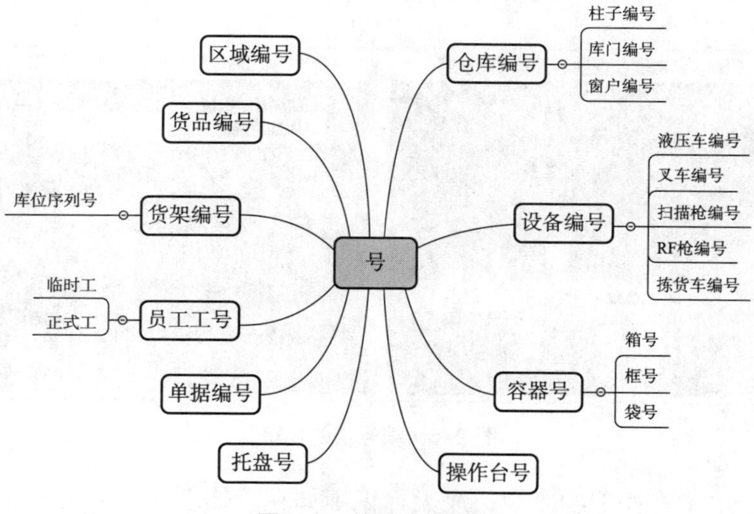

图 2-4　编号法的应用

编号法可应用于以下场景。

车辆设备管理：可划分为 1 号车、2 号车、3 号车等。

仓库作业优化：可划分为 1 号货物、2 号货物、3 号货物等。

货物中转分拣：可划分为 1 号地区、2 号地区、3 号地区等。

库位编码优化：可划分为 1 号库位、2 号库位、3 号库位等。

我们可以根据货品编号、托盘号迅速查找货物，如图 2–5 所示。

图 2–5　依据货品编号、托盘号迅速查找货物

编号法在拣货等环节的优势不言而喻，例如，我们在 200 多台机器中，序列号“27102872”自然不如“3 号”方便快捷（查找）。标识为“中山西路店”自然不如“15 店”好查找，如图 2–6 所示。

图 2–6　编号法的优势

对于快速查找货物来说，放大标识不如在箱体上印上简洁的编号有效（见图 2–7）。

方法1：放大标识　　方法2：在箱体上印上简洁的编号

图 2–7　不同标识方法的比较

有序则快，汉字和字母不方便排序，而数字可以排序。

为使仓库管理精细化，我们可对现场所有货物设备进行编号以方便管理，包括仓库的所有设备和工具，甚至每一盏灯，每一个拖把、扫帚、消防栓、灭火器、水龙头等。仓库照明开关指示如图 2–8 所示。

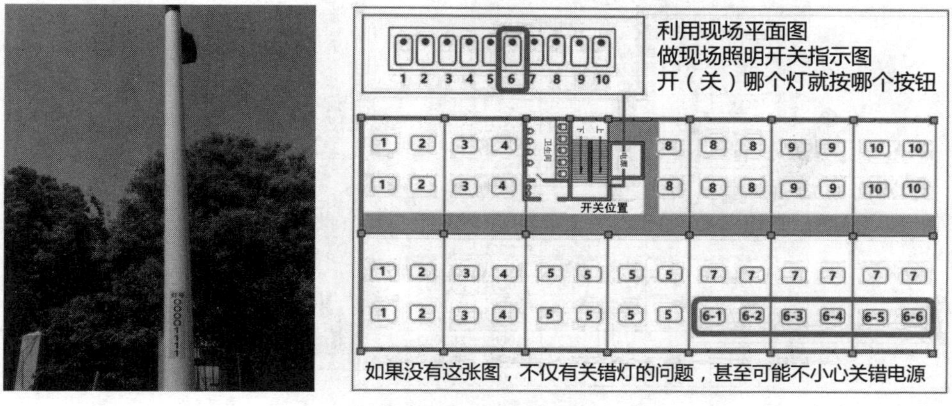

图 2–8　仓库照明开关指示

②流水号的应用。

仓库管理者需要掌握仓库（当年 / 当月 / 当天）收到多少车次或多少票货物，每托、每箱货物的入库顺序等情况，这都要用到“流水号”，见表 2–7。

表 2–7　流水号在仓库管理中的应用

	A	B	C	D	E	F	G	H	I	J	K	L	M	Q	R
1	发货流水号	到货流水号	采购流水号	项目组编号	订单号	订单行	订单-行	物品名称	物品代码	采购数量	采购日期	供应商编号	到货数量	此次发货数量	发货日期
2	1	1	16	项目1	订单号0005	1	订单号0005-1	配件5	69018571	60	2019/3/21	供应商01	50	40	2022年9月19日
3	2	2	17	项目1	订单号0005	2	订单号0005-2	配件6	69018572	58	2019/3/21	供应商01	40	20	2022年9月19日
4	3	3	18	项目1	订单号0005	3	订单号0005-3	配件7	69018573	100	2019/3/21	供应商01	80	40	2022年9月19日
5	4	4	1	项目1	订单号0001	1	订单号0001-1	轮子	LZ9817	100	2019/3/18	供应商04	50	10	2022年9月19日
6	5	5	2	项目1	订单号0001	2	订单号0001-2	袋子	DZ8165	30	2019/3/18	供应商04	15	10	2022年9月19日
7	6	4	1	项目1	订单号0001	1	订单号0001-1	轮子	LZ9817	100	2019/3/18	供应商04	50	40	2022年12月13日
8	7	5	2	项目1	订单号0001	2	订单号0001-2	袋子	DZ8165	30	2019/3/18	供应商04	15	5	2022年12月13日
9	8	11	1	项目1	订单号0001	1	订单号0001-1	轮子	LZ9817	100	2019/3/18	供应商04	50	10	2022年12月13日
10	9	12	2	项目1	订单号0001	2	订单号0001-2	袋子	DZ8165	30	2019/3/18	供应商04	15	18	2022年12月13日
11	10	13	3	项目1	订单号0001	3	订单号0001-3	手套	A81855	50	2019/3/18	供应商04	20	6	2022年12月13日
12	11	14	4	项目1	订单号0001	4	订单号0001-4	扳手	BS8816	100	2019/3/18	供应商04	80	10	2022年12月13日

依据流水号，仓库管理者可以判断采购的先后顺序、到货的先后顺序、发货的先后顺序等。

将流水号标注在货物上，不仅可以方便识别货物，而且有利于先进先出，如图 2–9 所示。

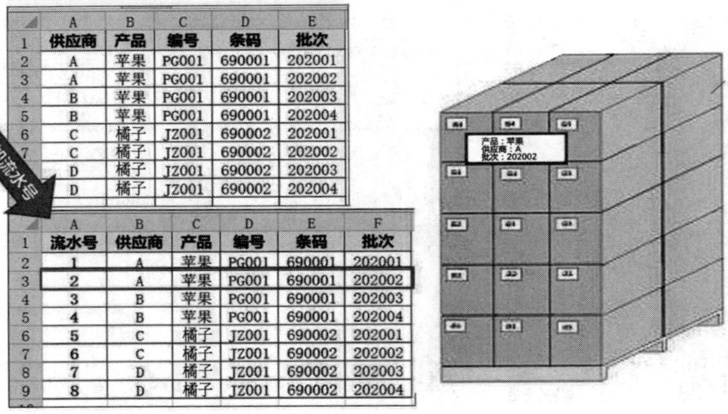

	A	B	C	D	E
1	供应商	产品	编号	条码	批次
2	A	苹果	PG001	690001	202001
3	A	苹果	PG001	690001	202002
4	B	苹果	PG001	690001	202003
5	B	苹果	PG001	690001	202004
6	C	橘子	JZ001	690002	202001
7	C	橘子	JZ001	690002	202002
8	D	橘子	JZ001	690002	202003
9	D	橘子	JZ001	690002	202004

	A	B	C	D	E	F
1	流水号	供应商	产品	编号	条码	批次
2	1	A	苹果	PG001	690001	202001
3	2	A	苹果	PG001	690001	202002
4	3	B	苹果	PG001	690001	202003
5	4	B	苹果	PG001	690001	202004
6	5	C	橘子	JZ001	690002	202001
7	6	C	橘子	JZ001	690002	202002
8	7	D	橘子	JZ001	690002	202003
9	8	D	橘子	JZ001	690002	202004

图 2–9　流水号的标注与作用

6. 管理工作中不可或缺的“表”（★★）

表格可大大提高阅读、浏览、统计的效率。和数据相关的文件应尽量采用 Excel，以便统计、分析。仓库管理从某种层面上说就是表与表的关联，日常工作中仓库管理者要学会活用矩阵表来体现各种信息数据，见图 2–10。

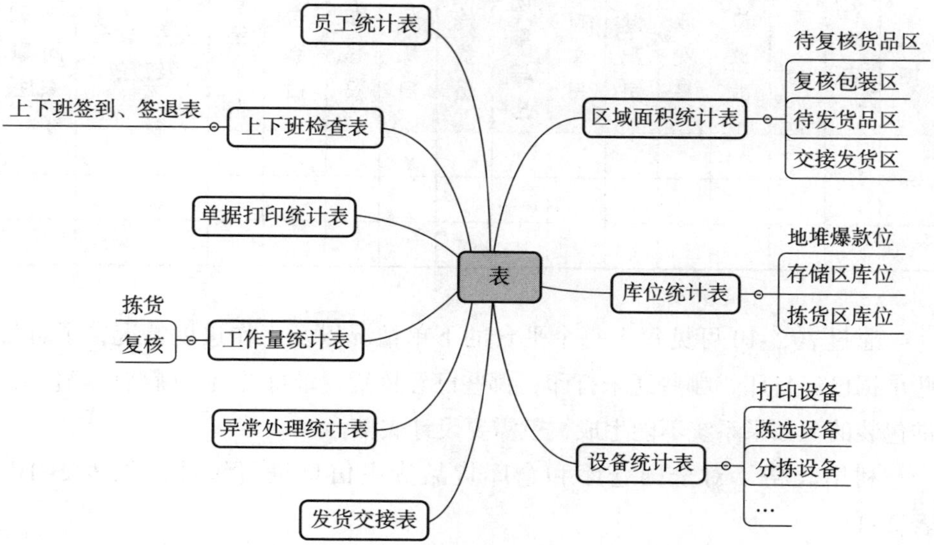

图 2–10　表所体现的数据关联

表格不仅是为了统计我们的工作量，而且可以提醒我们需要做哪些工作，并能看出工作的进展，见表 2–8、表 2–9。

表 2–8　仓库货品预包计划及工作登记表

日期	品牌编号	预包产品名称	爆款编号	预包数量	产品准备	物料准备	工具准备	标签准备	场地准备	需求人数	参与人员	开始时间	结束时间	人均效能	抽查结果

通过表 2–9 可见有哪些预包工作，需要做哪些准备，是否准备好，是否安排人员预包，哪些产品是由哪些人预包的，是否完成，人均每小时效能是多少，以及为了保证预包货品的包装质量及贴标准确率，是否需进行抽查。

表 2-9　仓库每日发货订单统计表

日期	时间	平台	订单数	波次号	分配员	打单员	明细导出	拣货员	分拣员	复核员	包装员	包装件数	交接板号及数量	遇到问题备注

通过表 2-10 可见每天每个平台的下单情况以及工作进度情况，了解哪些单据已经打印，哪些还未打印；哪些已经拣货，谁拣的货；哪些已经包装，谁包装的。如果系统不能生成，就需要设计表格。

利用表格，对全国仓库和仓库货品货主信息进行统计，见表 2-10、表 2-11。

表 2-10　全国仓库情况

货主编号	货主名称	货品类别	操作系统	库房区域	占用库区面积	占用库位数	存货体积	货品SKU	货品平均单重	货品平均体积	日均单数	每单SKU数	包装材料种类	包装设备要求	存储要求	项目负责人	入库操作说明	发货操作说明	打单流程	拣货方式（PDA/纸单）	货运方式	退货处理要求	收费项目	客户联系人	客户供应商
1																									
2																									
3																									

表 2–11 仓库货品货主信息

序号	主要信息	1 号库	2 号库	3 号库	4 号库	5 号库	6 号库	7 号库	8 号库	9 号库
1	房东（业主）名称									
2	房东公司性质									
3	房东所属行业									
4	隶属区域									
5	房东联系人									
6	联系方式									
7	仓库地址									
8	到公司距离									
9	1 手 /2 手									
10	是否有产权									
11	仓库结构	钢结构	砼结构							
12	是否属违建，短期是否会拆除									
13	原有仓库用途									
14	仓库建筑面积									
15	仓库可用面积									
16	已入驻的企业									
17	已出租率									
18	历史租仓客户									
19	目标租赁客户									
20	消防等级									
21	是否有消防喷淋									
22	是否有消防感应系统									
23	楼仓 / 平仓 / 大棚	楼仓	平仓	大棚						
24	是否带电梯	是	否							
25	电梯门尺寸									

续表

序号	主要信息	1 号库	2 号库	3 号库	4 号库	5 号库	6 号库	7 号库	8 号库	9 号库
26	电梯尺寸									
27	有无卸货月台									
28	地面材料	水泥	环氧	金刚砂						
29	地面平整度	良	一般	差						
30	地面清洁度	良	一般	差						
31	地面高差									
32	屋顶和供水是否漏水									
33	是否有卫生间									
34	是否有配套办公设备									
35	通电、通水情况									
36	供暖情况									
37	仓库长度									
38	仓库宽度									
39	仓库最大高度									
40	仓库最小高度									
41	库内柱子数量									
42	柱子尺寸									
43	仓库内隔间数量									
44	隔间占地面积									
45	柱内现有货架									
46	仓库门数									
47	门的尺寸									
48	仓库门开启方式及各自数量	平移	扇形	卷帘						
49	库内采光情况	良	一般	差						
50	库内照明灯数									

续表

序号	主要信息	1号库	2号库	3号库	4号库	5号库	6号库	7号库	8号库	9号库
51	仓库窗户数量									
52	窗户是否有防盗网									
53	库内插座数量									
54	库内监控									
55	库内网络									
56	是否有雨棚									
57	可租赁周期									
58	优惠条件									
59	最小起租面积									
60	租金价格（元/月）									
61	物业费									
62	付款方式									
63	水费									
64	电费									
65	煤气费									
66	小车泊位费									
67	免租期									
68	周边交通情况									
69	库外停车面积									
70	现有仓库负责人									
71	现有仓管人数									
72	重型货架（组）									
73	轻型货架（组）									
74	托盘数									
75	液压车									
76	堆高车									
77	燃油叉车									
78	手持 RF 枪									
79	电脑									

续表

序号	主要信息	1 号库	2 号库	3 号库	4 号库	5 号库	6 号库	7 号库	8 号库	9 号库
80	打印机									
81	办公桌									
82	办公椅									
83	文件柜									
84	年大约入库体积									
85	年大约入库重量									
86	年入库票数									
87	年入库订单数									
88	年出库票数									
89	年出库订单数									
90	现有库存大约体积									
91	现有库存大约重量									
92	现有库存件数									
93	现有库存 SKU 数									
94	现有库存大约箱数									
95	现有库存大约托盘数									
96	现有仓库空置率									
97	现有仓库作业最大工作量									
98	……									

7. 管理工作中不可或缺的“图”（★★★）

为了方便管理、开拓思路、提高工作效率，仓库管理者需要借助于各种图来辅助管理，具体如下。

（1）仓库平面

仓库平面示例如图 2–11 所示。

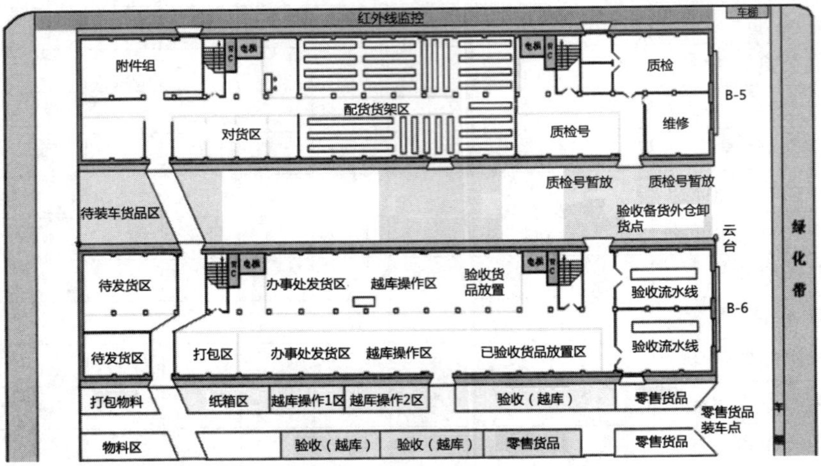

图 2–11　仓库平面示例

（2）仓库及园区立体效果

仓库及园区立体效果如图 2–12 所示。

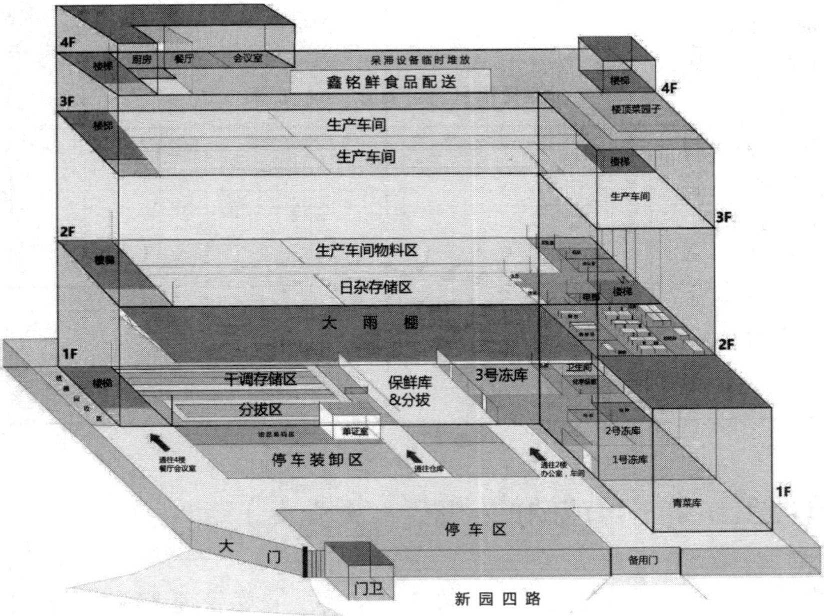

图 2–12　仓库及园区立体效果

（3）企业供应链实物流与部门操作流程

企业供应链实物流示例如图 2-13 所示。

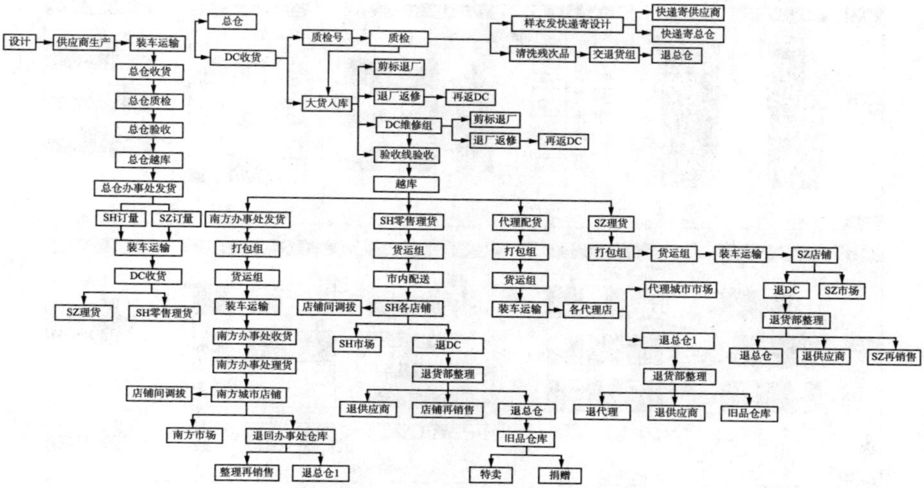

图 2-13　企业供应链实物流示例

企业各部门操作流程示例如图 2-14 所示。

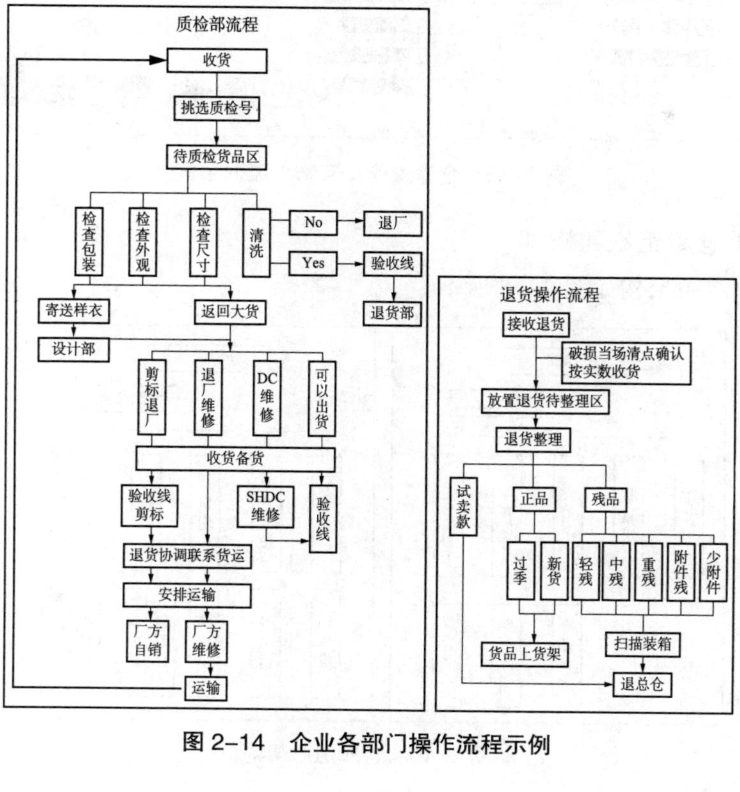

图 2-14　企业各部门操作流程示例

（4）仓库操作（实物）流向

仓库操作（实物）流向示例如图 2-15 所示。

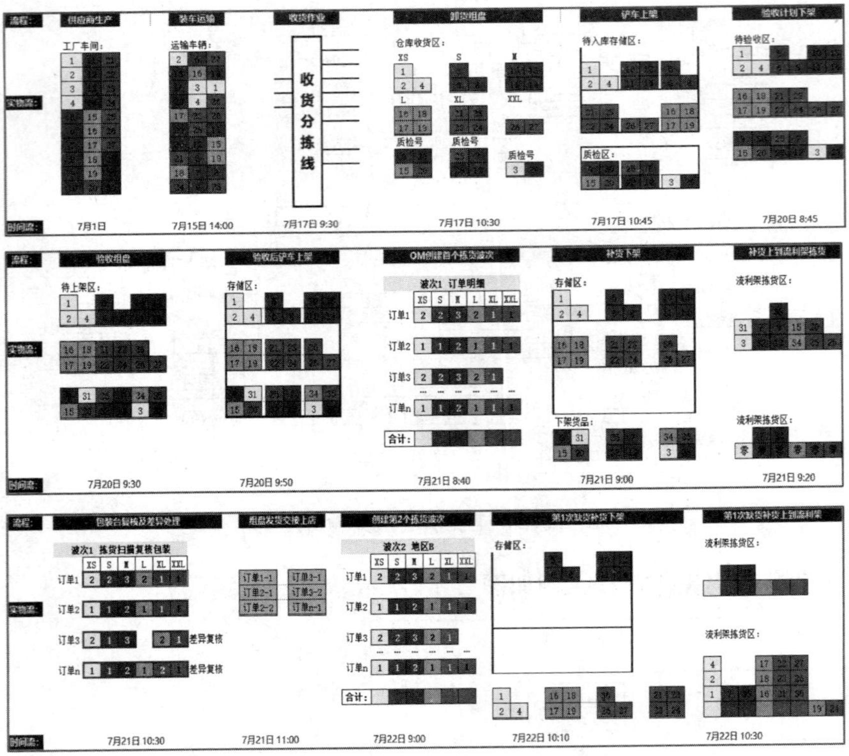

图 2-15　仓库操作（实物）流向示例

（5）仓库组织架构

仓库组织架构如图 2-16 所示。

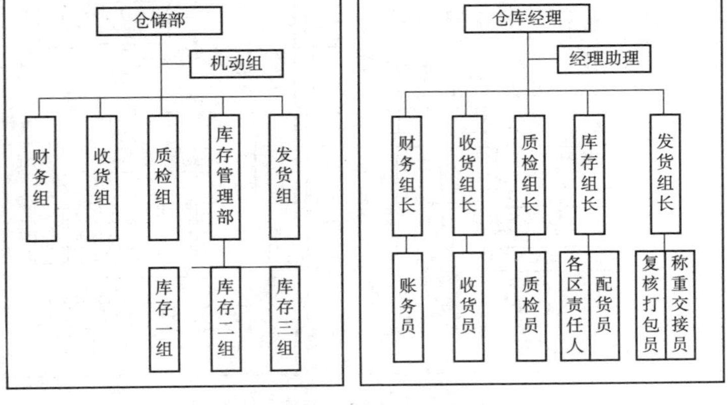

图 2-16　仓库组织架构

（6）仓库数据可视化效果

仓库数据可视化效果示例如图 2-17 所示。

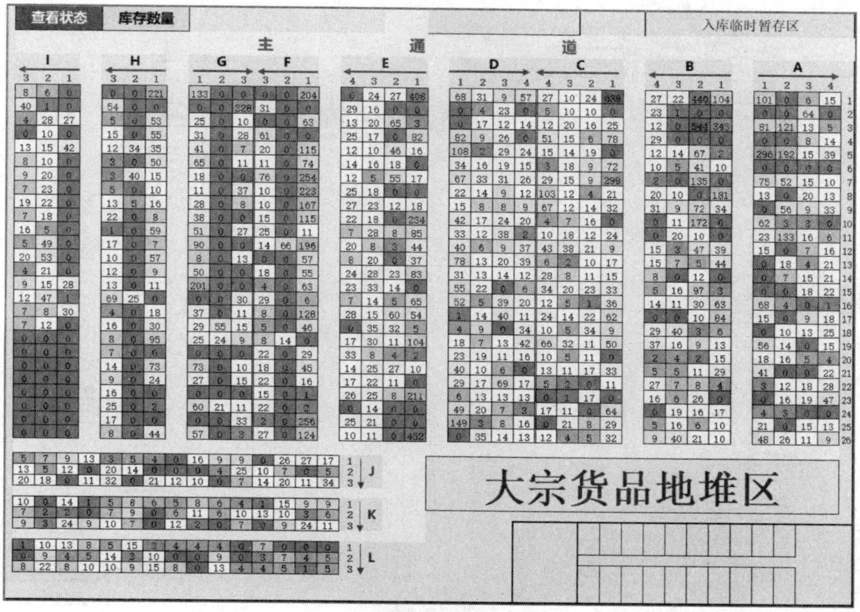

图 2-17　仓库数据可视化效果示例

（7）操作方法细节

操作方法细节如图 2-18 所示。

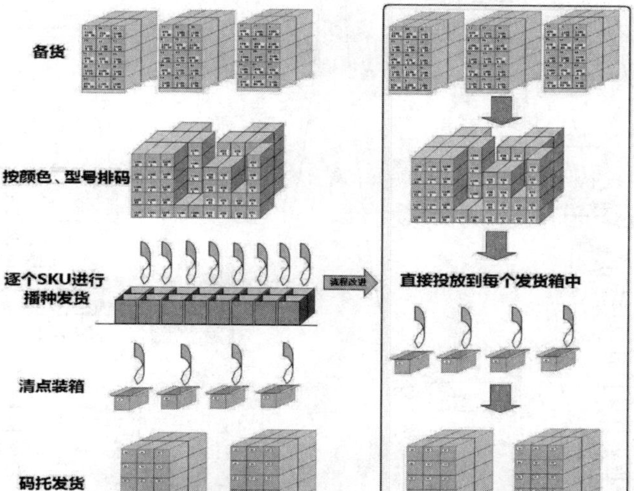

图 2-18　操作方法细节

（8）仓库管理可视化思维导图

仓库管理可视化思维导图如图 2-19 所示。

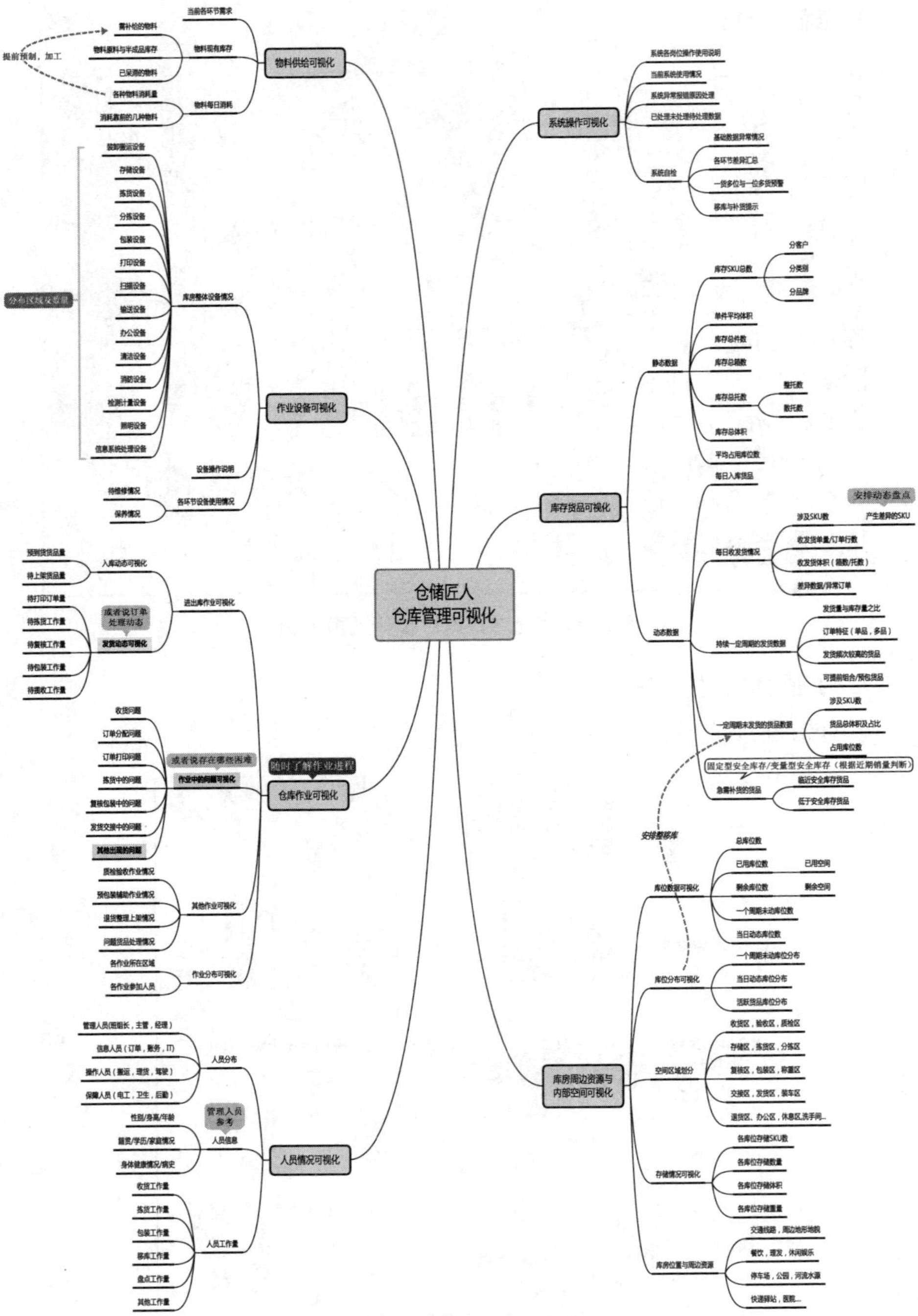

图 2-19　仓库管理可视化思维导图

（9）平面图和立体效果图的作用

①对各项工作进行统筹安排和布置，包括收货（收货的人员可通过平面图了解哪些区域空间空闲，提前对即将入库的货品做好规划等）、发货、移库、盘点、整库等。尤其是工作计划或工作安排都可以于图上标注，方便讲解，传达指令。

②用于巡仓检查工作。可在图上标注哪里需要整改、哪里需要维修、哪里的标识需要更换、哪里的标识缺乏、哪个过道有违禁放品、哪些区域货品需要整改或移走、哪里雨天漏水、哪里照明灯需要更换、哪里垃圾需要清扫、哪里存在安全隐患等。（方法：在有问题处标注序号①②③……，在空白处说明具体问题。）

③用于标注分析、讲解。可在图上标注哪里拣货量大、哪些货品长期滞留、哪个库位空闲、哪里货品种类较多、客户货品各分布在哪里、拣货路线是否过多迂回、哪个巷道进出频次高、哪些巷道基本没有配货作业（后续可临时堆放货物）等，在平面图上还可以标注照明、消防、电源开关、插座位置等。

④作为物流仓储企业的常用工具。仓库平面图不仅是仓库管理者、管理人员常用的工具，订单员、客户对接人员也可借助于平面图了解客户的货品分布。例如，今天到的货放在了仓库哪些位置，后面到货可以往哪里放，要盘点的货品分布，哪些位置已经完成盘点，哪些位置盘点方便等，都可以通过平面图标注、了解。

利用好仓库平面图和立体效果图，作业效率就能提高很多。

总之，号是为了“化繁为简”，表是为了“便于统计”，账是为了“心里清楚”，图是为了“直观明了”。

8. 仓库现场管理方法（★★★）

（1）8S 管理法：管理者每天要问的 8 个问题

整理：仓库管理者要清楚需要哪些人，做哪些事，用到哪些设备、工具和物料；同时，也要了解现场有没有用不到的人、不该做的事及与工作无关的东西等。

整顿：定品、定量、定位。仓库管理者要检查要做的事有没有指定操作区域，货品、工具、物料有没有定点放置，并做好相应的“标识”。

清扫：仓库管理者要检查桌面、地面、操作场地是否彻底清扫，物品是否归位。

清洁：仓库管理者要检查现场是否干净、整齐，操作是否有序，各种标识是否清晰。

素养：是否养成了规定的作业习惯？是否可以持续保持和改进？

安全：员工的安全意识如何？现场是否还有作业不安全、用电不安全等问题？各种安全隐患是否排除？

节约：操作场地、存储场地、工作时间、物料、用电节约程度如何？大家节约意识如何？

学习：每天是否学习对工作有帮助的知识？团队有学习氛围吗？

（2）颜色管理法

不同颜色可以帮我们区分状态、线路、温度、月份、区域、属性、品牌、大类、部门和型号等，现场画线参考颜色如表 2–12 所示。

表 2–12　现场画线参考颜色

颜色	载体					
	胶带或油漆圈画	有色容器	标识卡	印章	标签、记号、指示信号	指标或业绩状态
红色	存放不良品区域或不良品周转车	放置不良品的盒、周转箱、转筐、桶等，消防器材	不良品的专用标识卡片、危险标志	不合格章	不良单元的粘贴或记号指示、设备故障或质量事故停线	危险状态
黄色	状态不明区、待检区、待处理区	待处理品、未完成品存放	紧急放行、特别监控	状态不明等待判定	MRB让步放行（返修）、特别监控处理、缺料或换批停机停线	告警状态
蓝色	制程中合格区域或合格半成品周转车	合格待转移的在制品存放	制程中的合格品	工序（制程）抽检合格	工序（制程）单检合格、计划停机停线	单个指数正常
绿色	车间整体完成的合格品区域、合格品周转车	车间整体完成的合格品存放	车间最终检验的合格品	合格章、放行章	整体检验合格、生产线或设备正常运行	整体正常运行，标准或要求之内
黑色	垃圾或报废区域	垃圾或报废品存放	报废品	报废	报废处理	不合格

较好的现场作业管理示例见图 2-20。

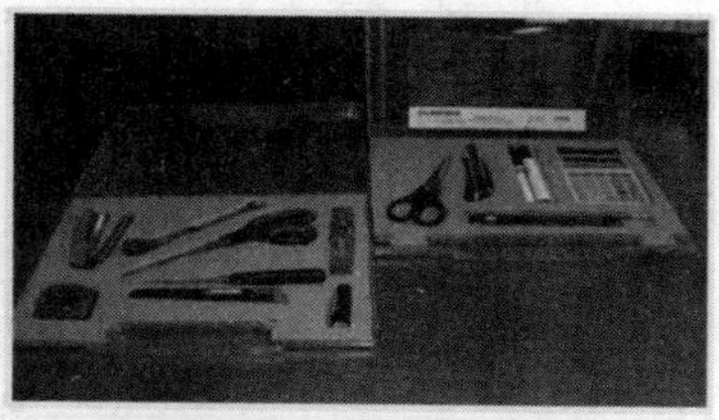

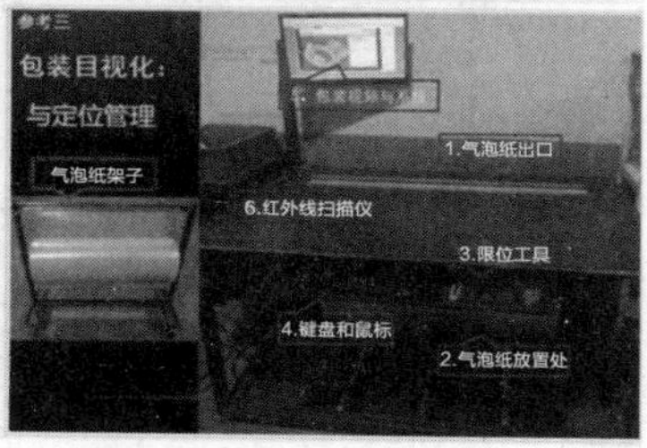

图 2-20　较好的现场作业管理示例

（3）看板管理——一目了然的管理方法

平时我们看到的园区平面图、仓库平面图、仓库流程图、人员架构图、工作计划、工作量进展情况等，其实都是看板管理。

表 2-13、表 2-14、表 2-15 和表 2-16 为几种不同的看板管理表格。

表 2-13　每月情况可视化看板

某某公司某部门　____月　工作进度表 / 员工出勤表 / 现场检查表 / 员工加班用餐表 / 节日值班表 / 疫情一览表																																		
序号	部门	人员	工作计划/检查事项..	1	2	3	4	5	6	7	8	9	10	11	12	13	14	15	16	17	18	19	20	21	22	23	24	25	26	27	28	29	30	31
1					√	√	√	√		x	x	x	x																					
2								○	○	○																								
3											★	★	★																					
4																																		
5															▲	▲	▲	▲	▲	▲	▲	▲												
6																																		
7																																		
8																																		
9																																		
10																																		
11																																		
12																																		
13																																		
14																																		
15																																		

表 2–14　全年各部门重点工作计划

序号	部门	工作计划内容	1月	2月	3月	4月	5月	6月	7月	8月	9月	10月	11月	12月
1														
2														
3														
4														
5														
6														
7														
8														
9														
10														
11														

表 2–15　部门月工作计划表

2023年 ________　　月份：___6___

序号	工作计划内容	负责人	1	2	3	4	5	6	7	8	9	10	11	12	13	14	15	16	17	18	19	20	21	22	23	24	25	26	27	28	29	30
			四	五	六	日	一	二	三	四	五	六	日	一	二	三	四	五	六	日	一	二	三	四	五	六	日	一	二	三	四	五
1			1							1							1							1							1	
2																													1	1	1		
3			1	1	1		1	1																								
4				1							1							1							1							1
5			1	1	1		1	1	1	1	1																					
6																			1	1												
7									1	1	1	1	1	1	1	1	1	1	1	1	1	1	1	1	1	1	1	1				
8																														1	1	1	
9																																	
10																																	
11																																	

表 2–16　部门日工作计划表

2023年 ________　　日期：___6月5日___　星期：___一___

序号	工作计划内容	负责人	参与人数	8:30	9:00	9:30	10:00	10:30	11:00	11:30	12:00	12:30	13:00	13:30	14:00	14:30	15:00	15:30	16:00	16:30	17:00	17:30
1													1	1								
2				1	1	1	1	1	1	1	1			1	1	1	1					
3				1	1	1	1	1	1	1												
4																					1	1
5				1	1	1	1	1	1													
6														1	1	1	1	1	1	1	1	1
7														1	1	1						
8				1	1	1	1	1	1	1	1	1			1	1	1	1	1	1		
9																						
10																						

（4）一分为二法

仓库管理中，我们会经常用到“1/2 法”，这里的“1”，是指一个整体，如一批到货、一项操作、一件事、一块区域等。任何物流作业环节、任何区域和货品都可以通过一分为二的方法进行优化管理、提高效率。

仓库中的货物有大小、轻重、高价与低价、正品与次品、有条码与无条码、畅销与滞销等分别，现场管理作业中也有已完成与未完成、已检验与未检验之不同。为此，可运用“1/2 法”进行管理，见表 2–17。

表 2–17　存储环节的 1/2 法

· 存储仓库货品时
- 高价　有条码　大　有包装　轻
- 低价　无条码　小　无包装　重

我们在整理库房时，为提高容积率，可以把近期需要的货物与近期不需要的货物一分为二，见表 2–18。

表 2–18　整理库房、理货时的 1/2 法

· 整理仓库、理货时
- 需要　畅销　整体的　正品　上　单
- 不需　滞销　零散的　次品　下　双

如若团队工作效率不高且难以责任到人，可将团队一分为二，看哪一组完成得快、完成得好，整体效率和准确率就会提高，见表 2–19。

表 2–19　货品整改包装中的 1/2 法

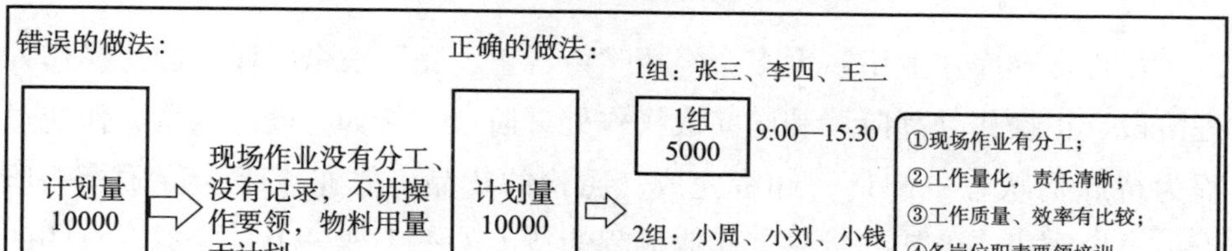

（5）画圈法 / 划定界限法

在现场作业管理中，仓库管理者需要基于完成的操作任务，通过限制空间、时间、人员数量和物料消耗来提高效率和准确率。画圈法 / 划定界限法尤其适合大量临时用工现场，见图 2–21。

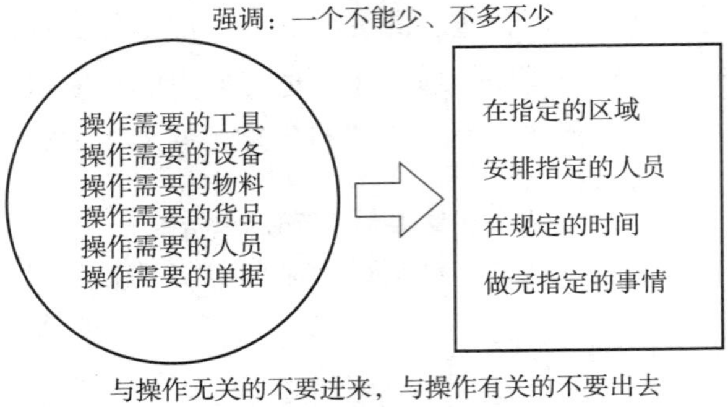

图 2–21　画圈法 / 划定界限法

(6)"待、正、完"三阶段

仓库现场管理中，管理者一定要重视作业"待、正、完"三阶段，见图 2–22。

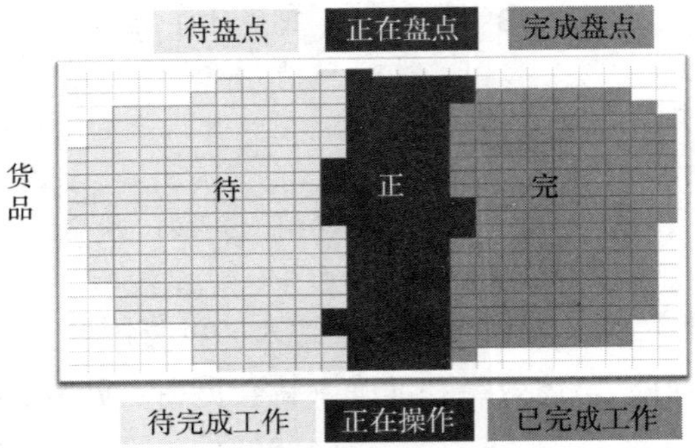

图 2–22　仓库盘点作业中的"待、正、完"三阶段

在日常仓库作业中，大多会经历"待、正、完"三个阶段，即待操作处理阶段、正操作处理阶段和已完成操作处理阶段。例如，仓库到货，作业过程为待卸货状态—卸货—卸货完成；质检的货品，作业流程为待质检—质检—质检完成；上架的货品，作业流程为待上架—上架—上架完成；打印的单据，作业过程为待打印—打印—打印完成。现场作业区域，也要按"待、正、完"三阶段划分，待操作处理的区域—操作处理的区域—完成操作处理的区域；同样，作业状态也划分为待操作处理的状态—操作处理的状态—完成操作处理的状态。

作为仓库管理者，需要常提几个问题：①现场的货物或单据分几种状态，能否辨别？②现场哪些工作已完成，哪些正在进行中，未完成的还有多少？③每个订单及货物的当前状态，如何安排接下来的工作？

工作中，仓库管理者必须注意以下几点：

①待复核的货品，不可摆放在复核区域；复核了的货品不可停留在复核区域。

②待分拣的货品，不可摆放在分拣区域；分拣好的货品不可停留在分拣区域。

③待包装的货品，不可摆放在包装区域；包装好的货品不可停留在包装区域。

④待与货运公司（快递公司）清点交接的货品与已和货运公司（快递公司）清点交接的货品要分开；货品要停放在相应状态的区域，不可随意摆放，更不能停放在过道，见图 2–23。

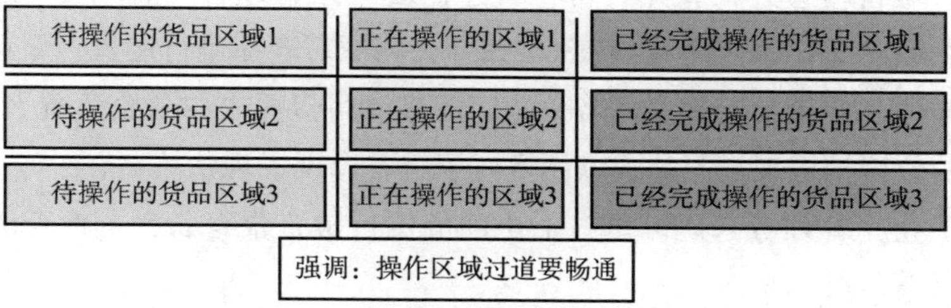

图 2–23　仓库现场作业区域划分要求

9. 仓库日常检查（★★★）

（1）各区责任人定期检查

仓库日常检查主要包括：检查货物保管条件是否满足要求；检查货物质量的变化动态；检查各种安全防护措施是否落实，消防设备是否正常；检查货物温度、水分、气味、包装物的外观、堆垛状态是否正常。

要管理好仓库，离不开仓库的日常检查，仓库日常检查要注意以下问题：

①仓库各区域应有对应的责任人。

②仓库人员应有其对应的责任区，各区域责任人要清楚区域范围有哪些物品，包括货品库存、设备、工具、物料、照片、风扇、消防设施等。

同时，要根据仓库的情况，设计适合仓库的日常巡仓检查表，见表 2–20。

表 2-20　某仓库区域责任人每日检查表

**上海松江仓库　　区域：A2　　责任人：李 逵　　月份：10

序号	检查内容	检查时间																														
		1	2	3	4	5	6	7	8	9	10	11	12	13	14	15	16	17	18	19	20	21	22	23	24	25	26	27	28	29	30	31
1	安全（消防）设备或设施、灭火器是否完好																															
2	仓库内电动葫芦是否运行正常																															
3	设备是否叠放整齐、有序																															
4	仓库内通道是否畅通																															
5	仓库安全标识是否完好																															
6	操作人员是否按规定佩戴劳保用品																															
7	仓库的电气线路、照明、开关等是否正常																															
8	仓库内的垃圾、杂物是否及时清理干净																															
9	是否有其他异常情况																															

注：正常请画"√"，异常情况请画"×"，并请及时通知相关人员处理。

制表人：　　　　记录人：

（2）管理人员巡仓路线图

除区域自检表外，仓库日常检查还需要一张管理者（值班员）巡检（巡仓）路线图，即仓库管理者 / 值班员按什么路线对仓库进行巡视，要记录巡仓发现的问题。如果要管理全国各分仓，管理者可以要求各分仓负责人巡仓时，在指定的位置拍摄现场照片，以便及时了解各仓现场现状。

对于仓库管理者来说，每日下班前的例行检查很有必要，检查的内容主要包括以下几点：

①当天的工作完成情况；

②门窗是否关闭；

③设备和工具是否归位；

④电源情况；

⑤人员是否安全离岗。

此外，仓库每季度、每月至少要进行一次安全检查，检查的内容至少包括以下几点：

①消防通道是否畅通；

②消防设施，如消防栓、灭火器等是否完好；

③各警报装置是否完好；

④员工是否掌握消防知识；

⑤安全消防措施是否落实；

⑥全体人员是否掌握遇险处理和逃生方法。

10. 班组长和骨干队伍的培训（★★★）

（1）班组长的角色定位

管理者：为员工提供各种服务。

团队的领导者：一只狮子带领一群绵羊可以战胜一只绵羊带领的一群狮子。

信息的沟通者：员工关系的协调者，组内工作的决策者。

（2）班组长的职责

①制订工作计划。

②掌握工作进度。

③进行质量控制。

④记录考勤和维持现场纪律。

⑤工作协调：把不同的人放在正确的岗位发挥其最佳的作用。

⑥激励、培训员工。

（3）班组长应有的工作态度

①竭尽全力。

②做事有始有终。

③戒骄戒躁。

④乐于帮扶员工。

⑤爱岗敬业。

（4）班组长的职业精神

①敬业（了解一万小时定律）。

②服从（革命战士是块砖，哪里需要哪里搬）。

③自信（别人能做的，我也能做到）。

④理解（换位思考，同理心）。

⑤信任（信人显己之诚）。

⑥团结（团结一切可以团结的力量）。

⑦担当（勇于承担责任）。

（5）班组长要做到“四会”

会做、会讲、会写、会教是优秀班组长的基本功。

班组长要熟悉作业规范、要求，自己先会做，掌握要领和技巧，再给员工做示范，并把工作内容和作业流程总结形成书面材料，教别人的同时也是在提高自己。把员工的事当作自己的事。要因人施教，不同的人采用不同的方法。

（6）班组长要“自律”

①班组长要带头执行流程，遵守规章制度。

②班组长要以身作则，否则就会失去威信。

③班组长要有班组长的样子，事情做好了再考虑休息娱乐。

④班组长要有较强的时间观念。

⑤班组长要合理安排工作，办事不拖沓。

⑥公平公正，对事不对人。

（7）班组长须具备高情商

控制情绪：包容心，心胸宽广，幽默风趣。

关心员工：了解员工，理解员工，善于和员工交流谈心，真诚给予帮助。留意员工的思想动态，掌握员工的细微变化。

赞美和表扬员工：员工表现突出或取得进步的，要及时表扬，给予肯定。

勇于道歉：犯了错误要勇于承认并致歉。

（8）班组长要善于沟通

班组长要善于沟通，及时汇报工作情况，便于上级了解工作进展，及时汇报解决不了的问题，确保信息传达。

要主动和其他部门做好沟通，共同合作。

（9）班组长要掌握管理方法

班组长常用的管理方法有“8S”法、“定置管理”、“标识与目视管理”、“颜色管理”、“二维表定期检查法”、“不定期抽查法”、“设错法”等。

（10）班组长需注意现场细节

发现问题：如果班组长发现不了现场问题其就有问题，不能解决问题其就有问题。

规范各种记录：好记性比不上烂笔头，单据可以反映作业的全过程，要做到可追溯。要分类管理单据，查找便捷。

白板记录：记录上级吩咐的事、近期要做的事、现场发现的问题、要改进的事等。

懂得“破窗效应”：很多不经意的细节有可能是事故的源头。管理无小事，“千里之堤，溃于蚁穴”，如小到标签的写法和贴法、拖把的保管等。

例行检查：灯、窗、水和电挂在心头；检查物料是否足够，是否存在不安全因素。

上班检查：人员是否到齐，准备工作是否到位，有无异常，先做什么后做什么等。

下班检查：工作完成情况、交接情况、设备是否归位、工作现场情况、门窗和电源是否关闭等。

（11）班组长需要具备创新精神

工作要精益求精，将每一个动作研究透彻；要弄明白流程和标准流程的区别。创新源于仔细的观察和发现、深入的思考。

（12）班组长要学习知识

班组长要努力学习以下知识：相关专业知识、办公软件操作技能、各种业务操作流程和规章制度、新技术新技能新方法等。

（13）如何培养好下属

班组长要对下属严格要求，具体如下：不培训不上岗，操作方法要正确。单据填写要工整，数学口算显潜能。试卷测试来巩固，竞赛游戏活气氛。随时传播正能量，工作忙里有快乐。

（14）班组长要培养工作分析总结习惯

班组长要善于对工作进行分析总结，要知悉本组工作完成情况和未完成情况：好的地方、不足的地方。知悉本组各方面的工作量与工作质量情况。要学会用数据说话、用数据汇报，基于数据进行分析（制表、制图），利用分析结果提高工作效率。

11. 考核内容与绩效考核方法（★★★）

（1）仓库管理的主要考核内容

①库存准确率：账实一致，账面上有多少种实物、账面数量各是多少，实物就得是多少，做到不多不少。只有确保库存数据准确，才不会影响销售、不会影响发货、不会出现重复采购，造成库存积压浪费。

②库位准确率：确保仓库中的所有货品都有库位记录，并且保证记录在什么位置，其就在什么位置。

③空间利用率：除必要的通道外，确保空间基本没有浪费。

④收货上架效率：确保来货基本不存在等待的现象，及时上架入库。

⑤配发货及时率：在配发货过程中，不存在找不到货的情况，没有过多的无效行走作业，配货人员无过多思考、判断和等待的情形。

⑥配发货准确率：确保需配发哪个批次就发哪个批次，需配发多少就发多少。

⑦人员流失率：管理者要培养人才，通过合理的绩效激励人才，留住骨干精英。

⑧有效工作时间比：着重考核实际用于工作的时间及产生的劳动成果。

⑨安全事故发生次数：安全永远处于第一位，仓库管理要力求零事故。

（2）绩效考核方法

①要用好理论工时。

做绩效考核，首先要明白什么是理论工时与理论分值。假设一项工作理论上 1 个工人需要 60 分钟可完成，那么这项工作的理论工时就是 60 分钟。可以设定完成这项工作的分值为 60 分，员工完成这项工作，就可以获得 60 分。如果 2 个人来完成这项工作，那么每人可获得 30 分；如果 3 个人来完成，那么每人可获得 20 分。员工是花 1 小时、2 小时，还是 0.5 小时完成，所获得的分值不会改变。也就是说，考核的不是员工的工作时长，而是看其完成了多少分值的工作。

下面举例来说明。计算作业理论分值的思路与方法，2012 年前后，笔者曾管理一个越库部门，根据各个地区的订单负责对供应商的到货进行分拣装箱发货。由于每批到货箱数、每批货所分配的地区、每批货物单箱重量、每批货物装箱件数、每批货物需要的整箱数和零头数都不同，每批货物越库操作的时间自然也就不同。但是，越库操作的步骤过程基本上是一样的，而每个作业步骤的时间长短和每批货的箱数、重量、体积、分配地区有关。基于此，笔者经过长时间测算建立了一套公式，只要输入相关数据，就可以推算出理论工时，见表 2–21。

表 2–21　越库作业理论分值的计算

一批到货根据当初各个地区的订量直接分发各个地区，简称越库				
越库产值计算				
参数名称	参数性质	计算过程	数值	计算结果
越库箱数	计量值 1	越库箱数 ×0.3	400	120
越库地区	修正值 1	0.7+ 越库地区 ÷10	2	0.9

续表

一批到货根据当初各个地区的订量直接分发各个地区，简称越库				
越库产值计算				
参数名称	参数性质	计算过程	数值	计算结果
越库颜色数	修正值 2	0.8+ 颜色数 ÷10	3	1.1
单箱重量	修正值 3	0.85+ 单箱重量 ÷50	20	1.25
分配地区	修正值 4	0.9+ 分配地区 ÷200	50	1.15
托盘数	修正值 5	1+ 托盘数 ÷200	10	1.05
加箱件数	计量值 2	加箱件数 ×0.035	500	17.5
加箱数	计量值 3	加箱数 ×0.6	35	21
单件体积	修正值 6	0.7+ 单件体积 ×30	0.004	0.82
越库工时	计量值 1× 修正值 1× 修正值 2× 修正值 3× 修正值 4× 修正值 5			179
加箱工时	计量值 2× 修正值 6+ 计量值 3× 修正值 1× 修正值 2			35
越库产值	15+ 越库工时 + 加箱工时			229

②绩效考核办法。

为调动员工的积极性，笔者在负责的部门采用了一套全新的绩效考核办法，具体如下：提高奖金金额，将考核项目重新划分为团队、效率、准确率、表现四部分。但是考核不采用简单的打分形式，而采用加分形式来决定每个人每月的奖金数额。每个员工每月初始的绩效分都为零。第一部分为团队分，考核月员工所在的团队没有出现重大差错和重大问题，正常考勤的员工都可以获得相同的团队加分。第二部分为效率加分，每个员工根据其完成的工作量，获得相应工作量加分，多劳多得。第三部分是准确率加分，分考核月员工未出现小差错加多少分、未出现大差错加多少分及无加分等几种情况。第四部分为表现分，分员工服从安排加多少分、工作积极主动加多少分等。同时，非直接上级及其他部门的主管也可以给某个员工加分，目的是鼓励员工协助其他部门工作，服从其他部门主管的安排。总之，部门成绩越好、工作效率越高、准确率越高、表现越好的员工得分越高。奖金直接按分数乘以金额计算，即以所有人的得分之和为分母、个人的得分为分子来计算分配部门奖金。新的考核方法如表 2–22 所示。

员工每月应得奖金额的计算公式为

$$员工个人资金额 = 团队奖金总额 \times \frac{员工个人得分}{团队所有人总得份}$$

表 2-22　绩效考核方法

查询姓名	员工1	133.77				
工时	未迟到/早退加分	未旷工加分	发放系数			
150	20	40	0.5			
个人团队加分	52.5	团队总分	4700.5	团队奖金	19.45	
个人准确率加分	0	准确率总分	10868	准确率奖金	0.00	
个人表现加分	302.5	表现总分	14348.5	表现奖	40.79	
个人效率值	11950	绩效总值	595679	效率奖	73.53	
组内无出错加分	部门无出错加分	个人无出错加分	部门无不明原因加分	组内无不明原因加分	个人无不明原因加分	准确率最终得分
20	20	40	10	10	20	0

查询姓名	员工3	352.18				
工时	未迟到/早退加分	未旷工加分	发放系数			
180	20	40	1			
个人团队加分	120	团队总分	4700.5	团队奖金	44.46	
个人准确率加分	300	准确率总分	10868	准确率奖金	123.75	
个人表现加分	370	表现总分	14348.5	表现奖	49.90	
个人效率值	21792	绩效总值	595679	效率奖	134.08	
组内无出错加分	部门无出错加分	个人无出错加分	部门无不明原因加分	组内无不明原因加分	个人无不明原因加分	准确率最终得分
20	20	40	10	10	20	300

我们在做绩效考核时，一定要设立团队奖，团队奖可以培养大家的团队意识，可以提高整体水平。以下是笔者在管理仓库实践中的感悟。

笔者因管理绫致 ONLY 仓库的业绩不错，公司又安排笔者接管 M 仓库。刚开始问题较多，库存差异较大，于是笔者将仓库分区责任到人。为了让责任人真正负起责任，笔者设立了盘点奖：若季度盘点差异小于一定标准，区域的责任人就能获得 300 元奖金。为了使仓库内部员工相互配合，笔者增设了内部团队奖，即每个区域盘点都达标，每个人除可获得盘点奖金之外，还可以获得内部团队奖金 300 元。在工作旺季，多个品牌之间难免有员工调动，比如，ONLY 仓库忙的时候，需要 M 仓库员工去协助；M 仓库忙的时候，需要 ONLY 仓库员工去协助。为防止 ONLY 仓库员工与 M 仓库员工之间不配合，笔者新增了团队奖，即若 ONLY 仓库每个区域盘点达标，M 仓库每个区域盘点也达标，每个人除可以获得本区域的盘点奖金和所在仓库团队奖金之外，还可以拿到整体盘点奖金 500 元。这样一来，大家之间的团结意识明显提高，能够相互照看、相互帮助、相互监督。在此基础上，笔者借鉴采用了异常动态盘点法（只盘点复核环节有异常的货品）、低水位盘点法、货品整零分开管理法、大中小库位管理法、高价货品集中管理法等方法，使仓库盘点差异率大幅下降，仅为十万分之一。

要提高员工的积极性，就要在员工做出业绩、团队做出业绩时及时给予奖励。奖金从何而来，这就有一个“奖金池”的问题，要保证奖金池有足够的奖金，以确保员工的奖金能够及时兑现。

要想让员工有干劲儿，管理者务必明确，创造什么样的业绩有奖励，创造什么样的业绩的员工有奖励，以及怎么分。

没有绩效等于无效，管理者一定要重视绩效考核，而绩效考核的关键是用数据说话，数据则来自日常的各种记录。

③仓库各岗位工资的设计思路如下：

仓管员的工资 = 基本工资 + 加班费 + 自己库区的管理奖（根据库区的管理水平而定）+ 团队奖金 + 收发货盘点工作量奖金 + 全勤奖金 + 工龄奖金 + 岗位津贴（业务技能熟悉度）+ 表现奖金 + 特殊贡献奖金 + 安全奖金 + 其他补贴；

文员的工资 = 基本工资 + 加班费 + 所属仓库综合管理结果奖金 + 系统台账操作量工资（主要以订单行数为准）+ 账面准确率奖金 + 团队奖金 + 全勤奖金 + 工龄奖金 + 岗位津贴（业务技能熟悉度）+ 表现奖金 + 特殊贡献奖金 + 其他补贴；

管理者的工资 = 基本工资 + 加班费 + 工作量统计及时汇报奖金 + 工作量奖金 + 库位准确率奖金 + 库存准确率奖金 + 人员稳定性奖金 + 团队奖金 + 全勤奖金 + 工龄奖金 + 岗位津贴（业务技能熟悉度）+ 表现奖金 + 特殊贡献奖金 + 安全奖金 + 无客户投诉奖金 + 其他补贴。

其中，工作量统计及时汇报奖金 = 工作量统计清晰程度 × 次数 × 单价；

工作量奖金 = 工作准确程度 × 工作量 × 单价；

库存准确率奖金 = 准确程度 × 货品种数 × 单价；

表现奖金 =（直接上级评分 + 间接上级评分）× 奖金基数；

特殊贡献奖金 = 公司评估价值 × 设定比率；

安全奖金 = 无安全责任事故固定发放金额；

无客户投诉奖金 = 无客户重大投诉或小投诉不超过限定次数发放一定的金额；

其他补贴 = 夏季高温补贴 / 冬季低温补贴 + 工作高峰期补贴 + 特殊作业环境补贴。

12. 安全永远第一（★★★）

（1）每月安全日

①每月选择 1 天作为“仓库安全日”，组织全员开展至少 1 小时的安全学习，并对仓库所有区域进行安全检查，排查安全隐患。

②每月安全日对全员开展安全培训，除理论知识外，安排安全防范实操演练。

③每月安全日对存在的安全问题、大小事故原因进行总结整改，并考试、测试。

④重视安全知识培训，全员务必了解消防通道的重要性，遇到险情应当如何处理，如何逃生，如何使用灭火器、消防栓等。

⑤确定每月安全日制度，重点提升全员的安全意识，尤其是管理者的安全意识。

（2）每日安全检查

①对仓库所有区域进行划分，责任到人。责任人自己对其所负责区域的库存负责，同时对所负责区域的安全负责。

②责任人每日要开展日常检查，检查其所负责的区域有无各种隐患，包括货品堆码是否合格、设备停放是否规范、有无私拉电源问题等。雨天要做好防汛工作，检查消防器材是否完好、数量是否齐全，尤其是灭火器是否足够。

③每天讲安全、每日有安全检查，时刻存有安全意识。

（3）从上到下重视安全

①要利用仓库平面图、仓库立体效果图，标注灭火器与消防栓的分布，说明灭火器材种类、性能、数量。

②全员（不分岗位，包括临时人员）必须清楚灭火器的具体位置。

③全员必须清楚整个仓库灭火器的使用方法及数量，责任人要明确其所负责区域消防器材的数量、位置等。

④在一楼指定区域（如早会区域、仓库门口）指定属于员工个人的灭火器，以便大家第一时间就近拿取使用。

第3章 仓库实务要诀

1. 仓库管理难点（★）

不同仓库的管理难度不同，仓库管理者需要弄清仓库管理的难点，才能对症下药。仓库管理难点如图 3-1 所示。

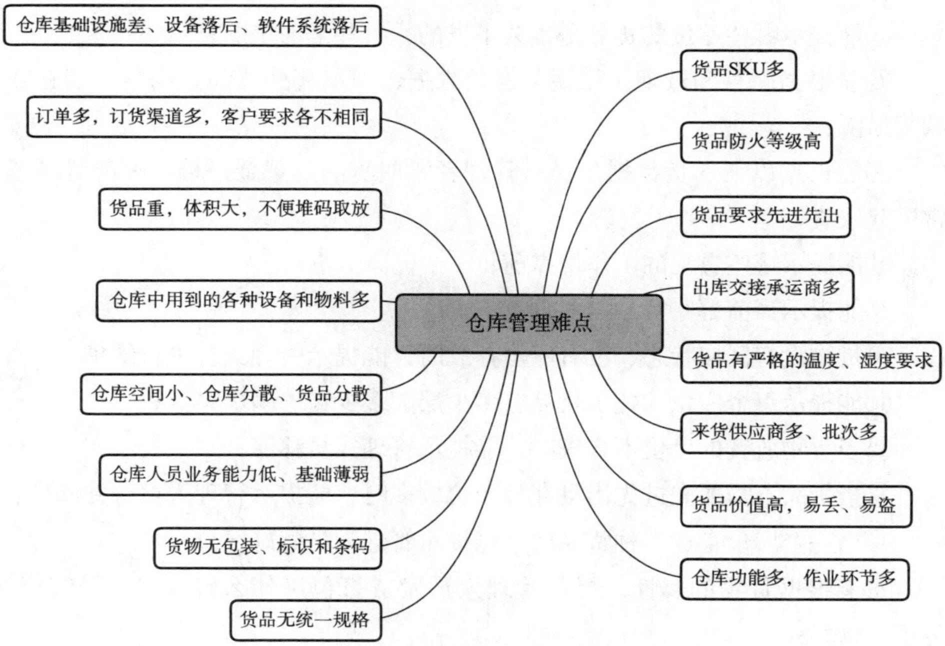

图 3-1 仓库管理难点

2. “理想”的仓库管理系统（★★★）

理想的仓库管理系统，应当具有自主分析功能，即能对系统内的所有静态和动态数据进行分析。

理想的仓库管理系统能根据数据的分析结果进行各种诊断，发现各环节是否存在问题（具有诊断功能）。

理想的仓库管理系统，能从仓库管理者的角度进行各种提示，提示方式既可以是语音，也可以是图表等，例如：

①能提示仓库还有多少未到货，当天预计有多少到货；

②能提示各个环节的操作人员需用到哪些设备、物料；

③能提示各环节还有多少待完成的工作任务、多少需要打印的单据；

④能按取放货便捷度对整个仓库库位进行分类，并提示仓库还有多少空闲库位，有无库位存货超重；

⑤能提示哪些库位的货品是很久不发的，哪些是滞销的；

⑥能根据库存和近期（往期）发货数据，提示哪些货品、物料可能存在缺货风险；

⑦能根据以往发货数据，提示管理者哪些货品是黄金搭档，哪些货品通常一起发货；

⑧能提示哪些员工的工作量靠前；

⑨能提示当前哪些货品需要盘点；

⑩货物没有区域状态、没有库位存放时，能提示管理人员进行维护；

⑪能提示每个库位（托）货品有多少层、多少箱、多少零头；

⑫当货物放置的库位不合理时，能提示管理人员移库；

⑬当货品不需要先进先出且存放库位较多时，能提示管理人员合并库位；

⑭当一个库位存放多种货品时，能提示管理人员做好区分；

⑮能根据货物的属性，提示管理人员发货打包用什么包装、几号纸箱、袋子、物料；

⑯能提示哪个巷道目前拣货比较集中，可能会出现拥堵，并提供建议和方案；

⑰能提示哪些货品可以提前预包，哪些物料可以提前预制；

⑱能提示哪些信息（库位、货品）没有输入系统；

⑲能整点提示（显示）各环节作业进度；

⑳遇到异常时提示如何操作，联系谁；

㉑能显示每个员工当前的状态，在哪里，干什么；

㉒能显示目前哪个员工很久没有处于工作状态；

㉓能记录分析老员工的操作方式，并提供给新员工；

㉔能提示员工哪些设备需要维护，哪些库区需要打扫；

㉕能提示员工哪些电源、门窗需要开启或关闭；

㉖能在各个环节提醒管理者需打印哪些标识、标签、单据等（能提示用什么颜色和尺寸的标签快捷打印）；

㉗能提醒管理者要做哪些培训，需要掌握哪些技能，包括安全生产各方面；

㉘能在节假日或作业高峰来临之前，提示管理者需要提前做好哪些准备工作。

理想的仓库管理系统能支持以下策略和计算功能：

①能支持各种上架存储策略，帮助选择最适合的库位；

②能支持各种拣货策略；

③能支持各种分拣策略；

④能进行拣货路径优化和距离计算；

⑤能支持各种退货同款合并策略；

⑥能支持货品上架存储组合库位策略；

⑦能支持货品入库上架 ABC 分开存储策略；

⑧能计算配发某种货品需要移动哪些货品及移动工作量；

⑨能计算各环节各项工作的理论工时。

理想的仓库管理系统能生成管理者需要的各种日报表、周报表、月报表和年报表，功能如下：

①反映每天投入多少人力、物力，消耗了多少物料；

②每天的发货量、各货运公司的单数、费用、当天的总运费；

③每天各部门、各环节完成了哪些工作，量各多少；

④当天订单的进度，下班前未完成的工作量；

⑤本月仓库产生了哪些费用，完成了哪些操作，完成了哪些任务（产生了多少收益），投入了多少人力（每个人员的工作量），消耗了多少物料；

⑥反映各仓各货物的入库、出库、退货、在库明细等。

理想的仓库管理系统一定是操作简单，容易上手，便于理解，步骤简便，能根据岗位要求，提示仓库人员要进行哪些操作，或者仓库人员可以进行哪些操作等，具体演示功能如下：

①系统的各个菜单、功能、字段，都可以“点击”查看相应解释或说明；

②系统中各功能模块、数据来源、相互关系有图文说明；

③系统能通过颜色提示、语音提示，提醒新员工需要进行的操作，以及尚未完成的操作任务。

理想的仓库管理系统运行速度一定要快，除上手操作快之外，查询信息要快，生成报表要快，数据导入导出要快，并且要满足各种需求的导入导出功能。

能生成整个仓库所有库位静态和动态的 3D 立体可视化效果图，并且可以结合以往数据（月、半年、一年等的历史数据）进行分析，以便实现数据可视化。

理想的仓库管理系统可以管理仓库的空间、人员、设备、物料、作业等信息。同时解决采购、生产、仓库、人事、行政、账务、货运等多个部门信息数据处理的各方面问题。

理想的仓库管理系统需满足仓库管理的实际需求。

3. 接手仓库（★★★★）

接手一个仓库前，仓库管理者需对仓库情况进行系统性了解，应做好以下准备工作。

（1）绘制仓库立体效果图、平面图和可视化效果图

仓库立体效果图、平面图和可视化效果图具有整体感、全局感，据此，仓库管理者可以迅速了解整个仓库的结构和布局。

需要特别说明的是，危险化学品仓库、冷冻仓库更需要全方位无死角的仓库平面图和立体效果图，以及存货和作业情况可视化效果图。据此，仓库管理者不进入仓库便可了解仓库的动态情况。

（2）梳理仓库企业供应链中的角色及作业流程

仓库作业流程示例见图 3-1。

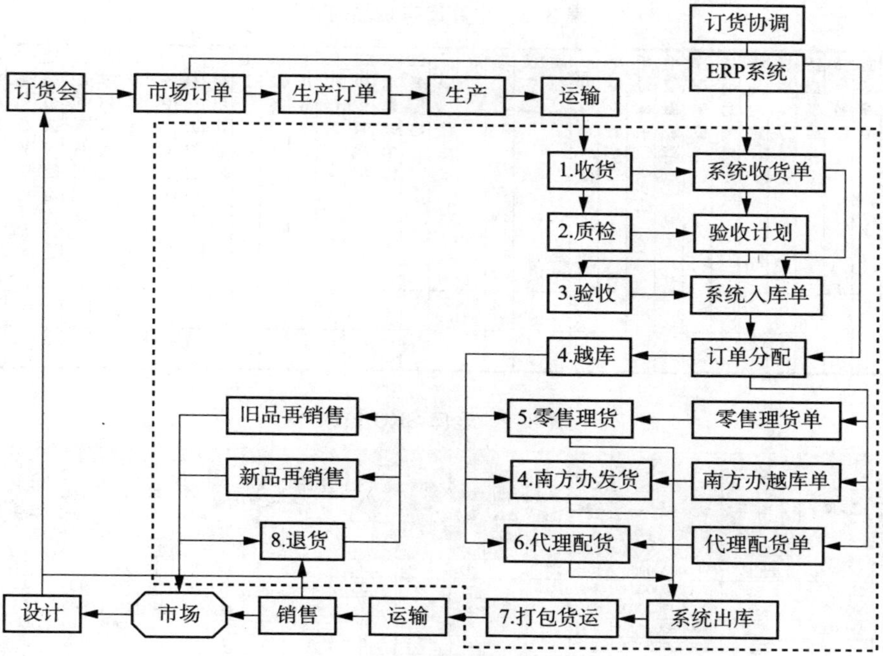

图 3-1 仓库作业流程示例

（3）厘清仓库的组织结构

仓库管理者要了解待接管仓库每个部门的人员信息，每名员工的岗位职责和汇报对象，争取和每名员工谈谈心。仓库的组织结构示例如图 3-2 所示。

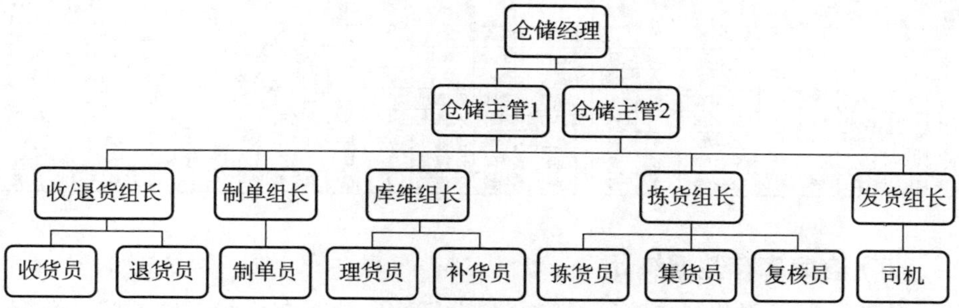

图 3-2 仓库组织结构示例

（4）梳理仓库货物的相关信息

仓库管理者要掌握待接管仓库有多少 SKU，每个 SKU 的单位、重量、体积、包装、规格等信息，见表 3-1、表 3-2 和表 3-3。

表 3–1　仓库库存货品信息

仓库序号	货品编号	货品名称	货品条码	类别	货品用途	货品月均发货量	库存单位	单位重量（千克）	单位体积（立方米）	单位价值（元）	一级包装单位	规则	长（米）	宽（米）	高（米）	一级包装体积	包装规格	二级包装单位	二级包装规格	二级包装数量	每托数量	供应商	货主	一级包装描述	一级包装堆码层度	一级包装可否直接发货	一级包装外观	二级包装描述	二级包装堆码层数	二级包装可否直接发货	二级包装外观	包装总描述

表 3–2　仓库 SKU 信息

仓库序号	货品编号	货品名称	货品条码	类别	货品用途	货品月均发货量	库存单位	单位重量（千克）	单位体积（立方米）	单位价值（元）	一级包装单位	规则	长（米）	宽（米）	高（米）	一级包装体积（立方米）	包装规格	二级包装单位
1	SKU0001	电视机	6900000000001	家电			台	25	0	2500	箱	是	0.60	0.20	0.90	0.11	1	托
2	SKU0002	洗衣机	6900000000002	家电			台	56	0	3000	箱	是	0.65	0.55	1.10	0.39	1	托
3	SKU0003	冰箱	6900000000003	家电			台	69	1	2600	箱	是	0.60	0.55	1.80	0.59	1	托
4	SKU0004	毛衣	6900000000004	服装			件	1	0	150	箱	是	0.57	0.43	0.35	0.09	25	托
5	SKU0005	T袖	6900000000005	服装			件	0	0	69	箱	是	0.57	0.43	0.35	0.09	50	托
6	SKU0006	衬衫	6900000000006	服装			件	0	0	120	箱	是	0.57	0.43	0.35	0.09	25	托
7	SKU0007	饼干	6900000000007	食品	员工加班	300	包	0	0	8	箱	是	0.43	0.30	0.27	0.03	50	托
8	SKU0008	小面包	6900000000008	食品	员工加班	300	包	1	0	10	箱	是	0.43	0.30	0.27	0.03	50	托

表 3–3　仓库货品存放信息

二级包装规格	二级包装数量	每托数量	供应商	货主	一级包装描述	一级包装堆码层数	一级包装可否直接发货	一级包装外观	二级包装描述	二级包装堆码层数	二级包装可否直接发货	二级包装外观	包装总描述
4	4	4	***	**	1台/箱	2	是	有品名，有条码	4箱/托	2	是	无品名，无条码	1台/箱，4箱/托，4台/托
2	2	2	***	**	1台/箱	2	是	有品名，有条码	2箱/托	2	是	有品名，无条码	1台/箱，2箱/托，2台/托
1	1	1	***	**	1台/箱	2	是	有品名，有条码	1箱/托	2	是	有品名，无条码	1台/箱，1箱/托，1台/托
20	500	500	***	**	25件/箱	10	是	无品名，有条码	20箱/托	1	是	有品名，无条码	25件/箱，20箱/托，500件/托
20	1000	1000	***	**	50件/箱	8	是	无品名，有条码	20箱/托	1	是	有品名，无条码	50件/箱，20箱/托，1000件/托
20	500	500	***	**	25件/箱	8	是	有品名，有条码	20箱/托	1	是	有品名，无条码	25件/箱，20箱/托，500件/托
20	1000	1000	***	**	50包/箱	8	是	有品名，有条码	20箱/托	1	是	有品名，无条码	50包/箱，20箱/托，1000包/托
20	1000	1000	***	**	50包/箱	8	是	有品名，有条码	20箱/托	2	是	有品名，无条码	50包/箱，20箱/托，1000包/托

（5）仓库库存数据统计

仓库管理者要掌握待接管仓库有多少货物、分布在哪些库位等统计数据，仓库货物库存统计如表 3–4 所示。

表 3–4　仓库货物库存统计

库位代码	货品编号	货品名称	货品条码	批次	库存单位	期末	货主	货品重量（千克）	货品体积（立方米）	箱数（个）	整箱数（个）	库存价值（元）	库存托数	期初	入库总数	出库总数
PMK001	SKU0001	电视机	6900000000001	L000001	台	10	YJ	250	1.08	12	11	250	3	33	10	33
PMK002	SKU0002	洗衣机	6900000000002	L000002	台	13	YJ	728	5.11	12	11	728	7	33	15	35
PMK003	SKU0003	冰箱	6900000000003	L000003	台	25	YJ	1725	14.85	14	13	1725	25	35	25	35
B01-01-2	SKU0004	毛衣	6900000000004	L000004	件	5	YJ	4	0.02	15	14	4	1	170	50	215
B01-02-2	SKU0005	T袖	6900000000005	L000005	件	19	YJ	1.9	0.03	55	54	1.9	1	169	69	219
B01-03-2	SKU0006	衬衫	6900000000006	L000006	件	13	YJ	1.95	0.04	38	37	1.95	1	169	50	206
B01-04-2	SKU0007	饼干	6900000000007	L000007	包	2	YJ	0.5	0.00	8	7	0.5	1	125	50	173

（6）仓库库位数据梳理

仓库管理者要掌握待接管仓库有多少可利用库位、分布情况及其基础信息，仓库库位数据统计如表 3–5 所示。

表 3–5　仓库库位数据统计

库位代码	库位序号	区域属性	库位高度（米）	库位宽度（米）	库位进深（米）	空间容积（立方米）	最大承重（千克）	所在库房	库区	巷道	排	格	层	离地高度（米）	上架优先顺序	便捷度属性	库位所在巷道宽度（米）	离主通道距离（米）	离入库口距离（米）	离拣货起始点距离（米）	常年温度区间（℃）
B01-01-1	1	存拣位	0.6	0.45	0.6	0.16	200	2号库	B	1	1	1	1	0	1	A	1.1	0.5	50.5	30.5	1~25
B01-01-2	2	存拣位	0.6	0.45	0.6	0.16	200	2号库	B	1	1	1	2	0.55	32	B	1.1	0.5	50.5	30.5	1~25
B01-01-3	3	存拣位	0.6	0.45	0.6	0.16	200	2号库	B	1	1	1	3	1.2	63	B	1.1	0.5	50.5	30.5	1~25
B01-01-4	4	存拣位	0.6	0.45	0.6	0.16	200	2号库	B	1	1	1	4	1.8	94	C	1.1	0.5	50.5	30.5	1~25
B01-02-1	5	存拣位	0.6	0.45	0.6	0.16	200	2号库	B	1	1	2	1	0	2	A	1.1	1	51	31	1~25
B01-02-2	6	存拣位	0.6	0.45	0.6	0.16	200	2号库	B	1	1	2	2	0.55	33	B	1.1	1	51	31	1~25

（7）入库数据统计

仓库管理者可通过入库数据了解货品的入库频次和入库量，仓库货品入库频次及数量统计见表 3–6。

表 3–6　仓库货品入库频次及数量统计

入库日期	入库单号	货品编号	货品名称	货品条码	批次	单位	数量	入库库位	箱数	体积（立方米）
2021/1/1	RK0001	SKU0001	电视机	6900000000001	L000001	台	10	PMK001	17	1.08
2021/1/3	RK0002	SKU0002	洗衣机	6900000000002	L000002	台	15	PMK002	24	5.90
2021/1/5	RK0003	SKU0003	冰箱	6900000000003	L000003	台	25	PMK003	42	14.85
2021/1/7	RK0004	SKU0004	毛衣	6900000000004	L000004	件	25	B01-01-2	44	0.09
2021/1/9	RK0005	SKU0005	T袖	6900000000005	L000005	件	25	B01-02-2	44	0.04
2021/1/11	RK0006	SKU0006	衬衫	6900000000006	L000006	件	25	B01-03-2	44	0.09
2021/1/13	RK0007	SKU0007	饼干	6900000000007	L000007	包	25	B01-04-2	59	0.02
2021/1/15	RK0008	SKU0008	小面包	6900000000008	L000008	包	25	B01-04-4	59	0.02
2021/1/17	RK0009	SKU0009	薯片	6900000000009	L000009	盒	25	B01-06-3	59	0.02

（8）发货数据统计

仓库管理者可通过分析每种货品的发货频次和发货量，判断仓库有无货物呆滞，仓库货品发货频次及发货量统计见表 3–7。

表 3-7 仓库货品发货频次及发货量统计

订单日期	创建时间	发货订单号	收货城市	收件人	货品编号	货品名称	货品条码	单位	数量
2021/1/1	9:00:00	FH00001	上海	张三	SKU0001	电视机	6900000000001	台	1
2021/1/1	9:01:00	FH00001	上海	张三	SKU0002	洗衣机	6900000000002	台	2
2021/1/1	9:02:00	FH00001	上海	张三	SKU0003	冰箱	6900000000003	台	1
2021/1/1	9:03:00	FH00002	北京	李四	SKU0004	毛衣	6900000000004	件	1
2021/1/1	9:04:00	FH00002	北京	李四	SKU0005	T袖	6900000000005	件	2
2021/1/1	9:05:00	FH00002	北京	李四	SKU0006	衬衫	6900000000006	件	1
2021/1/1	9:06:00	FH00002	北京	李四	SKU0007	饼干	6900000000007	包	1

（9）仓库实物流程梳理

仓库管理者要确定实物流与信息流的关系，具体见图 3-3。

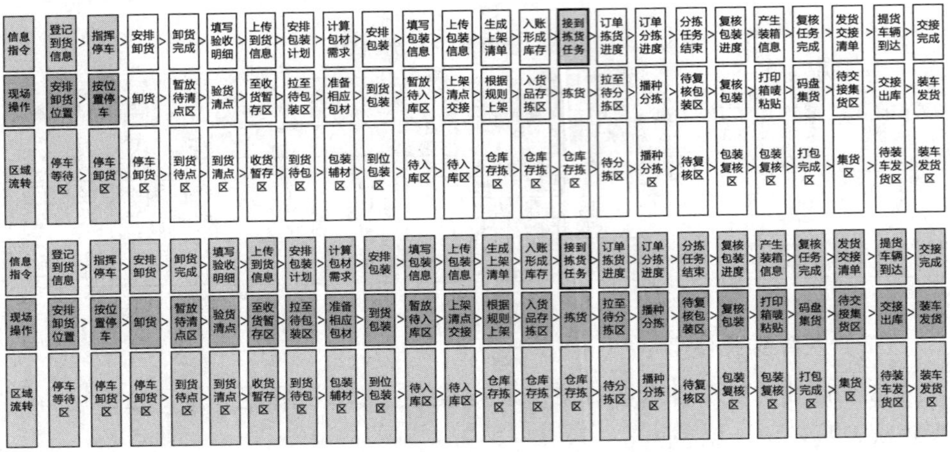

图 3-3 仓库实物流与信息流的关系

（10）仓库人员工作量统计

仓库管理者要确定待接管仓库收货、发货订单的每一个环节分别是由哪些员工完成，进而统计好每个仓库员工的工作量，用于绩效考核，仓库人员工作量统计示例如表 3-8 所示。

表 3-8 仓库人员工作量统计示例

发货订单号	拣货员	分拣员	复核员	包装员	称重员	行数（行）	数量（个）	箱数（个）	重量（千克）	体积（立方米）
FH00001	员工1	员工3	员工5	员工7	员工10	3	4	4	206	1.51
FH00002	员工1	员工3	员工5	员工7	员工10	5	7	2	2.4	0.02
FH00003	员工1	员工3	员工5	员工7	员工10	1	1	1	0.2	0
FH00004	员工1	员工3	员工5	员工7	员工10	1	1	1	6	0.03
FH00005	员工1	员工3	员工5	员工7	员工10	1	2	1	16	0.07
FH00006	员工1	员工3	员工5	员工7	员工10	1	1	1	10	0.04
FH00007	员工1	员工3	员工5	员工7	员工10	6	8	3	5.95	0.02

（11）仓库设备统计

仓库管理者要知晓待接管仓库拥有哪些设备，分别归属哪些部门。每个部门要用到哪些设备，目前使用情况如何，做好相关统计工作，仓库各部门设备及使用情况统计示例如表 3-9 所示。

表 3-9　仓库各部门设备及使用情况统计示例

序号	设备名称	设备编号	设备用途	保管员	隶属部门
1	电动堆高车	堆高车01	收货	员工1	收货部
2	电动堆高车	堆高车01	上架	员工2	配货部
3	液压车	液压车001	搬运	员工3	收货部
4	液压车	液压车002	搬运	员工4	配货部
5	液压车	液压车003	搬运	员工5	配货部
6	液压车	液压车004	搬运	员工6	退货组
7	拣货车	拣货车001	拣货/分拣	员工7	配货部
8	拣货车	拣货车002	拣货/分拣	员工8	配货部

（12）仓库辅料 / 物料统计

仓库管理者要统计好待接管仓库每个环节要用到哪些物料、每月大体用量和现有库存量，相关统计示例如表 3-10 所示。

表 3-10　仓库各环节物料使用和库存统计示例

包材条码	包材编号	规格（MM）	长（米）	宽（米）	高（米）	体积（立方米）	材质	单个重量	单价（元/个）	箱型	备注	现有库存量	大约托盘数	存储位置	特殊用途	归属客户
BC001	1#	555(L)×335(W)×435(H)	555	335	435	0.081	170g/110g/85g/110g/110g	0.87	8.16	五层平口箱	AB楞	100	3	隔楼A1区	***	***
BC002	2#	555(L)×265(W)×345(H)	555	265	345	0.051	170g/110g/85g/110g/110g	0.72	5.97	五层平口箱	AB楞	102	2	隔楼A2区	***	***
BC003	3#	425(L)×275(W)×345(H)	425	275	345	0.04	170g/110g/85g/110g/110g	0.57	5.22	五层平口箱	AB楞	104	4	隔楼A3区	***	***
BC004	4#	375(L)×235(W)×300(H)	375	235	300	0.026	170g/110g/85g/110g/110g	0.42	3.99	五层平口箱	AB楞	106	1	隔楼A4区	***	***
BC005	5#	315(L)×195(W)×235(H)	315	195	235	0.014	170g/110g/85g/110g/110g	0.27	2.81	五层平口箱	AB楞	108	3	隔楼A5区	***	***

（13）仓库区域及面积梳理

仓库管理者要计划协调好待接管仓库功能区域分配及每个区域大约面积，具体示例如表 3-11 所示。

表 3–11　仓库功能区域及区域面积分配示例

库房	区域名称	功能简介	区域面积（平方米）
1号库	卸货区	到货停车卸货区域	60
1号库	主通道	行走叉车、整托出入库	309
1号库	待上架区	存放即将上架的货品	108
1号库	平面存储区	用于存储周转量较大的货品或大型货物	237
1号库	A类货品货架区	用于存储近期需要补货的整托货架	300
1号库	B类货品货架区	存储需求一般的整托货品	400
1号库	C类货品货架区	存储配发频率较低的整托货品	200
1号库	拣货区	非整箱或整托货品配发时货品拣货	669
1号库	办公区域	人员办公	150
1号库	辅料区域	放置常用物料、辅料、劳保用品	120
1号库	拣货巷道	货架间拣货、通行小推车、人员	178
1号库	分拣区域	用于统配、波次总拣、分发操作	96
1号库	包装称重区	用于复核、包装、称重交接	88
1号库	……	……	……

（14）仓库常用托盘的编号和统计

仓库共有几种类型（材质）托盘、各自的尺寸、是否编号管理、有无闲置等情况，做好记录，相关表格格式如表 3–12 所示。

表 3–12　仓库托盘材质、尺寸、编号及状态

序号	托盘材质	托盘尺寸	托盘编号	目前状态
1	木托盘	1.1×1.1	M001	
2	木托盘	1.1×1.1	M002	
3	木托盘	1.1×1.1	M003	
4	木托盘	1.1×1.1	M004	闲置
5	木托盘	1.1×1.1	M005	闲置
6	木托盘	1.1×1.1	M006	

（15）仓库员工的考勤

仓库管理者要做好仓库人员每天考勤等统计工作，相关表格格式如表 3–13 所示。

表 3–13　仓库员工考勤记录

日期	部门	组别	员工工号	员工姓名	上班时间	下班时间	当日工时
2021/1/1	仓储	收货部	GH001	员工1	××××	××××	××××
2021/1/1	仓储	配货部	GH002	员工2	××××	××××	××××
2021/1/1	仓储	收货部	GH003	员工3	××××	××××	××××
2021/1/1	仓储	配货部	GH004	员工4	××××	××××	××××
2021/1/1	仓储	配货部	GH005	员工5	××××	××××	××××
2021/1/1	仓储	退货组	GH006	员工6	××××	××××	××××

（16）仓库概况分析

仓库管理员要对待接管仓库做概况整体分析，相关分析示例见图 3–4。

库位总数（个）	125
已用库位（个）	60
未用库位（个）	65
可用空间（立方米）	595.44
已用空间（立方米）	152.41
剩余空间（立方米）	443.03
库存SKU数（个）	31
库存总数量（个）	11362
库存总箱数（个）	36370
库存整箱数（个）	36305
库存总质量（千克）	18590.3
库存总体积（立方米）	152.41
库存总价值（元）	18590.3
库存总托数（个）	177

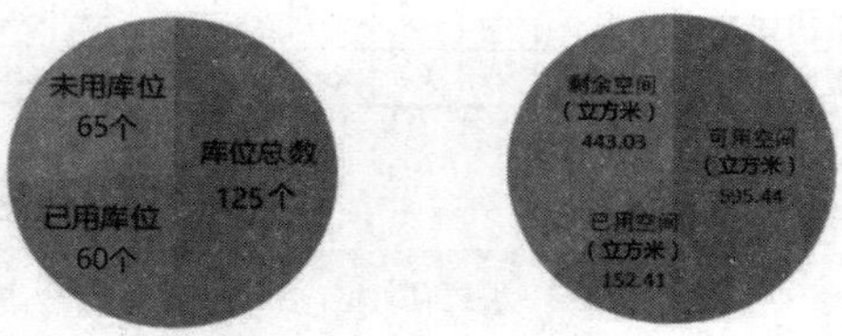

图 3–4　仓库概况分析示例

（17）库存货品分析

仓库管理员要做好待接管仓库库存货品分析，相关示例见表 3–14。

表 3–14　仓库库存货品分析示例

货品编号	货品名称	占有库位数（个）	现有库存总数（个）	A类库位库存（个）	B类库位库存（个）	C类库位库存（个）	货品价值（元）	入库总数（个）	入库次数（个）	发货总数（个）	发货次数（个）	频次排序	库存量描述	最后发货日期	呆滞时长（天）		分析数据	结果
SKU0001	电视机	1	10	0	0	10	250	10	1	4	4	23	2托2箱0台	2023/4/27	167		总价值最高的货品	SKU0011
SKU0002	洗衣机	2	22	2	5	15	1232	15	1	8	4	23	11托0箱0台	2023/3/16	209		发货量最高的货品	SKU0006
SKU0003	冰箱	2	40	10	15	15	2760	25	1	4	4	23	40托0箱0台	2023/3/17	208		发货次数最多的货品	SKU0004
SKU0004	毛衣	13	497	100	120	277	397.6	75	3	29	17	1	0托19箱22件	2023/6/29	104		未产生发货的货品数	3
SKU0005	T袖	4	547	47	250	250	54.7	75	3	33	17	1	0托10箱47件	2023/6/30	103			
SKU0006	衬衫	4	319	19	150	150	47.85	75	3	36	17	1	0托12箱19件	2023/7/1	102			

（18）库位动态分析

仓库管理员要做好待接管仓库库位的动态分析，相关分析示例见表 3–15。

表 3–15　仓库库位动态分析示例

库位代码	序号	库房	库区	空间容积（立方米）	最大承重（吨）	巷道	排	格	层	SKU数（个）	存储重量	是否超重	存储体积（立方米）	剩余空间	空间饱和度	入库次数（次）	拣货次数（次）	存货时长（时）	存货价值（元）	存货箱数（个）		巷道	拣货次数（次）		层	拣货次数（次）
B01-01-1	1	2号库	B	0.16	200	1	1	1	1					16.20%								1	165		1	31
B01-01-2	2	2号库	B	0.16	200	1	1	1	2	1	4		0.02	14.48%	0.11	2	18	1007	**	15		2	7		2	78
B01-01-3	3	2号库	B	0.16	200	1	1	1	3					16.20%								3	50		3	30
B01-01-4	4	2号库	B	0.16	200	1	1	1	4					16.20%								4	46		4	33
B01-02-1	5	2号库	B	0.16	200	1	1	2	1					16.20%								5	12			

（19）出入库订单统计与分析

仓库管理者要做好待接管仓库出入库订单统计与分析工作，相关统计表如表 3–16、表 3–17 所示。

表 3–16　仓库出入库订单统计

日期	月份	星期	入库单数	入库行数	入库数量	入库箱数	入库重量	入库体积	发货单数	发货行数	发货数量	发货箱数	发货重量	发货体积		月份	入库单数	入库行数	入库箱数	发货单数	发货行数	发货箱数
2021/1/1	1	5	1	1	10	17	780	1.08	14	89	6905	20	308	1.96		1	22	22	1074	116	900	122
2021/1/2	1	6	××	××	××	××	××	××	××	××	××	××	××	××		2						
2021/1/3	1	7	××	××	××	××	××	××	××	××	××	××	××	××		3						
2021/1/4	1	1	××	××	××	××	××	××	××	××	××	××	××	××		4						

表 3–17　仓库出入库订单分析

分析数据	结果
入库单量最大的月份	1
入库最大订单行数（行）	3
累计入库单数（单）	34
累计入库行数（行）	34
累计入库箱数（个）	1677
累计入库数量（个）	835
累计入库重量（千克）	173280
累计入库体积(立方米)	36
入库平均每单行数（行）	1
入库平均每单箱数（个）	49
平均每天入库单数（个）	1
发货单量最大的月份	1
发货最大订单行数(行)	6
累计发货单数（单）	116
累计发货行数（行）	89
累计发货箱数（个）	122
累计发货数量（个）	6905
累计发货重量（千克）	1126
累计发货体积(立方米)	6
发货平均每单行数(行)	1
发货平均每单箱数(个)	1
平均每单拣货数量（个）	60
平均每天发货单数（个）	115

（20）辅料、包材每月用量统计

仓库管理者要做好待管仓库辅料、包材月用量统计工作，相关统计表如表 3–18、表 3–19 所示。

表 3–18　仓库包材月用量统计

包材编号	累计使用量（平方米）	日均使用量（平方米）	1月	2月	3月	4月	5月	6月	7月	8月	9月	10月	11月	12月	使用旺季(月)
1#	343	2.90	89	78	56	120									4月
2#															
3#															
4#															
5#															

表 3–19　仓库辅料月用量统计

序号	物料名称	物料编号	主要用途	月均使用量（个）	当前剩余数量（个）	剩余托盘数（个）	当前存储位置
1							
2							
3							
4							
5							
6							
7							
8							
9							
10							

（21）发货数据（承运商）的统计

仓库管理者要做好待接管仓库发货数据（承运商）的统计工作，相关统计表如表 3-20 所示。

表 3-20 仓库发货数据（承运商）统计

序号	承运公司	累计单数（个）	累计箱数（个）	日均单数（个）	日均箱数（个）
1	顺丰	××	××	××	××
2	中通	××	××	××	××
3	华宇	××	××	××	××
4	安能	××	××	××	××
5	百世	××	××	××	××

（22）员工工作量的分析

仓库管理者要做好待接管仓库员工工作量的分析，相关统计分析表如表 3-21 所示。

表 3-21 仓库员工工作量统计分析

员工工号	员工姓名	上班工时（时）	工作理论工时（时）	拣货工作量			分拣工作量			复核工作量			包装工作量			称重工作量	
				单数（个）	行数（行）	箱数（个）	单数（个）	行数（行）	数量（个）	单数（个）	行数（行）	数量（个）	单数（个）	箱数（个）	重量（千克）	箱数（个）	重量（千克）
GH001	员工1	8	13	100	111	106											
GH002	员工2	16.5	7	57	57	57											
GH003	员工3	16	4				78	89	122								
GH004	员工4	16	6				79	79	203								
GH005	员工5	16	4							66	77	103					
GH006	员工6	24	6							91	91	222					
GH007	员工7	24	21										105	111	1093		
GH008	员工8	16	5										27	27	287		
GH009	员工9	16	5										25	25	251		
GH010	员工10	24	29													163	1631

（23）仓库异常和差异的统计

仓库管理重在实事求是，无论哪个环节发生问题或出现异常，都应在第一时间进行反馈并记录。仓库管理者要做好待接管仓库异常和差异的统计工作，相关统计表如表 3-22 所示。

表 3-22 仓库异常和差异统计

异常序号	反馈时间	上报环节	上报问题类型	问题描述	作业任务单号	涉及库位	涉及货品条码	问题货品数量	问题反馈对象	处理跟进部门	问题处理结果
1											
2											
3											
4											
5											

（24）时刻了解收发货工作进度

仓库管理者要了解待接管仓库每一个采购订单到货与上架的进度、每一个发货订单的操作进度，相关数据统计表分别如表 3–23、表 3–24 所示。

表 3–23　仓库采购订单到货与上架进度明细

采购日期	采购订单号	供应商	承运商	货运单号	货运件数	到货日期	到货件数（件）	到货情况	签单判断	标签打印日期	质检判断	质检日期	贴标判断	贴标日期	贴标数量（个）	上架判断	上架日期	上架数量	差异
2021/1/1	R0001	大华	圆通	K00001	1	2021/12/1	1	到齐	已签单	2021/12/1	已质检	2021/12/1	已贴标	2021/12/2	99	未上架			
2021/1/2	R0001	大华	圆通	K00001	1	2021/12/1	1	到齐	已签单	2021/12/1	已质检	2021/12/2	未贴标						
2021/1/3	R0002	中华	安能	2,K00003,K	3	2021/12/1	2	未到齐	已签单	2021/12/1	未质检								
2021/1/4	R0008	大华	圆通	K00005	1	2021/12/1	1	到齐	已签单	2021/12/1	未质检								
2021/1/5	R0003	大华	中通	K00006	1	2021/12/1	1	到齐	已签单	2021/12/1	已质检	2021/12/1	未贴标						
2021/1/6	R0004	大商	中通	K00007	1														
2021/1/7	R0005	大商																	
2021/1/8	R0005	大商	韵达	K00009	1														
2021/1/9	R0007	大商	韵达	K00010	1	2021/12/1	1	到齐	未签单										
2021/1/10	R0010	联通	优速	k00012	1	2021/4/6	1	到齐	未签单										
2021/1/11	R0817	小米	顺丰	SF87189	1	2021/4/13	1	到齐	未签单										
2021/1/12	R0009	大大	德通	K00011	2	2021/5/22	2	到齐	已签单	2021/12/1	未质检								
2021/1/13	R0009	大大	德通	K00011	2	2021/5/22	2	到齐	未签单										

表 3–24　仓库发货订单操作进度明细

下单日期	平台	平台订单号	客户	仓库拣货单号	订单行（行）	拣货波次号	创建时间	波次拣货员	拣货完成时间	分拣员	分拣完成时间	复核包装员	完成时间	包裹总量（个）	货运单号	交接时间	订单异常
2021/1/1	**	R0001	张三1	123456	1	B1235	10:30:00	李四	10:45:00	赵六	10:50:00	王琴	11:10:00	25	SF9185	14:00:00	
2021/1/1	**	R0001	张三2	124457	2	B1235	10:30:00	李四	10:45:00	赵六	10:50:00	王琴	11:11:00	1	ZT1532		
2021/1/1	**	R0002	张三3	125458	3	B1235	10:30:00	李四	10:45:00	赵六	10:50:00	王琴					
2021/1/1	**	R0008	张三4	126459	1	B1235	10:30:00	李四	10:45:00	赵六	10:50:00	王琴	11:01:00	2	YD1531		
2021/1/5	**	R0003	张三5	127460	5	B1235	10:30:00	李四	10:45:00	赵六	10:50:00	王琴					
2021/1/6	**	R0004	张三6	128461	2												

（25）做好库内货物标识

仓库管理者要确保库内货物的标识清晰可辨，相关示例见图 3–5。

仓库序号	1	货品编号	SKU0001
货品名称	神马牌电视机	货品条码	6900000000001
包装规格	1台/箱	入库日期	2023/10/12

图 3–5　仓库货物标识示例

（26）做好各区域及库位标识

仓库管理者要确保仓库各区及库位标识清晰可辨，相关示例见图 3–6。

图 3–6　仓库区域及库位标识示例

（27）梳理规范各环节用到哪些单据

仓库管理者要规范梳理待接管仓库的单据使用，包括仓库各环节用到哪些单据、各单据字段命名是否清晰、填写是否规范，是否需要增加相关字段、编号或条码，所有单据的存档情况，能否在第一时间找到某一张单据等，单据规范使用示例如表 3–25 所示。

表 3–25　单据规范使用示例

订单序号：7　订单号：DI988**011　拣货单号：JH887199*95

目的地：杭州　收件人：小王

序号	库位代码	货品编号	货品名称	货品条码	批次	单位	拣货前	拣货数量	拣货后
1	B02-01-1	SKU0013	洗发水	6900000000013	L000013	瓶	118	12	106
2	B02-07-2	SKU0014	沐浴露	6900000000014	L000014	瓶	172	18	154
3	B01-01-2	SKU0004	毛衣	6900000000004	L000004	件	118	12	106
4	B01-02-2	SKU0005	T袖	6900000000005	L000005	件	28	2	26
5	B01-03-2	SKU0006	衬衫	6900000000006	L000006	件	28	2	26
6	B01-04-2	SKU0007	饼干	6900000000007	L000007	包	28	2	26

打单员：　　拣货员：

打单时间：　　拣货时间：

（28）梳理各环节用到的 Excel 表格和文档

仓库管理者要梳理待接管仓库哪些环节需用 Excel 进行统计、出单据、做报表，Excel 表格命名是否规范，操作是否耗时，员工是否熟练，有无需优化的地方，仓库各环节 Excel 表格、文档使用概况如表 3–26 所示。

表 3–26　仓库各环节 Excel 表格、文档使用概况

表格序号	使用部门	表格名称	表格编号	表格用途	操作岗位	备注
1						
2						
3						

（29）做好员工岗位技能的培训和考核

没有业务技能素质过硬的员工，就无法组织有战斗力的团队，要基于员工业务技能水平确定员工的基本工资和岗位津贴。仓库管理者要基于员工应该掌握哪些技能、知晓哪些信息（如对操作设备、消防设备的了解程度）制定测试题，测试待接管仓库员工对相关技能和知识的掌握度，以考代训来提升员工技能，相关统计表如表 3–27 所示。

表 3–27　××公司 2023 年 9 月各部门员工技能掌握情况统计

序号	部门	姓名	工龄（年）	企业文学知识	ERP系统操作	收货知识	越库知识	配货知识	盘点知识	移库知识	整改知识	做账技能	打字速度	函数应用	合计总分
1	××	××	3	1	3	3	5	4.5	3.5	2	4.5	4.5	3.5	3	**37.5**
2	××	××	1	4.5	6	6	6	6	3	6	3	7	6	2	**55.5**
3	××	××	0.5	3.5	4	7	4	1	3.5	2	7	3	6	7	**48**
4	××	××	4	3.5	3	3.5	6	3	6	6	7	4.5	3	1	**46.5**
5	××	××	2	3.5	3	4.5	3	3	3	3	7	1	2	4	**37**

（30）设计合理的绩效考核制度，完善员工手册

好的绩效制度可以调动员工的工作积极性，发挥员工的潜能，使得企业和员工能够双赢！

仓库管理者要设计合理的绩效考核制度，例如，什么情况下员工会被口头警告、书面警告、严重警告甚至解除劳动合同，什么情况下会被表扬、嘉奖乃至升职加薪，这些都要明确。同时，要完善员工手册，包括事假、病假、婚假、丧假等的申请流程、权限等都要注明。

员工手册需对以下内容加以说明完善。

①作息时间、着装要求等的说明；

②相关部门及职责说明，并附各部门办公地点示意图；

③请假制度与流程；

④员工转正、晋升条件与流程；

⑤员工处罚条例；

⑥附仓库园区示意图，明确非仓库员工禁入区、禁烟区、禁停区等；

⑦员工就餐相关规定；

⑧电源使用相关规定，附电源开关、照明开关位置分布图；

⑨设备保养、物品堆码、物料使用等与“8S”管理法相关的内容等。

当然，除了以上这些工作，仓库管理者还需了解掌握待接管仓库的许多其他信息，如仓库的货物供应给哪些企业、门店，以及其地址信息；送货承运商和提货承运商信息等。

4. 有价值的货品信息（★★★）

仓库管理者需要维护哪些货品基础信息，以及与货品相关的信息，具体如图 3–7 所示。

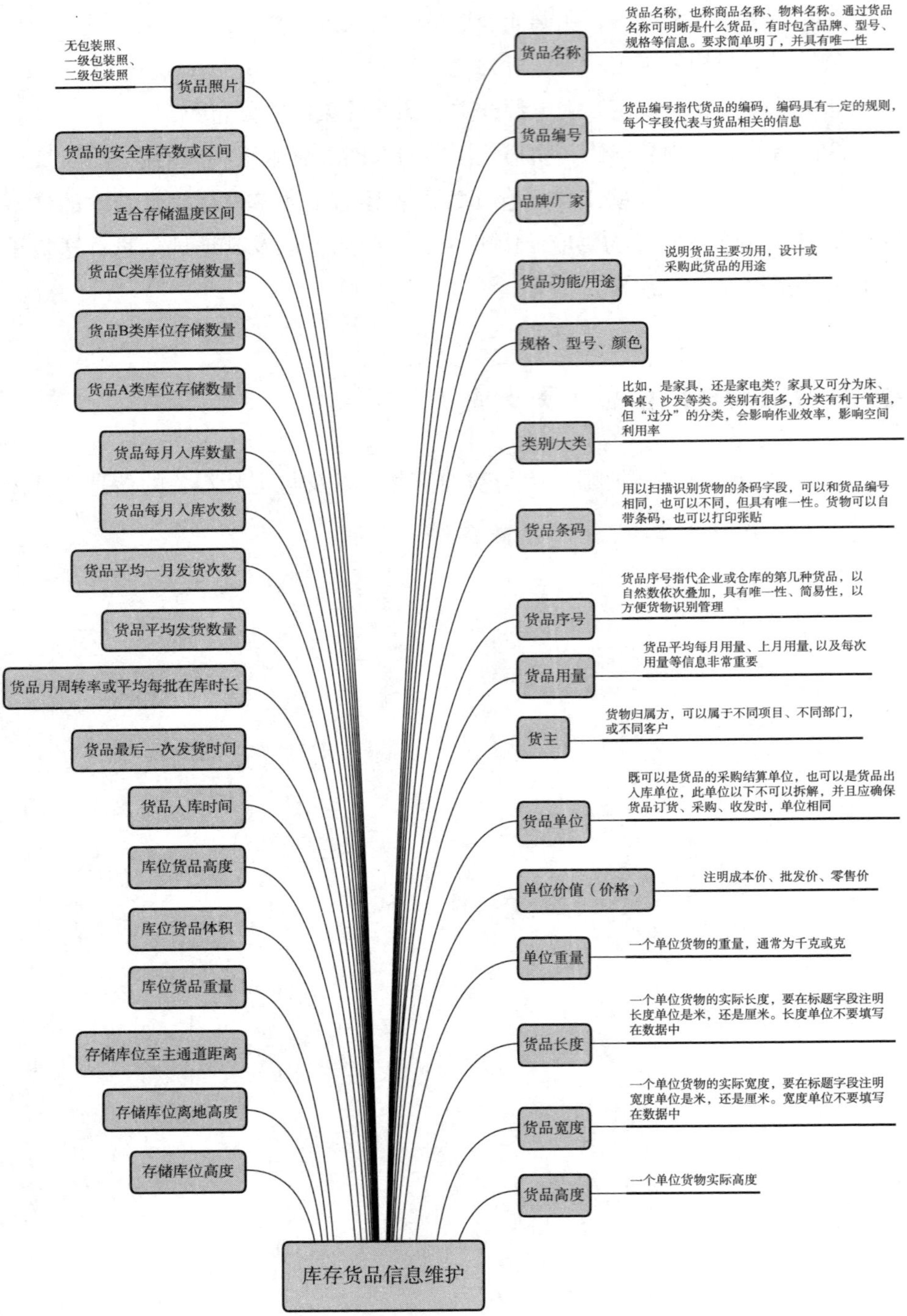

图 3–7　仓库管理者需知悉和维护的有价值货品信息

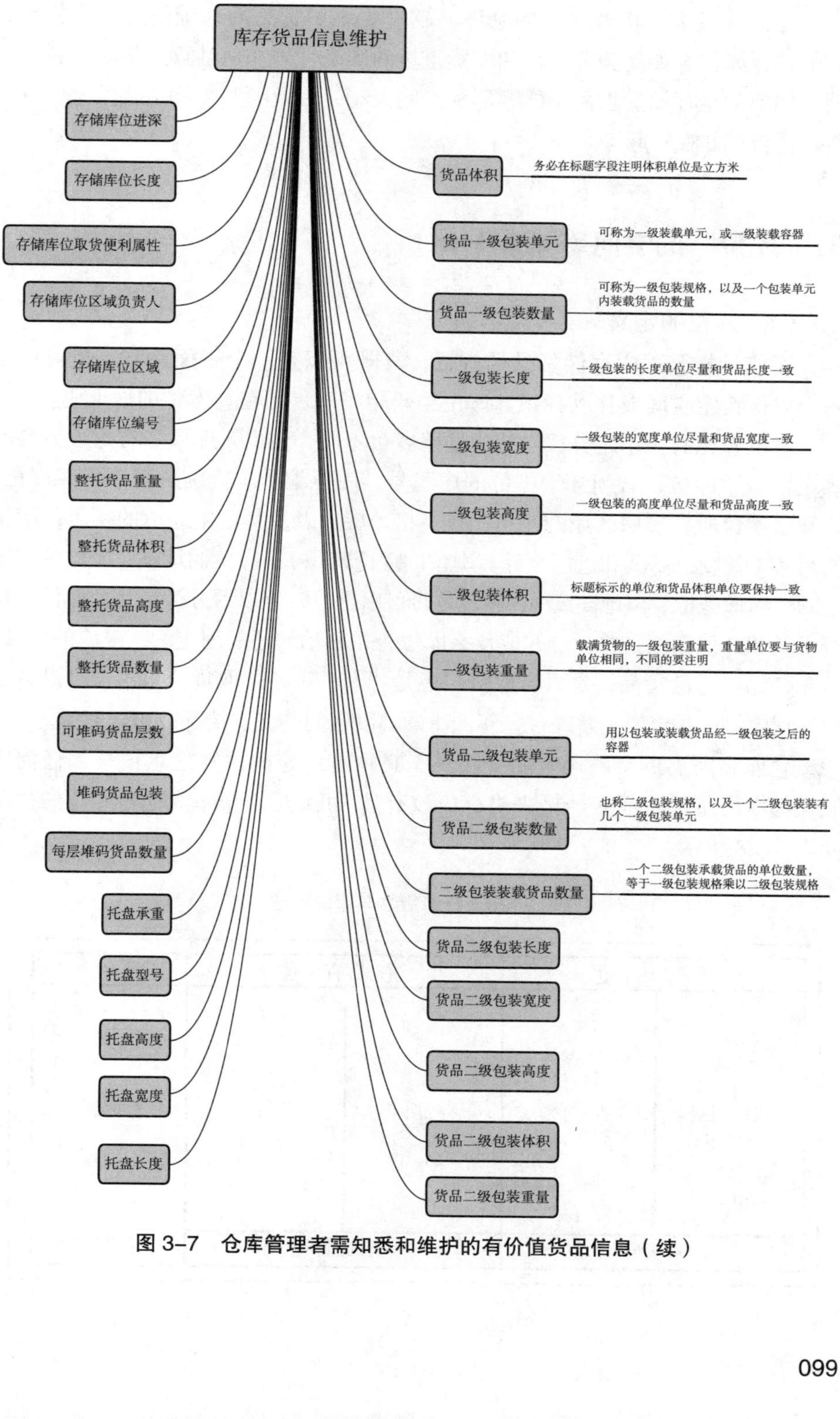

图 3-7　仓库管理者需知悉和维护的有价值货品信息（续）

越是体量大、作业量大的仓库，越需要维护货品的基础信息。这关系到如何选择库位、如何验证发货和发货重量的准确性、如何计算发货时物料的消耗、如何确定存储货物需要的容器和空间大小，以及哪些货物适合堆叠、哪些货物适合存储在一起等。

5. “库位”的学问（★★★★）

（1）库位的定义

库位是指仓库中存储货品的位置，其既可以是一个平面区域，也可以是一个立体特定空间或移动标识。库位编码相当于货品在仓库中的地址码。

库位容积有大小之分，取放货便捷度也不同，至出入库口各有远近。要准确定位一个库位，必须知道库位的序列号、库位编号。特别是对于货架库位，要知道库位所在楼层区域的巷道、排、格、层，以及其至主通道的距离；库位的尺寸（长度、高度和进深，计算库位的理论容积）；库位的承重；库位的三维空间（纵横坐标、离地高度）；库位是否可以拆分，可以拆分为哪几个库位；是否可以和其他库位合并，合并成什么库位；是移动的还是固定的，隶属的区域，是否存储特定的货品；是人工取货，还是“人 + 设备”取货，需用什么设备及难易程度等；甚至要了解库位一年四季的温度区间、光照情况及积灰度等。

仓库中所有的货物（货品 + 物料）必须有对应的位置信息记录，任何区域任何状态下的货品，严格来讲都应该有其“库位”。仓库货物与库位的关系如表 3–28 所示。

表 3–28　仓库货物与库位管理

无账/无库位		有账/有库位		无账/无库位
收货区	质检区	存储区	拣货区	退货区
无系统管理		系统管理		无系统管理

（2）库位的类别

库位按不同标准可划分为以下类别。

①固定库位、基本固定库位、非固定库位。

②货架库位、地堆库位、悬挂库位。

③大库位、中库位、小库位，或特大、中上、中下、特小等。

④整货库位（存储整托整箱）、散货库位（零托零箱）。

⑤存储位（以存储为主，放置不用配货的货品）、拣货位（拣货、配货优先，方便取货）。

⑥ A 类库位（取货、放货方便的库位）、B 类库位（取货、放货便捷度一般）、C 类库位（取货、放货不便的库位）。

（3）库位的相关信息

仓库管理者在维护库位信息数据库时，应尽量掌握以下信息：①地区；②楼栋；③楼层；④区域；⑤移动 / 固定；⑥巷道；⑦排；⑧组；⑨格；⑩层；⑪长 / 宽；⑫高；⑬进深；⑭承重；⑮可用高度；⑯可用容积；⑰温度区间；⑱离地高度；⑲至主通道距离；⑳取货便利性；㉑存货 SKU 限制；㉒是否限定品类；㉓拆分库位数；㉔上级库位；㉕库位序号 / 编码；㉖库位的中文全称；㉗上架优先顺序；㉘拣货优先顺序；等等。

我们可以根据以上信息判断、分析哪些库位取放货方便，库位适合存储什么货品；应当先用哪些库位、后用哪些库位；库位适合什么季度使用等。

（4）库位设计

因为货品大小长短不同，很难确保库位大小与货物大小完全吻合。为此，仓库管理者设定库位时务必有区间意识。基于仓库中的货物尺寸大致范围，比如，大多货品长度是 20 厘米左右，还是 40 厘米左右？尺寸是 0~20 厘米，还是 20~50 厘米？从而设定什么区间尺寸的货品放在什么库位。库位具体划分几个区间、区间的大小要根据实际情况确定，至少要有 3 个区间。除基于货物的尺寸划分不同区间库位之外，其他属性也可以用来划分库位不同区间，如价值、重量、包装规格、发货量、存储湿度、库存量（托）等。

（5）库位编码的要领

如图 3–8、图 3–9 所示，同样的货架，同样的位置，在不同的仓库有不同的编码规则。

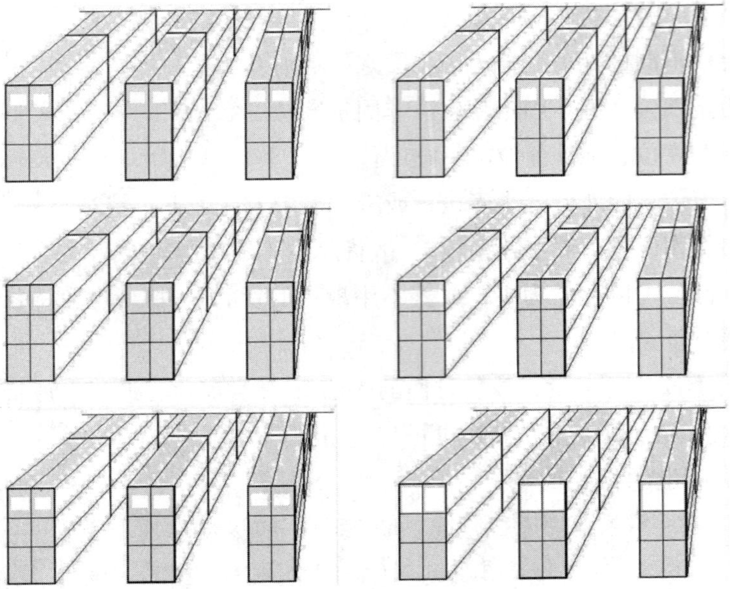

图 3–8　货架侧面示意

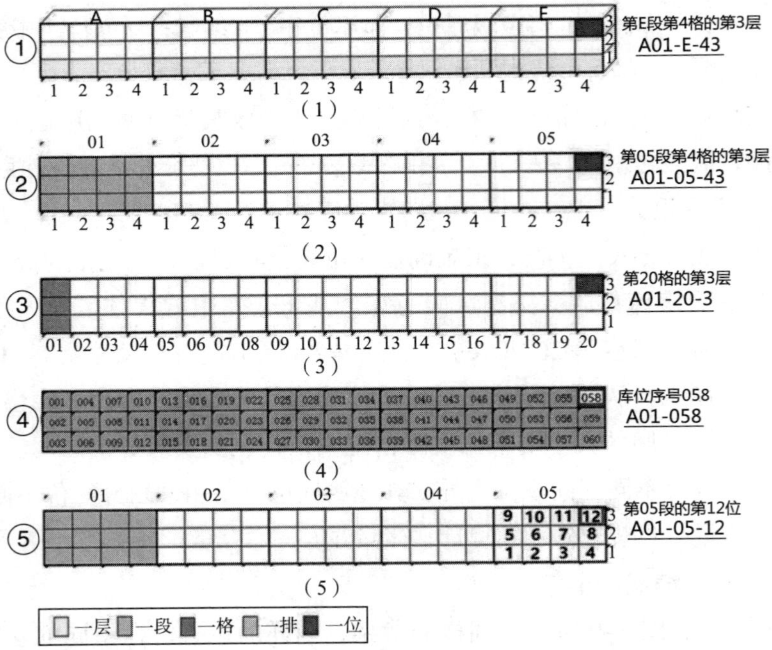

图 3–9　库位立面示意

细节 1：

不同企业的仓库库位编码方法不同，没有统一标准，适合即可。事实上，大企业与小企业、大仓库与小仓库、多个仓库与单个仓库，库位编码的规则自然不同。如果只有一个仓库且面积不大，可以采用图 3–13 的第四种方法；如果每组货架层数不同，或格数不同（划分的库位数不同），可以采用图 3–13 的第五种方法。

细节 2：

对于面积较大的仓库库位，编码需要体现地区码、仓库码、区域码、排号（或巷道号）、组号、格号和层号；对于面积较小的仓库，只需要库位基础信息即可。

细节 3：

如果仓库较多、库区面积较大且库位较多，库位可分为不同库区和类型，库位编码则要体现区域、排号，以及组号、层号，甚至楼栋号、楼层号。

无论基于什么规则，编码字段最好不要超过 10 位数，中间的连字符最好不要超过 3 个。对于全国性仓库的编码，库位编码中间的连字符不要超过 4 个，并且库位标识该放大的信息要放大。货架库位设计与编号示例见图 3–10。

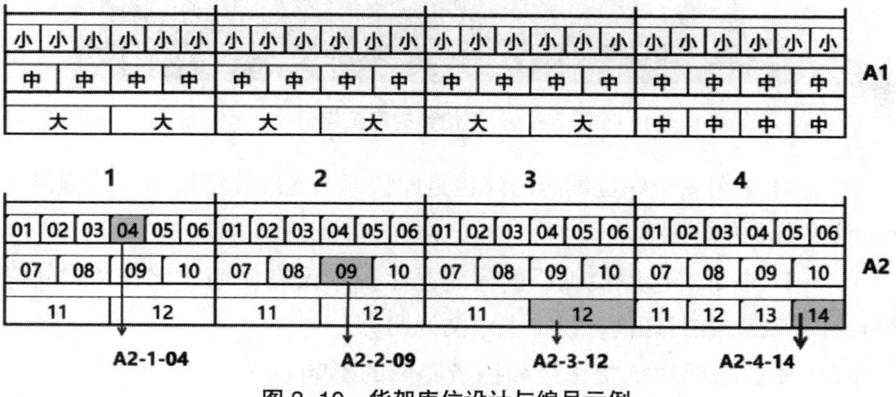

图 3–10　货架库位设计与编号示例

在对库位进行编码时，要考虑以下几点。

①字段数力求最少，能简则简。

②考虑作业人员的行走路径和识别习惯。

例如，作业人员面对一组货架时，一般左边是小号码，右边是大号码；下面是小号码，上面是大号码。库位排序规则不一致会影响作业人员的判断，甚至导致其出错。

③考虑仓库的未来延展性。

如果增加或减少（货架）库位，新增的库位编码会不会受影响；如果到货量增加或减少，现有库位需要组合成大库位或拆分成小库位，好不好操作。

④作业员工无须了解的信息尽量不体现于库位编码字段中。

我们在进行库位编码和库位标签打印时，要尽量避免如图 3–11 所示的两种情况。

图 3–11　不恰当的库位编码

图 3–11 中第一个库位编码的问题是库位编码复杂、字段多，不醒目，并且条码较小不方便扫描。

图 3–11 中第二个库位编码的问题是字段中没有使用连字符“–”区分，不易辨识，最好在打印的标识加上中文说明。

（6）库位编码对拣货路径和拣货距离的影响

一般来说，仓库根据库位的排序进行拣货，不同的库位编码规则会形成不同的库位排序。若以排为单位进行编码，大多呈现为图 3–12 中的路线 1；若以巷道为单位“左单右双”进行编码，大多呈现为图 3–12 中的路线 2；若仓库同一巷道按“U”字形顺序编排库位，则会呈现为图 3–12 中的路线 3。总体来说，第 2 种路线相对较好。

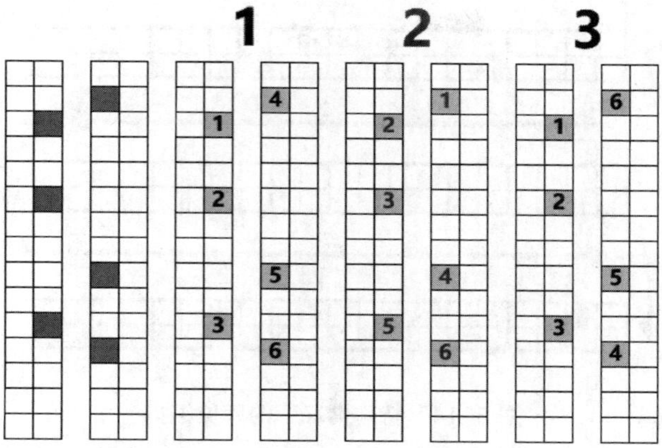

图 3–12　不同的库位编码规则对拣货路线的影响

需要注意的是，电商仓库与非电商仓库（如传统制造业、toB 仓库）的库位编排要求不同。虽然有时候按库位排序路径较短，但个别库位拣货与大多数库位拣货的路径不一致。库位排库与拣货作业行走路线如图 3–13 所示。

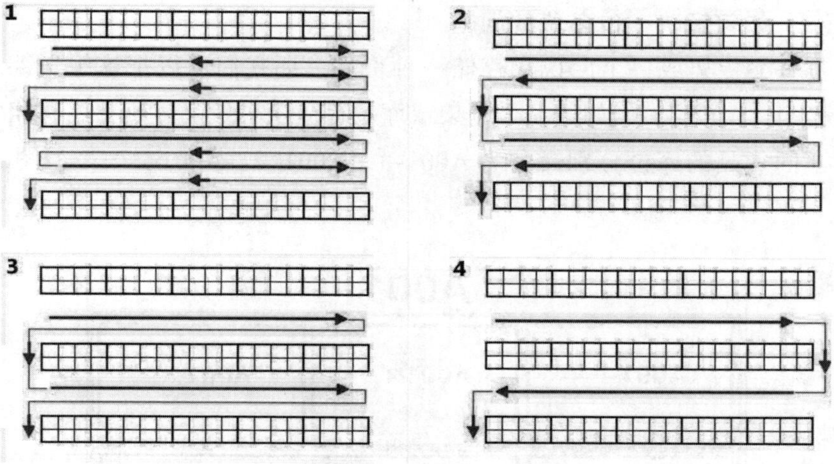

图 3–13　库位排序与拣货作业行走路线

很多人认为图 3–13 中第 4 种库位编排最好，实际上并非如此，为什么？

因为如果不是每个库位都需要拣货，那么仓库人员在进行拣货作业时，路径选择会比较灵活，如图 3–14 所示。

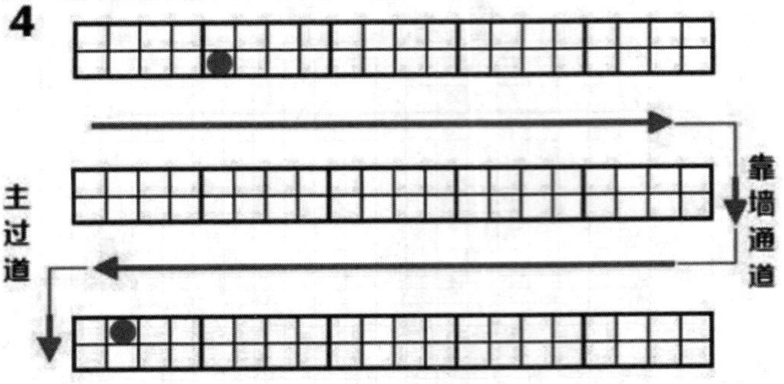

图 3–14 特殊情况下的库位编排

若只有图 3–14 中圆点标注的 2 个库位需要拣货，我们还需要按箭头标示的路线行走吗？答案肯定是不需要。只有在巷道大多数库位需要拣货时，图 3–13 中第 4 种设计才是最好的；否则不一定。当然，图 3–13 中第 1 种设计肯定不好，实际上，以排为单位编排库位的很多选择第 1 种行走路线。总体来说，图 3–13 中第 3 种路线设计相对较好。

（7）如何解决一位多货的问题

若一组货架或一个库位只存储一种货品，那我们可以把这组货架或库位命名为"A001"。但如果一个货架或库位存放多种货品，则要将这组货架存储不同货品的库位分别命名为 A001–1、A001–2、A001–3……如图 3–15 所示。

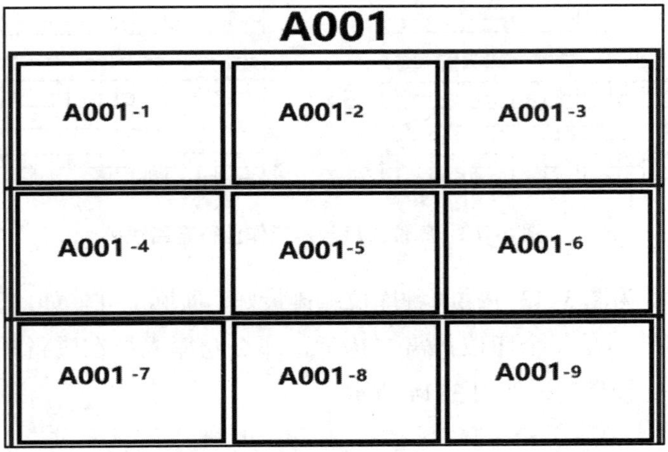

图 3–15 一位多货

实际工作中，一个单位空间要划分为多少个库位，取决于需要存储多少种货品，相关示例如图 3–16 所示。

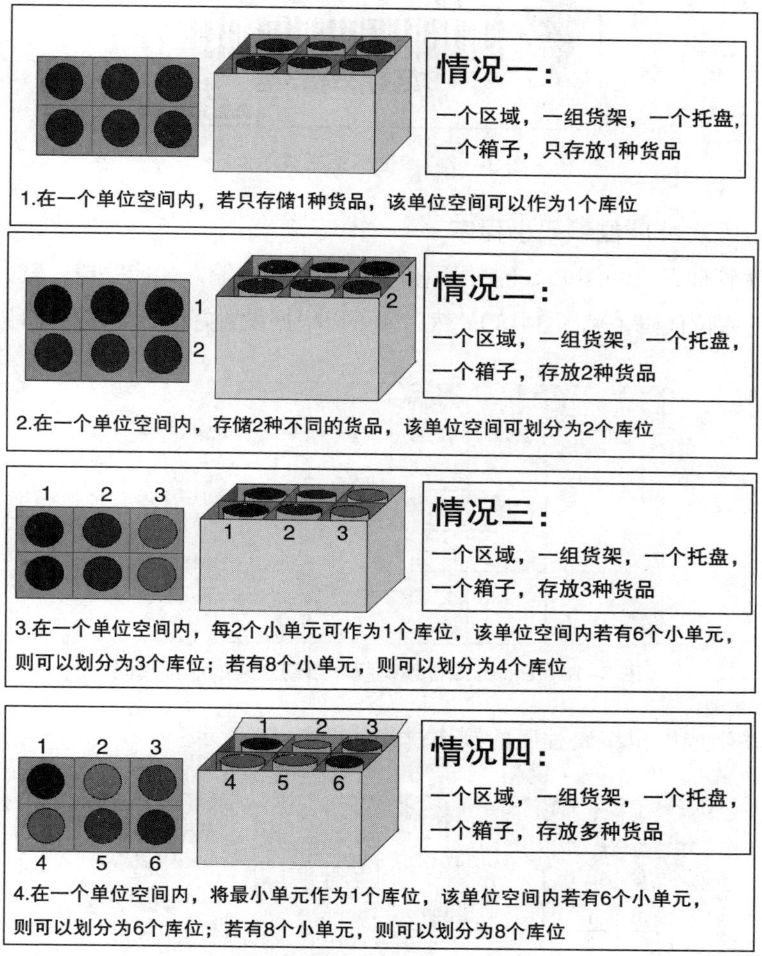

图 3–16　一位多货解决方案示例

（8）库位标签格式

举例来说，图 3–17 是一个较好的库位标签：标签上的 35 代表 B 区第 35 个库位，可方便作业人员识别；文字描述可方便仓库新人或非仓库人员理解；注明离地高度，有助于作业人员判断库位是否方便取货；箭头可防止作业人员识别错误。

图 3-17　库位标签格式示例

（9）Excel 库位编码小程序

仓库管理者可利用 Excel 制作库位编码小程序，输入相应字段，就会自动生成相应的库位代码（见图 3-18），然后就可以根据设置好的标签格式打印出来。

	A	B	C	O	P	Q
1	区域巷道/排	段/组	层/格		序号	组成库位代码
2	A01	01	1		1	A01-01-1
3		02	2		2	A01-01-2
4			3		3	A01-01-3
5			4		4	A01-01-4
6					5	A01-02-1
7					6	A01-02-2
8					7	A01-02-3
9					8	A01-02-4

图 3-18　Excel 库位编码程序自动生成的库位代码

自动生成库位编码程序的制作过程如图 3-19 所示。

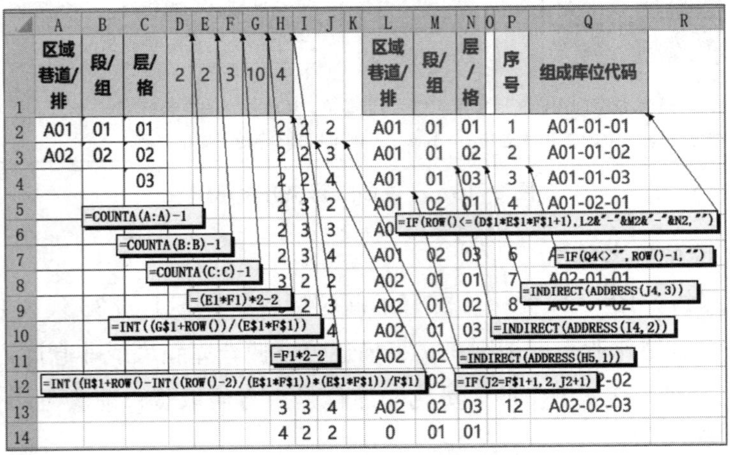

图 3-19　自动生成库位编码程序的制作过程

（10）Excel 库位标签批量打印程序的制作

利用 Excel 制作库位标签批量打印程序的方法及宏代码分别如图 3–20、图 3–21 所示。

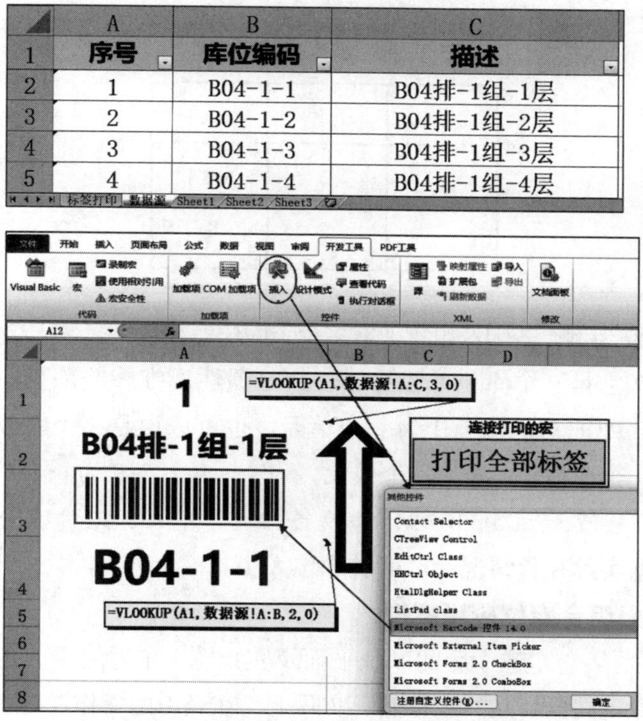

图 3–20　Excel 制作库位标签批量打印程序的方法

```
Sub 内容打印()

Dim i As Integer, irow As Integer
irow = Sheet2.[a50000].End(xlUp).Row '定义需要打印的总行数
 For i = 2 To irow                   '从第二行开始至最后有数据的行
 [a1] = Sheet2.Cells(i, 1)           '序号为sheet"数据"表的第1列,从第2行开始

hh = ActiveSheet.BarCodeCtrl1.Height
ActiveSheet.BarCodeCtrl1.Height = hh - 1
ActiveSheet.BarCodeCtrl1.Height = hh

ActiveSheet.PrintOut

 Next i                              '逐条依次打印

End Sub
```

图 3–21　库位标签批量打印程序的宏代码

6. 组合库位的应用场景（★★）

（1）组合库位

库位的不同组合见表 3–29。

表 3–29　库位的不同组合

1	4	7
2	5	8
3	6	9

以表 3–29 为例，若问这组货架有多少个库位？相信大多数人会认为是 9 个。

当然，认为是 9 个库位并没有错，这是惯性思维。但是我们也可以说这是 1 个库位，即把 9 个格子作为一个单元。也可以说是 3 个库位，即 1~3 为一个单元，一个库位；4~6 为一个单元，一个库位；7~9 为一个单元，一个库位。或者 1、4、7，2、5、8，3、6、9 各为一个单元，组合成一个库位。组合库位可根据实际存货情况灵活调整库位大小。

（2）平面组合库位应用案例

图 3–22 是某仓库越库后的库位平面及实景图。乍看之下，这种模式存储容积率高，并且同款货品一起存储。实际上，在经由配货作业后，每排都会出现大量的剩余空间。经过配货作业，每排货物都有位置移动，不便库位管理，查找货物很不方便。虽然每两排背靠背留有寻货的单人巷道，但在存储货物量大的情况下，少量的货品容易被遗漏。如果配发的货品存储在最里面的库位，就需要将前面库位的货物拉走，无形中增加了工作量，而且易损坏货物包装。

图 3–22　某仓库越库之后的库位平面及实景图

服装物流中心管理越库之后所有地区不同品牌不同款的货品，如何提高仓库容积率，同时可区分不同地区不同品牌不同款的货品，并且便于将同一地区同一品牌同款的货品集中存储，方便配发作业呢？图 3–23 是某服装物流中心管理的存储有不同地区不同品牌不同款货品的仓库平面规划图，从图中可以看出，除了 H 区域，其他区域货物堆放较紧凑；除了主干道，每排货物之间并没有留过道，空间利用率高。

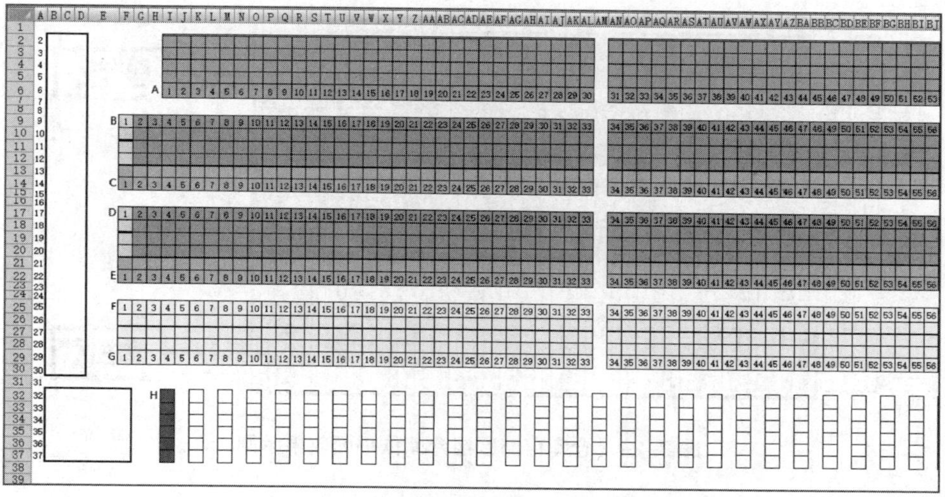

图 3–23　某服装物流中心管理的仓库平面规划图

设计思路：

A 区 1 排可以存放 5 托货，5 托为一个库位，存放同一种货品，库位编号为 A001。

B 区和 D 区，1 排可以存放 4 托盘货品，4 托为一个库位，存放同一种货品，库位编号分别为 B001、D001。若有需要，也可以 1 排放 2 个 2 托盘货品，即拆分为 2 个库位，库位编号分别为 B001–1、B001–2，D001–1、D001–2。

C 区和 E 区，1 排可以存放 2 托货品，2 托盘为一个库位，存放同一种货品。若 4 托盘库位不够，可将 2 个 2 托盘库位合并，存放 4 托盘的货品。

F 区，1 排可以放 2 托盘货品，2 托盘为一个库位，存放同一种货品，库位编号为 F001。若有需要，也可以 1 排存放 2 个 1 托盘货品，即拆分为 2 个库位，库位编号分别为 F001–1、F001–2。

G 区，1 排可以存放 3 托盘货品，3 托盘为一个库位，存放同一种货品，库位编号为 G001。若有需要，也可以 1 排存放 3 个 1 托盘货品，即拆分为 3 个库位，库位编号分别为 G001-1、G001-2、G001-3。

H 区，可将 1 个托盘空间拆分为 4 个小库位，即一个托盘作为一个库位，用于存放一托不满 5 箱的货品。

仓库存储区组合库位平面效果示例见图 3-24。

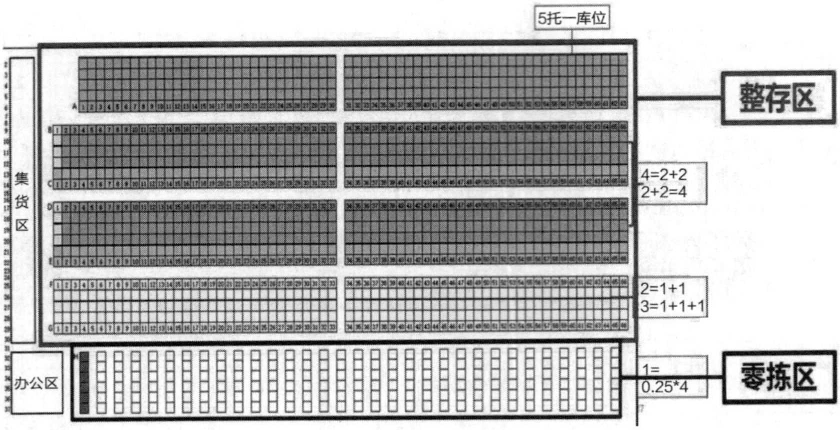

图 3-24　仓库存储区组合库位平面效果示例

当然，除上述情况外，还有非整托出库。如果仓库层高有限，不宜安装重型货架，整托货品则需地面堆码，整存零拣都可以进行类似安排。

（3）高位货架组合库位

通常情况下，高位货架可一个托盘区域作为一个库位，当有大批整进整出的货品时，可以通过组合库位来保证同批次相同货品的集中存储。也就是说，将一个托盘位作为一个最小库位单位 D，根据情况组合成更大的存储位，如 2 个一组、4 个一组或者 8 个一组，即 8D=4C=2B=1A。

以下举例说明，表 3-30 是某仓库的库存数据、图 3-25 为仓库现场存储状态示例。

表 3-30　仓库的库存数据

存储库位	货品编号	货品数（箱）
D001	香菜	10
A011	苹果	80

续表

存储库位	货品编号	货品数（箱）
B005	黄瓜	40
D009	葡萄	10
D012	西红柿	10
D014	土豆	10
D030	菠萝	10
A007	茄子	80
B011	冬瓜	78
C017	扁豆	56

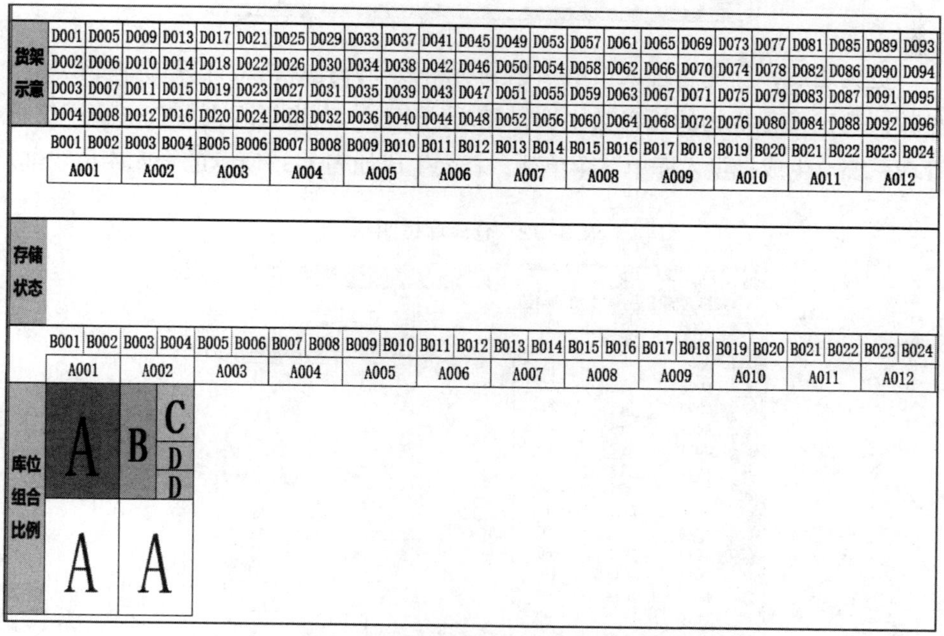

图 3-25　仓库现场存储状态示例

由图 3-25 可知，茄子的库位占用了 8 个 D 单元，但仓库账面显示为 A007；苹果的库位占用了 8 个 D 单元，但仓库账面显示为 A011。因为一个 A 库位等于 8 个 D 库位，若没有组合库位，则存放苹果和茄子的存储数据将显示为 8 条记录。

仓库到货上架明细如表 3-31 所示。

表 3–31　仓库到货上架明细

货品编号	货品箱数	码托规格
货1	200	25
货2	60	30
货3	35	35
货4	120	40
货5	90	45
货6	400	50
货7	110	55
货8	475	60
货9	130	65
货10	70	70
货11	150	75
货12	160	80
货13	70	85
货14	360	90
货15	190	95

生成批量入库单

货到之后，仓库管理人员要根据到货箱数和码托规格，计算每种货物的托盘数，基于每种货物的托盘数来选择相应的库位。仓库管理人员点击仓库信息管理系统“生成批量入库单”菜单项，就会生成如表 3–32 所示的仓库库位明细。

表 3–32　仓库库位明细

安排入库	货品编号	货品箱数
A008	货1	200
C002	货2	60
D002	货3	35
B002	货4	120
C008	货5	90
A009	货6	400
C011	货7	110
A010	货8	475
C012	货9	130
D010	货10	70
C013	货11	150
C014	货12	160
D011	货13	70
B010	货14	360
C016	货15	190

打印入库单&添加库存

由表 3–32 可知，由于每种到货托盘数不一样，必须根据到货托盘数选择 A、B、C、D 不同类别的库位。仓库管理者通过点击仓库信息管理系统的菜单项“打印入库单 & 添加库存”，完成入库上架。货品上架存放到相应的库位后，现场存储状态如图 3–26 所示。

存储状态	香菜	货4	葡萄		黄瓜	货7	货11		扁豆	货14	冬瓜		茄子	茄子	货1	货1	货6	货6	货8	货8	苹果	苹果
	货3	货4	货10	土豆	黄瓜	货7	货11	菠萝	扁豆	货14	冬瓜		茄子	茄子	货1	货1	货6	货6	货8	货8	苹果	苹果
	货2	货4	货13	货5	黄瓜	货9	货12	货15		货14	冬瓜		茄子	茄子	货1	货1	货6	货6	货8	货8	苹果	苹果
	货2	货4	西红柿	货5	黄瓜	货9	货12	货15		货14	冬瓜		茄子	茄子	货1	货1	货6	货6	货8	货8	苹果	苹果
	B001	B002	B003	B004	B005	B006	B007	B008	B009	B010	B011	B012	B013	B014	B015	B016	B017	B018	B019	B020	B021	B022
	A001		A002		A003		A004		A005		A006		A007		A008		A009		A010		A011	
库位组合比例	A		B C D D																			
	A		A																			

库位数据 / 入库操作 / 计算 / 入库单 / 入库明细 / 待入库 / 库存数据 / 库存状态 / 出库

图 3-26 到货入库上架后现场存储状态

（4）组合库位的优点和适合场景

①组合库位可确保同一种货品存储在一起。

②组合库位减少了信息冗余。

③适合应用于整进整出、库存量大的中转仓库。

（5）组合库位的使用

任何一个仓库，如果一种货品占用了相连的多个库位，则可以考虑采用如表 3-33 所示的方法。

表 3-33 组合库位的使用

序列号	物品代码	数量（箱）	单件体积（立方米）	货品总体积（立方米）	需求库位数（个）	库位显示
1	苹果	100	0.03	3	6	1-6
2	西红柿	50	0.02	1	2	7-8
3	A81	400	0.01	4	8	9-16
4	哈密瓜	100	0.06	6	12	17-28
5	葡萄	40	0.001	0.04	1	29-29
6	巧克力	100	0.01	1	2	30-31
7	红豆	100	0.009	0.9	2	32-33
8						
9						
10						

货架编号

A01-01-04	4	8	12	16	20	24	28	32	36	40	44	48	A01-12-04
A01-01-03	3	7	11	15	19	23	27	31	35	39	43	47	A01-12-03
A01-01-02	2	6	10	14	18	22	26	30	34	38	42	46	A01-12-02
A01-01-01	1	5	9	13	17	21	25	29	33	37	41	45	A01-12-01

苹果	西红柿	A81	A81	哈密瓜	哈密瓜	哈密瓜	红豆				
苹果	西红柿	A81	A81	哈密瓜	哈密瓜	哈密瓜	巧克力				
苹果	苹果	A81	A81	哈密瓜	哈密瓜	哈密瓜	巧克力				
苹果	苹果	A81	A81	哈密瓜	哈密瓜	哈密瓜	葡萄	红豆			
1	2	3	4	5	6	7	8	9	10	11	12

1 代表 A01-01-01，2 代表 A01-01-02，一个自然数代表一个库位。采用这种方法，原本一种货品的库位需要多个库位编码显示，现在只需要一个自然数显示，比如“苹果”的存放库位显示是 1-6，则说明从第 1 个库位到第 6 个库位即 A01-01-01 到 A01-02-02 连续几个库位存放的都是苹果。这样既简

单，又方便拣货配货。

7. 细说“盘点”（★★★★）

（1）盘点

盘点是检查账、卡、物是否相符，是把握库存货物数量和质量的动态手段。盘点在仓库管理中具有非常重要的作用，是检验、提高仓库管理水平的重要手段和方法。

（2）盘点类型

①动态盘点：照常收发货期间对库存进行的盘点；对当天或近期有入库、发货、移动或产生异常动态的货品进行的盘点。

入库方面：为了保证库位，每天可以进行库位“动态盘点”，即对所有入库上架的货品库位进行盘点（注意，是盘点库位，而不是库存量和上架量）。对于高价值货品仓库，则对产生配货的库位进行盘点。

出库方面：对所有出库的货品，盘点在复核环节出现差异货品的剩余库存，既是确保库存的准确性，也是检验发货的准确性。

②循环盘点：一个区域一个区域、一排货架一排货架、一个库房一个库房、一个楼层一个楼层、一个品牌一个品牌、一个客户一个客户、一个大类一个大类、一个单元一个单元地盘点，每天盘点一部分或每周盘点一部分，一个周期内盘完所有区域的所有货品。

③重点盘点：针对高价值、易短缺的货品进行盘点。

④定期盘点：固定周期，如一周、一个月、一个季度盘点一次。

⑤低水位盘点：当货品库存低于一定数量时，及时进行的盘点。

为了确保拣货时不出现货品短缺产生闭单情况（账上存有，实物找不到），则需要经常进行“低水位盘点”，即对库存低于一定数量的货品进行盘点。一般库存量大的货品短缺一两件暂时不会影响发货，但对于库存量只有几件的货品来说，少一两件就会影响发货。低水位盘点可以及时发现短缺货品，避免出现闭单。

低水位盘点也可用来检验仓库的管理水平。若仓库库存货品种类多，盘点工作量大，则可采用低水位盘点只对库存数量少的货品进行盘点，一来会比较轻松，可降低盘点工作量；二来库存量少的货品没有短少，库存量大的货品少的可能性也不会太大。

举例来说，若一种货品入库数量为 1000 件，每天都在发货，平均每天发货量为几十件。那么在库存量较大时，10 件左右的库存差异一般不会影响发货。但当货品库存量只有 20 件，实物只有 10 件时，就可能影响发货。也就是说，这时如果有 15 件订单量，则无法发货。可见，低水位盘点可防止出现因为少货而发不出货的问题。反之，倘若一种货品经过几周发货，从库存量 1000 件降为库存量只有 10 件，盘点时 10 件库存没有短少，则验证了发货没有差异，同时说明仓库库存管理水平较高。

（3）盘点方法

①单据盘点法：采用单据盘点法需要注意的是，盘点单上的库存数量是否体现？若体现库存数量，相关盘点人员有可能照单填写“盘点数量”，打印出来可能出现仓库员工偷懒，不如实盘点的情况。若不体现库存数量，则会导致盘点准确率下降，错误较多。为此，可仅体现库存数量的大致范围，让盘点人员有参照，若盘点数量不在库存范围内，应及时复核。具体示例见表 3–34、表 3–35。

表 3–34　不利于盘点工作的盘点单据

盘点人员可能照抄库存数量				
库位	SKU	库存数量	盘点数量	差异
A010101	SKU001	15		
A010102	SKU002	58		
A010103	SKU003	145		
A010104	SKU004	3		
A010105	SKU005	8		
A010106	SKU006	98		
A010107	SKU007	23		
A010108	SKU008	36		
A010109	SKU009	88		

VS

导致盘点准确率下降			
库位	SKU	盘点数量	差异
A010101	SKU001		
A010102	SKU002		
A010103	SKU003		
A010104	SKU004		
A010105	SKU005		
A010106	SKU006		
A010107	SKU007		
A010108	SKU008		
A010109	SKU009		

表 3-35　较规范的盘点单据格式

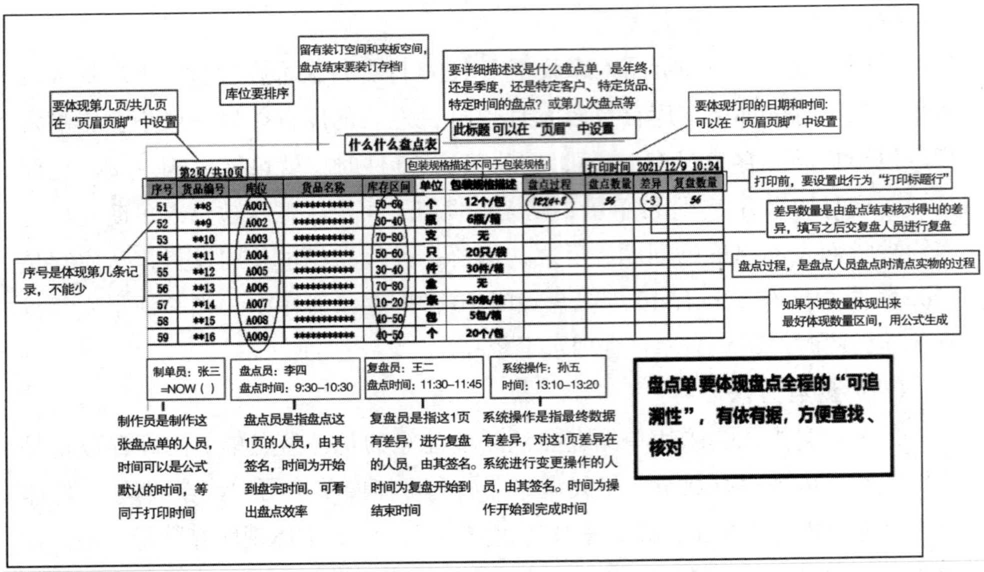

序号	货品编号	库位	货品名称	库存区间	单位	包装规格描述	盘点过程	盘点数量	差异	复盘数量
51	**8	A001	***********	50-60	个	12个/包	12X4+8	56	-3	56
52	**9	A002	***********	30-40	瓶	6瓶/箱				
53	**10	A003	***********	70-80	支	无				
54	**11	A004	***********	50-60	只	20只/袋				
55	**12	A005	***********	30-40	件	30件/箱				
56	**13	A006	***********	70-80	盒	无				
57	**14	A007	***********	10-20	条	20条/箱				
58	**15	A008	***********	40-50	包	5包/箱				
59	**16	A009	***********	40-50	个	20个/包				

为什么说表 3–35 是相对比较规范的盘点单呢？因为每个企业的仓库情况不同、要求不同，盘点时除核对库存数量外，还需核对库位是否准确、货品名称是否准确、包装规格是否准确，甚至需核对单位体积和重量数据，故盘点单上可能会增加很多内容。

另外，如果盘点单据上不体现“盘点过程”，加上没有库存数量，则不便复核。这里有一个小技巧，就是在打印盘点单据之前，可把某个货品的库存数量修改一下，如把库存量 96 改为 86，如果最终盘点数量也是 86，说明盘点人员没有如实盘点，或故意隐瞒。

当然，在用纸质单据盘点时，一定要加上“盘点过程”这一列，即说明盘点结果是怎么得出的，要在盘点单据上写清楚。

综合以上，我们在打印盘点单据时，需要做到以下几点。

一是盘点单据要有标题，说明是某仓库某区域或某货主某项目的盘点表。

二是盘点单据要有打印日期、时间、页码和总页数。

三是盘点单据字段要有序号，也就是行号。同时要按库位排序，而不是按货品排序，除在特殊情况下，否则要确认某种货品总量是否正确。

四是若是高层货架库位，盘点单据要体现库位的层数，一层和高层库位盘点单据要分开打印、分开盘点。

五是盘点单据要体现库存货品的单位，包装规格（装箱规格）、码托规格等信息，码托时最好体现一层有多少箱等信息。

六是盘点单据要体现库存有多少整箱、多少零头。盘点单据“盘点结果”栏可体现“×××”箱“×××”零头，并由盘点员填写。

七是对于没有装箱规格或装箱规格不准的货品，可以借盘点的机会，补充或复核信息。

八是盘点人员必须在单据上签名，或盘点每一页时写上开始和结束时间，以验证盘点的效率，体现盘点的严肃性。

九是盘点单据要体现盘点单据的打印者、盘点者、复盘、确认、调账者，整个过程的时间节点要列示清楚。

②标签盘点法：仓库日常盘点标签示例如图 3–27 所示。

15	A10-02-04		
编号	A8286YKA889		
名称	东大纯米大吟酿清酒		
库存总量	630 瓶	包装描述	12瓶/箱
此库位库存	34	盘点日期	2022/1/21
盘点数量		盘点签名	

图 3–27　仓库日常盘点标签示例

标签盘点法是将要盘点的数据，一行一行地打印成一张一张的标签进行盘点，并将标签贴到货物上，从而可以明晰各库位货物盘点时间、盘点人及盘点数量。

③ PDA 或“扫码枪 + 计算机盘点法”：任何一把 PDA 中装有 WPS 程序，就可以将扫描的条码读取到 Excel 中；或者将扫码枪连接电脑，通过计算机打开 Excel 文档，或新建 Excel 表格，扫描数据也可以读取到表格中，光标停在什么位置，扫描的数据就会输入什么位置。

我们在利用 PDA 或“扫码枪 + 计算机”进行盘点时，先依次扫描各个库位的条码，再依次扫描库位上的货品。如果是对货品进行盘点，通常每件货品都需要扫描；如果是为了确认库位，则每种货品可以只扫一次。

扫描通常有两种方法：一种是如表 3–36 左侧所示的每列的第 1 行扫描库位，以下各行是对应库位的货品条码。另一种是如表 3–36 右侧所示的从第一个库位开始，先扫描库位码，再扫库位上的货品条码。扫完一个库位码再扫下一个库位码，不需要换行换列，连续扫描即可。

在扫描时，需要注意两点：一是单元格格式要设置成文本格式；二是调整为英文输入法状态。

表 3–36　PDA 或“扫码枪 + 计算机”盘点法

	A	B	C	D	E	F
1	库位1	库位2	库位3	库位4	库位5	库位6
2	SKU001	SKU001	SKU001	SKU001	SKU001	SKU001
3	SKU002	SKU002	SKU002	SKU002	SKU002	SKU002
4	SKU003	SKU003	SKU003	SKU003	SKU003	SKU003
5	SKU001	SKU001	SKU001	SKU001	SKU001	SKU001
6	SKU002	SKU002	SKU002	SKU002	SKU002	SKU002
7	SKU003	SKU003	SKU003	SKU003	SKU003	SKU003
8		SKU001	SKU001	SKU003	SKU001	
9		SKU002	SKU002		SKU002	
10		SKU003	SKU003		SKU003	
11		SKU001	SKU001		SKU001	
12		SKU002	SKU002		SKU002	
13		SKU003	SKU003		SKU003	
14			SKU001			
15			SKU002			
16			SKU003			
17			SKU001			
18			SKU002			
19			SKU003			

扫描数据	库位
KW009	KW009
6954767470573	KW009
6954767470573	KW009
6954767470574	KW009
KW010	KW010
1233	KW010
1233	KW010
1234	KW010
1235	KW010
1235	KW010
1235	KW010
KW011	KW011
1235	KW011
1235	KW011
1235	KW011
1235	KW011
1235	KW011
1235	KW011
1235	KW011
1235	KW011

扫描完所有需要盘点的库位码后，经过加工可得到我们需要的表 3–37 的数据。

表 3–37　各库位 SKU 明细

库位	SKU	数量
库位1	SKU001	2
库位1	SKU002	2
库位1	SKU003	2
库位2	SKU001	4
库位2	SKU002	4
库位2	SKU003	4
库位3	SKU001	6
库位3	SKU002	6
库位3	SKU003	6
库位4	SKU001	2
库位4	SKU002	2
库位4	SKU003	3
库位5	SKU001	4
库位5	SKU002	4
库位5	SKU003	4
库位6	SKU001	2
库位6	SKU002	2
库位6	SKU003	2
	合计:	61

库位	SKU	数量
KW009	6954767470573	2
KW009	6954767470574	1
KW010d	6954767470574	3
KW010d	6954767470575	3
KW081	6954767470574	6
KW081	6954767470575	6

如何将扫描之后的数据转换成我们需要的结果？通过学习 Excel 中的函数和数据透视，或者 VBA，做一个数据转换模板。后续扫描结束，只要将数据放到模板中，就可以自动生成我们需要的结果。

（4）组织大规模盘点

以下是笔者组织大规模盘点的一些经验总结，供仓库管理人员参考。

①明确要盘点的货物（可以做整托、整箱和零散货品数量分析）。

②明确要盘点的楼层、区域（有必要绘制盘点区域区划平面图，包括人员集合区等）。

③统计盘点工作量，如 SKU 数、库位数、箱数、托盘数等，提前贴上盘点标识，注明要盘点的库位、箱、托等。

④明确盘点的日期和时间（包括人员集合、就餐和休息时间）。

⑤明确盘点的方式和方法，如先盘哪些货品后盘哪些货品，采用流水线、RFID、PDA，还是人工单据清点。

⑥做好盘点分工和盘点人员安排，如下架、拉货、打单、区域分配、监督、收集统计、复核等具体分工。

⑦仓库盘点相关部门要相互协调配合，如盘点期间不收货、不发货，或不收什么货、不发什么货等；什么区域可能临时性放货；哪些电梯、门可能临时关闭等。

⑧明确盘点的绩效考核和盘点制度，如对盘点效率高、准确率高的人进行奖励，对盘点准确率高的团队进行奖励；对违规行为进行惩处等。

⑨做好盘点相关设备和物料准备，如电梯检修、叉车加油充电、PDA 盘点机备用电池、准备异常货品收纳箱等。

⑩提前导出备份数据，打印与盘点相关的单据和标签，并分配好任务。

⑪做好盘点前的动员工作。

⑫做好盘点期间的现场监督、检查和抽查。

⑬做好盘点期间的数据统计、工作量统计和差异复核。

⑭根据现场盘点进展情况及时进行人员调配，尤其是不同楼层不同区域盘点，避免人浮于事。

⑮盘点结束做好现场卫生的打扫、设备归位、单据收集确认无误、检查有无遗漏盘点区域和货品、人员集合、总结讲评等工作。

（5）无条码、无库位管理的仓库盘点

①分散货品盘点。

步骤 1：根据现场情况，将存货区域或货架划分成若干大单元，并编号 A1、A2、A3……再视情况将各大单元划分成小单元并编号，如 A1–2 代表第 A1 单元的第 2 小单元，并给各个小单元贴上编号标识，作为“临时库位”。

步骤 2：根据库存明细，对货品进行编号并打印明细表。据此对“临时库位”内的货品和单据逐个对照，将编号标签粘贴于实物上，并记录货品的“临时库位”位置。

②集中货品盘点。

步骤 1：同分散货品盘点的第一步。

步骤 2：根据单元编号顺序，依次对现场实物按自然数进行编号，贴上标识并统计各单元各货品的编号。若个别货品有分散堆放的情况，出现 2 个及以上编号，可以合并，也可以不合并，总之确保库位具有唯一性即可，如现场实物的编号为 100 号，所在的座位为 A3 单元，后续拣货直接到 A3 单元查找 100 号货物即可。

（6）最需要盘点的货品

①整库、移库涉及的 SKU；

②价值较高有配货的货品；

③出现拣货异常，涉及的 SKU；

④一位多货时，只有 1~2 件存货的 SKU；

⑤库存少，存在闭单危险的动销品。

（7）如何快速清点货物

快速准确盘点的关键字：标识、刻度、单元，如图 3–28 所示。

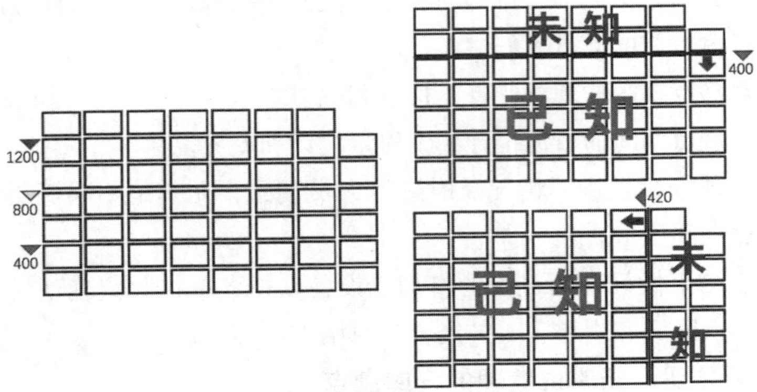

图 3–28　盘点的关键：合理确定标识、刻度及单元

①盘点货物标识清楚，盘点人员可据此快速判断什么货物、多少一箱、多少一层、多少一垛、多少一排等消息，方便许多。图 3–29 可反映货物有无标识对盘点的影响。

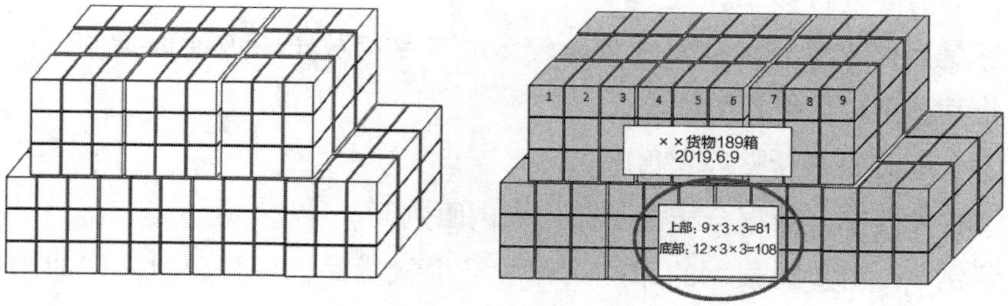

图 3–29　有无标识对货物盘点的影响

②货物若按照单元化五五码放，或固定一定数量为一个单元堆码，盘点时也会方便许多。

如图 3–30 所示，货物按单元化堆码，比整齐堆码更方便清点。

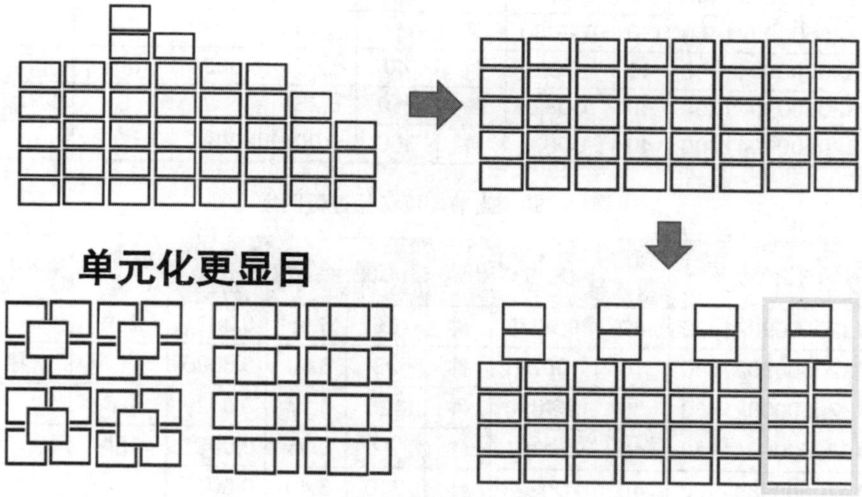

图 3–30　货物单元化堆码

8. 库内整理、移库的方法与注意事项（★★）

需要进行库内整理、移库情况主要有：

一是当少量货品占用较大空间的存储位，则需要将货物移至空间较小的库位。

二是当需求量越来越小、发货频次越来越少的货品占用了取货较方便的库位，则需要进行移库。

三是当需求量较大、发货频次较多的货品存放于不方便取货的库位，则需要将其移至方便取货的库位。

①仓库需要不断整理和移库。

②移库要基于数据分析，不能仅靠肉眼判断。

示例1：当空间很大的库位只存放了少量货品，并且超过一定时限仍没有配货，则需要移库，如表3–38、表3–39所示。

表3–38　基准日库位货品存量明细

物品代码	装箱规格	库位	单位	库存量	箱数	单件体积（立方米）	适合库位	是否移库
213206009021420	40	B少078	件	56	1.40	0.0021	B少	
213206009021440	10	D079	件	245	24.50	0.0086	D	
213206009021460	30	B多080	件	150	5.00	0.0029	B多	
213206009041340	40	B少081	件	40	1.00	0.0021	B少	
213206009041360	40	D082	件	250	6.25	0.0021	D	
213206009041380	40	D083	件	360	9.00	0.0021	D	

表3–39　当前库位货品存量明细

物品代码	装箱规格	库位	单位	库存量	箱数	单件体积（立方米）	适合库位	是否移库
213206009021420	40	B少078	件	26	0.65	0.0021	B少	
213206009021440	10	D079	件	33	3.30	0.0086	H多	移
213206009021460	30	B多080	件	125	4.17	0.0029	B多	
213206009041340	40	B少081	件	22	0.55	0.0021	B少	
213206009041360	40	D082	件	216	5.40	0.0021	D	
213206009041380	40	D083	件	19	0.48	0.0021	B少	移

示例2：根据发货数据及当前库存数据，分析货品在A类、B类、C类库位的分布，判定是否移库或补货，如表3–40所示。

表 3–40　基于库存数据和发货数据的数据分析与建议

基础信息（库存数据）			数据分析与建议											
货品编号	单位	当前库存总量	占用库位数	所在库位SKU总数	一周订单数	一周订单量	库存可用周数	拣货位库存	存储位库存	A类库位数量	B类库位数量	C类库位数量	参考性建议
SKU0001	台	267	3	3	2	168	1	1	266	118	149	0	
SKU0002	台	273	3	3	0	0	上周无发货记录	3	270	0	122	151	进一步分析货品呆滞量
SKU0003	台	279	3	3	0	0	上周无发货记录	5	274	153	126	0	建议A类库位移库
SKU0010	箱	481	5	5	6	316	1	19	462	0	163	318	
SKU0013	瓶	249	3	3	4	210	1	25	224	25	224	0	
SKU0014	瓶	112	2	2	4	214	0	27	85	0	112	0	建议补货

③要按指令执行移库，基于移库单移库。仓库管理应给需要移库的货品指定（匹配）适合的库位，生成移库单后再移库，并保存移库记录形成流水账，尽量做到无指令不移库。仓库移库单如表 3–41 所示。

表 3–41　仓库移库单

××仓库××年××月××日移库单							
序号	货品编号	货品名称	单位	原库位	数量	移入库位	操作完成
1	SKU0001	××牙膏	支	A01-08-03	6	P001-1	
2	SKU0002	××可乐	瓶	A04-09-02	4	P001-2	
3	SKU0003	××洗发水	瓶	A05-10-03	3	P001-3	
4	SKU0004	××礼盒	个	A06-14-01	2	P001-4	
制单人：×××			移库人：			复核员：	

④后续若有同款大批量到货，而仓库每排都有空闲库位，则可以将应用库位归整到一起，如图 3–31 所示。

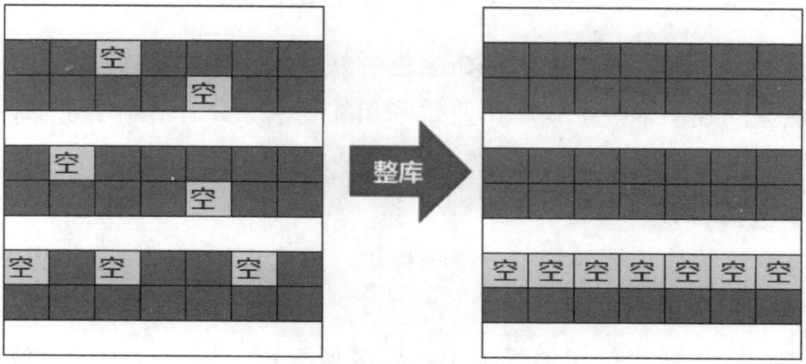

图 3–31　应用库位的归整

⑤保存所有移库相关数据和记录，做好单据存档工作。移库后做好复盘工作，做到物动账动。

9. 如何用好“标识”（★★★★★）

仓库现场作业的效率与准确率都和“标识”有关。这里说的标识，指一切指引或提示仓库作业的符号、线条、图片、数字或文字说明。

（1）可视化的重要性

仓库人员为什么会配错货？为什么找不到货？为什么会走错地方？为什么区分不了货品？这些都和“标识”有关。只有各类标识及货物信息清晰明了，仓库作业人员才能减少差错，提高效率。如图 3–32 所示，当一个编号为 X01 的库位划分为 6 个子库位时，则要求内外标识一一对应，以便仓库作业人员依据标识提高作业效率和准确率。

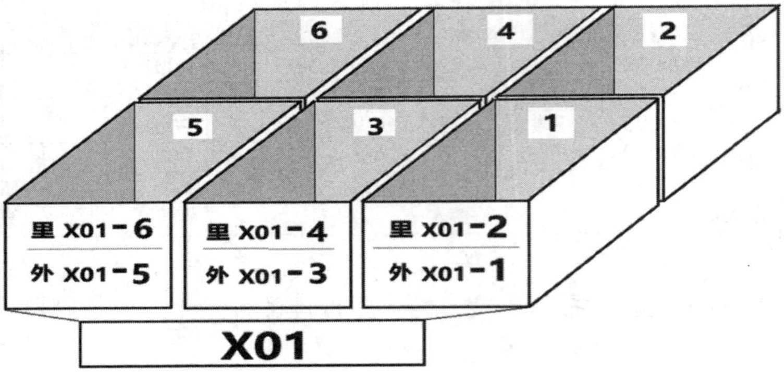

图 3–32　一一对应的内外标识

现实中，一些仓库的标识存在颜色区分度低、标识字体过小、标识老旧脱落褪色等问题，影响了仓库作业效率和准确率。只有清晰明了的标识才能使事情简单化，如图 3–33 所示。

（2）仓库标识

①与仓库结构相关的标识：楼栋标识、进出口标识、柱子标识及消防标识等。

②与仓库区域库位相关的标识：各区域标识、通道标识、库位（巷道、组、层、格）标识等。

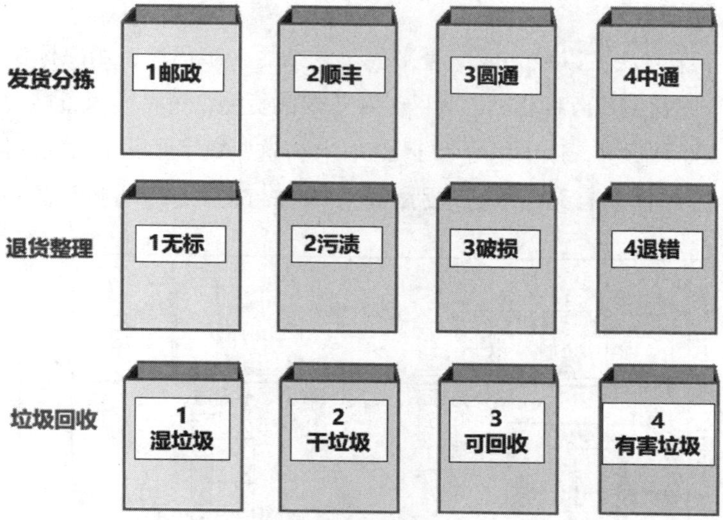

图 3-33　清晰明了的标识

③与仓库货物相关的标识：货物标签、托盘货物标识、成排成堆货物标识、货物盘点标识等。

④与仓库设备相关的标识：各种设备编号、设备保养指示标识、设备停放标识、设备充电说明等。

⑤其他仓库标识：警示标识、提醒标识、流程图、单据档案标识、操作现场与办公现场各种定位标识等。

仓库标识不可或缺，缺少必要的标识，会严重影响仓库的正常作业，如图 3-34 所示。

图 3-34　不可缺少的仓库标识

（3）标识方法

①数字编号法：以数字或编号来代替复杂的文字描述，用以标识货物。比如，一个仓库存储几万种货品，为区分最重要的货物，可将需求量最大，或发货量最大的 100 种货物，依次编号为 1~100，并将这些数字张贴于对应的货物上。

图 3–35 可体现有无标识的差别，数字编号与文字、字母标识的不同效果。

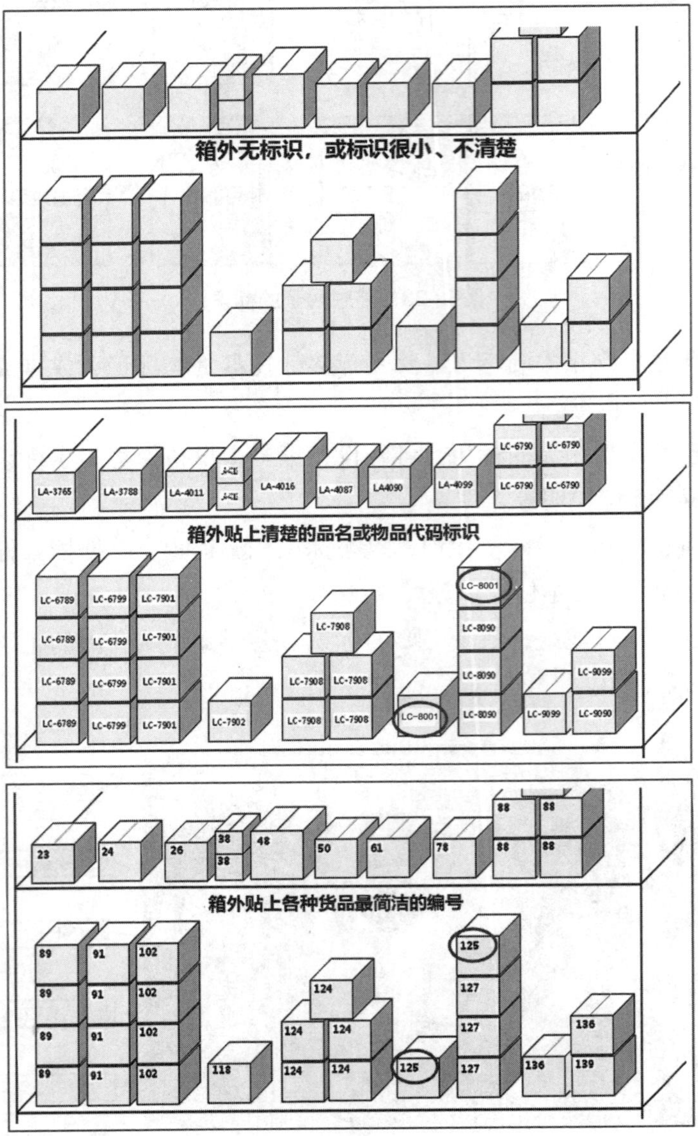

图 3–35　不同标识方法的效果

②颜色区分法，如采用不同颜色的标签、不同颜色的纸张、不同颜色的油漆或涂料、不同颜色的记号笔或白板笔等。

③立牌法：在货物前方或货物上方竖立标识牌，指明货物名称或者货物处于什么状态。

④吊牌法（渔线、夹子）：对一些不方便标识的货物，可以绑（拴）吊牌，或用夹子夹在货物上，系上渔线和吊牌。既可以直接用吊牌标识，也可以将打印的标签（配合不同颜色、不同数字或条码）贴在吊牌上进行标识，如图 3–36 所示。

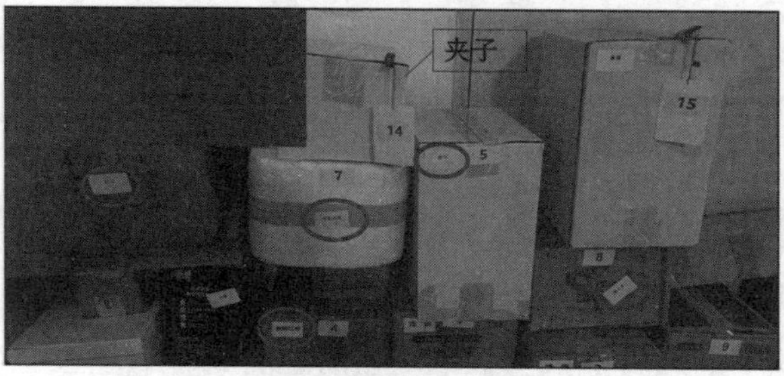

图 3–36　吊牌法标识

注：打印标签时，字体能大则大，张贴的位置尽量统一，不歪斜；使用编号法。

⑤标签张贴法：到货或库内货物没有标识，或标识不清晰的，仓库管理者可以打印相应的标识张贴于货物上。为便于后期去除，可以只将标签的一个角粘于货物上。打印的张贴标签如图 3–37 所示。

代码	**A0947**
编码	**MIC40-127-E05**
名称	**Micro Bit-connector_40p 90度 塑胶主体 PA9T (蓝色)**
单位	**pcs**
包装	20 PCS / 袋
库位	**D01-08**
日期	2024/3/29

图 3–37　打印的张贴标签

⑥手写文字法：在没有标签、吊牌，或不方便张粘标签、拴吊牌时，可以直接用记号笔（箱唛笔）或白板笔将需要标识的信息临时标注在货物的外包装上，以不影响货物为前提，尤其是编织袋包装的货物。注意，书写要工整，字体不潦草，尽量统一规范。

⑦直接印刷法：现在大多货物使用纸箱包装，货物名称、数量，包括纸箱的尺寸大小这些基本信息可以直接印刷于纸箱上。如果用于发货包装，不确定包装什么货物，至少可以印上纸箱的型号、尺寸等标识符号，也可以生成条码印于纸箱上。

⑧其他方法（货卡、垫板等）：货卡相关介绍见本章第 11 节。至于垫板，举例来说。

假设我们用一个框或一个纸箱来装鸡蛋，若框或纸箱可以容纳 200 个鸡蛋，当放了 50 个鸡蛋时，垫一张垫板，并标上“50”字样。往里面再放 50 个鸡蛋时，再垫一张垫板，垫板上标上“100”字样。继续往框 / 纸箱里面放鸡蛋，放到 150 个鸡蛋时，再垫一张标有“150”字样的垫板。继续放鸡蛋，直到 200 个放满。后续作业人员在取鸡蛋时，看到什么垫板，就知道框 / 纸箱里还剩多少个鸡蛋。

10. 先进先出法（★★★）

（1）一分为二法

①为便于对仓库货品的先进先出管理，仓库中的货品可以整 / 零分开，即存储区存储的是整托、整箱货品，零拣区存储的是零散的可以拆托、拆箱货品。货品入库后先到存储区，再到零拣区。同时，库存货品按日期新 / 旧分开。何为新，即刚入库不满 1 周或 1 个月的货品，超过 1 周或 1 个月的为旧货品，具体时限各仓库可依仓库实际情况而定。总之，要防止出现新旧货品混淆、后到先发的情况。

②将物料存储区域一分为二，一边用完再用另一边。例如，有 40 托物料，左边 20 托，右边 20 托。先用左边的 20 托，左边 20 托用完了通知物料供应商补货 20 托，这个时候可以用右边的 20 托；供应商补货的 20 托物料存放在左边区域，等右边区域 20 托用完了再通知供应商补货，这个时候可以用左边

区域的物料，供应商补货的 20 托物料放在右边（见图 3–38）。如此循环操作，可实现货品的先进先出。

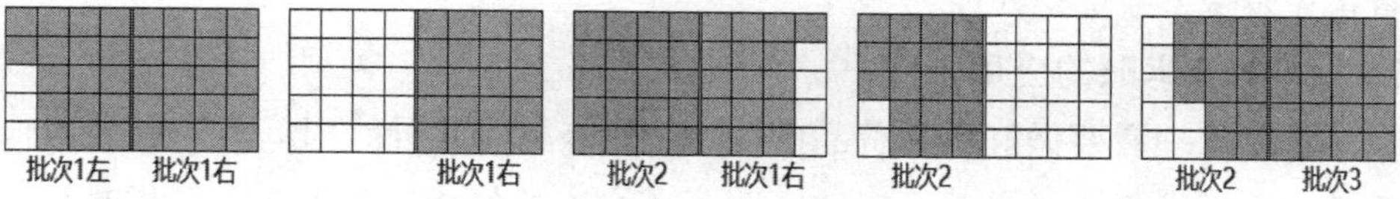

图 3–38　存储区域的一分为二法

（2）流利架的应用

流利架有轻型与重型之分，常见的大多为轻型流利架。流利架分放货口和取货口，刚到的货放在后面，重力会把先到的货向前推，取货自然取的是较早入库的货物（见图 3–39）。

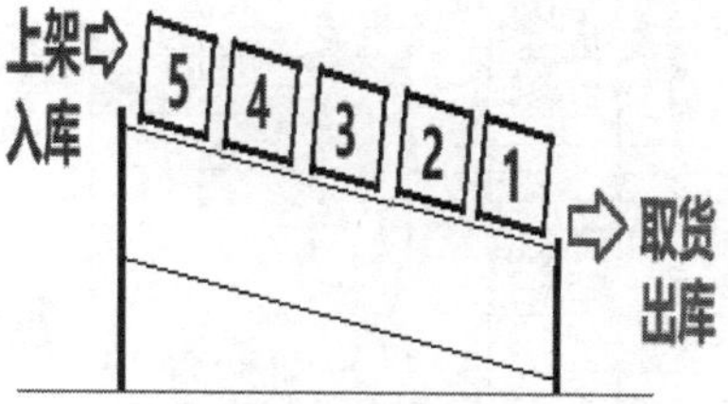

图 3–39　流利架的应用

（3）按期移库法

可将库区分成 A、B、C 三个区域，规定 A 区存放超过 2 个月的货品，B 区存放超过 1 个月的货品，C 区存放刚到的货品。在原有库存的情况下，新入库货品放置于 C 区，超过 1 个月的货品需从 C 区移至 B 区，超过两个月的货品需从 B 区移至 A 区。具体周期可以根据三块区域空间调整，原则是新入库的货品存放 C 区，库存时间最长的存放 A 区。如果想减少移动，可以用不同颜色的标签体现货物存储的时长。

（4）流水号的应用

按照入库的先后顺序，在每一托或每一箱货品上贴上流水号。货品贴上流水号后，作业人员可以清晰直观地看到哪个货品是先入仓库的。

（5）标识的应用

对于所有的到货，无论是货品还是物料，仓库管理者都可以贴上醒目的、与之相关的日期标识。后续可以据此了解每一托每一箱货品或物料的生产日期、存储日期。同时，也可以将存储超过一定时限的货品基于在库时间贴上不同颜色的、醒目的标识，来提醒仓库管理人员货品在库的时间，实现先到货优先发货，或优先处理。

（6）流水账的应用

仓库管理者要做好所有货品的入库记录，如货品什么时间入库存放在什么库位，后续作业人员就可以清晰明了哪个库位的货品先入库。发货时，可以利用公式基于先进先出原则计算配货明细，从哪些库位配备哪些货品。库存流水账应用示例如表 3–42 所示。

表 3–42　基于库存流水账的先进先出法

库存流水账的先进先出

说明：仓库中的货品按照入库日期分别存放，出库时先入库的货品先发出，前一批发完才可以发下一批。

库存账的大体内容：

入库日期	物品代码	库位	期初数	发货件数	剩余件数
1月1日	3PA0097-1	A0103	35	35	0
2月8日	3PA0097-1	B0203	5	5	0
2月9日	3PA0097-1	A0105	15	15	0
3月2日	3PA0097-1	A0106	50	40	10
3月3日	3PA0097-1	B0201	50	0	50
3月10日	3PA0097-1	B0202	49	0	49
3月24日	3PA0097-1	B0203	20	0	20
4月8日	3PA0097-1	B0204	51	0	51
1月1日	4PA0088-2	A0103	80	80	0
2月8日	4PA0088-2	B0203	12	12	0
2月9日	4PA0088-2	A0105	49	28	21
3月2日	4PA0088-2	A0106	20	0	20
3月24日	4PA0088-2	B0203	50	0	50
4月8日	4PA0088-2	B0204	80	0	80
4月9日	4PA0088-2	A0111	50	0	50
4月16日	4PA0088-2	B0112	49	0	49

发货举例：

发货地区	发货物品代码	发货件数
广州	3PA0097-1	55
广州	4PA0088-2	100
长沙	3PA0097-1	40
杭州	4PA0088-2	20

=D5-E5

=D20-E20

=IF(SUMIF($B$2:B5,B5,$D$2:D5)<=SUMIF(I:I,B5,J:J),D5,IF(SUMIF($B$2:B5,B5,$D$2:D5)>SUMIF(I:I,B5,J:J),SUMIF(I:I,B5,J:J)-SUMIF($B$1:B4,B5,$E$1:E4),"0"))

=IF(SUMIF($B$2:B20,B20,$D$2:D20)<=SUMIF(I:I,B20,J:J),D20,IF(SUMIF($B$2:B20,B20,$D$2:D20)>SUMIF(I:I,B20,J:J),SUMIF(I:I,B20,J:J)-SUMIF($B$1:B19,B20,$E$1:E19),"0"))

（7）条码与系统的结合

基于条码管理，货品名称、编号、日期、批次等信息都可以查询。无论是在库存查询环节，还是拣货、复核环节，在大数据的加持下，仓库作业人员可以清楚掌握货品总共有多少、每批次各有多少、同批次有多少、是否为最早批次等实时数据。

11.“货卡”的应用（★★）

在仓库管理系统（WMS）还没有普及的年代，仓库普遍使用货卡，货卡详细记录了货品包括品名、编号、单位、包装规格、入库日期、入库数量，以及每次的出库记录等信息。看到货卡，所有信息一目了然。随着现代化的信息系统 ERP 和 WMS 的普及，货卡逐渐被取代。但我们可利用货卡的优点，通过改良发挥货卡在仓库管理中的积极作用，如表 3-43 所示。

表 3-43　改良的货卡

货卡的改良 ➡

仓库序号	1	品号	101010001		
物料属性	原材料	品名	2.2		
单位	PCS	规格	电阻,2.2Ω,5%,1/UFOV,0402		
建卡日期	2022/3/1	库位	A01-01-01		
期初数量	100	条形码			
日期	变动数量	结余	日期	变动数量	结余

仓库序号	6	品号	101010006		
物料属性	原材料	品名	2.3		
单位	PCS	规格	电阻,2.2Ω,5%,1/UFOV,0403		
建卡日期	2022/3/1	库位	A01-01-06		
期初数量	125	条形码			
日期	变动数量	结余	日期	变动数量	结余

利用货卡对仓库货品进行先进先出管理须注意以下事项。

①给每张货卡编号，尤其是一个库位存放多种货品涉及多张货卡的情况，每张货卡都要编上简洁清晰的号码（数字）。同时，货物上也要张贴货卡号码（数字）。

②如果货卡不方便书写编码，可以在货卡的上侧张贴小标签书写编码。

③货卡上的信息尽量填写详细，尤其是多少一包、多少一箱。

④每一次取货销卡时，最好注明取了多少整箱多少零头货物，还剩余多少整箱多少零头货物。

⑤同一货品多批次存储于同一库位，共用一张货卡时，可以参考表 3-44 至表 3-46 的模板。

表 3-44　同一货品多批次管理货卡模板 1

货位号：A01-01				批次号										
日期	单号	出/入	总数	1 2209	2 2308	3 2311	4	5	6	7	8	9	10	结余
11月29日		盘点	16	3	5	8								16
12月1日	N120101	出	4	3	1									12
12月2日	N120203	出	5		4	1								7

表 3-45　同一货品多批次管理货卡模板 2

货位号：A01-01				批次号										
日期	单号	出/入	总数	1	2	3	4	5	6	7	8	9	10	结余
				2209	2308	2311	2315							
11月29日		盘点	16	3	5	8								16
12月1日	C120101	出	4	3	1									12
12月2日	C120203	出	5		4	1								7
12月5日	R120501	入	12				12							19

表 3-46　同一货品多批次管理货卡模板 3

货位号：A01-01				批次号										
日期	单号	出/入	总数	1	2	3	4	5	6	7	8	9	10	结余
				2209	2308	2311	2315							
11月29日		盘点	16	3	5	8								16
12月1日	C120101	出	4	3	1									12
12月2日	C120203	出	5		4	1								7
12月5日	R120501	入	12				12							19
12月8日	C120801	出	9			7	2							10

12. 招聘仓库管理人员注意事项（★）

面试考察应聘高级仓库经理岗位者，应着重看其以下各方面的表现。

①能否在最短的时间内绘制仓库的平面图或立体效果图。

②能否根据现有的库存数据和收发货数据，分析问题。

③了解其是否学习了管理和数据分析方面的课程。

④看其是否具有仓库工作经验，能否解决具体问题，有无革新和进取精神。

⑤看其对仓库货品基础信息、仓库各岗位职能、库位的认知。

⑥了解其对日报、周报、月报、年终总结报告（报表）内容的看法和思路。

⑦了解其对仓库绩效考核、计时工资与计件工资的认知与看法。

⑧笔试：考察其对仓库基本作业程度、技能及注意事项的了解、掌握程度。

⑨考察其实操水平。

……

优秀的高级仓库经理，除了职业技能，最关键的是对企业的忠诚、对下属的“传帮带”和关爱。

第 4 章　仓库管控技能

1. 绘制立体效果图与数据可视化效果图（★★）

（1）仓库立体效果图的绘制

仓库管理人员可通过 Windows 系统自带的“画图”软件绘制仓库的平面图和立体效果图。

笔者曾使用这一画图软件绘制多幅仓库平面图和立体效果图，相关示例分别如图 4–1、图 4–2 所示。

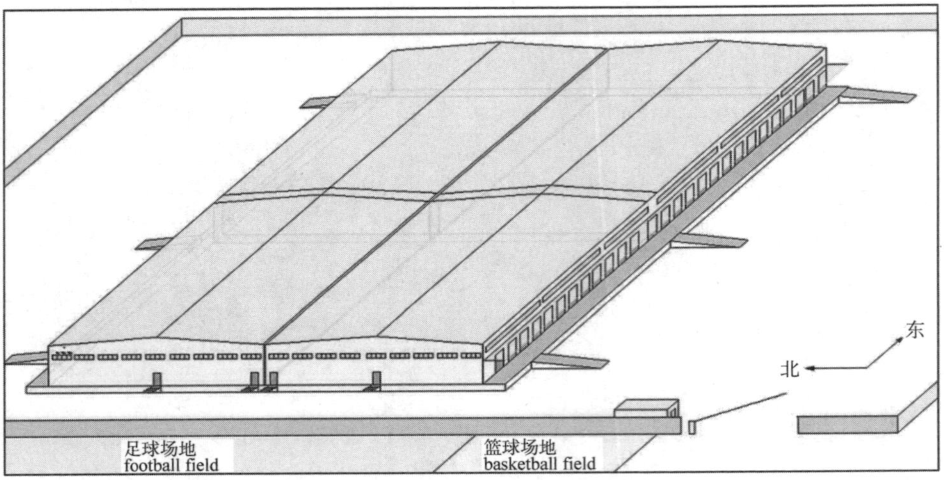

图 4–1　苏州某仓库立体效果图

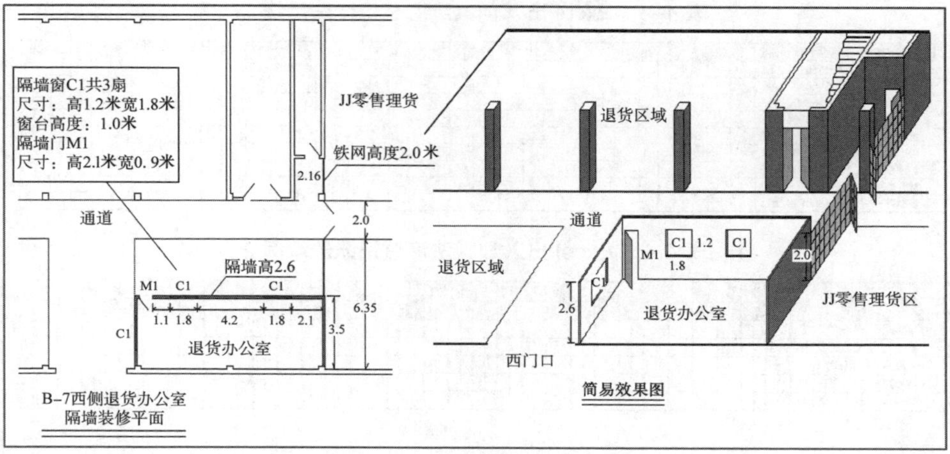

图 4-2 某仓库现场隔墙示意图

（2）制作仓库可视化效果图

仓库管理者可利用 Excel 绘制仓库区域和库位分布效果图，再将每个库位的库存数据和发货数据关联，就可以全面了解仓库发货频次、存货数量、所有库位的使用情况等。

这里，主要用到 Excel 的函数“VLOOKUP”，关联需要体现的数据，并根据不同的数据结果利用“条件格式”设置不同的颜色。

2. 仓库管理者需掌握的记账方法（★★★）

（1）纸质账簿记账 + 货卡记账

30 年前，大多仓库采用账簿记账。同时，仓库每一种货物相应备有一张货卡，每一次收发货都须在货卡上做相应记录。做到账卡同步，力求账、卡、物数量相符。

目前，仍有一小部分仓库使用这种方法。

（2）Excel 出入加减汇总记账法

随着计算机的普及，大家开始用 Excel 做账。但由于多数人不熟悉函数的使用方法，只会在单元格中加加减减，并插入批注来说明收发货明细，如表 4-1、表 4-2 所示。

表 4-1　Excel 出入加减法汇总记账法示例 1

货品名称	货品代码	期初	1	2	3	4	5	6	7	8	9	10	11	12	13	14	15	16	17	18	19	20	21	22	23	24	25	26	27	28	29	30	31	期末
苹果	691568901	78															-2				-2			-53										21
橘子	691568902	90																	-2				-2					-57						29
货物0003	691568903	12							56													-2			-2									64
货物0004	691568904	100	-2	-2											-2				57	-2				-2				-4						143
货物0005	691568905	243			94				-2																	-2			-58	-4				271
货物0006	691568906	386			-34	-35	-4			-93	-2															-2			-2			-2	-2	210
货物0007	691568907	529	-32	94					-42	-39				-2	94																-2	-2		598
货物0008	691568908	672						-95			-2	-2	-42	-43	-44	-2				-95													-2	345
货物0009	691568909	815											-2	-98				-2	-48	-49			-52		-96									468

表 4-2　Excel 出入加减法汇总记账法示例 2

货品名称	货品代码	期初	1		2		3		4		5		6		7		8		9		10		11		12		13		14		15		16	
			入	出	入	出	入	出	入	出	入	出	入	出	入	出	入	出	入	出	入	出	入	出	入	出	入	出	入	出	入	出	入	出
苹果	691568901	78																																
橘子	691568902	90		20																										25				
货物0003	691568903	12																																
货物0004	691568904	100																																
货物0005	691568905	243								7								7																8

货品名称	17		18		19		20		21		22		23		24		25		26		27		28		29		30		31		期末
	入	出	入	出	入	出	入	出	入	出	入	出	入	出	入	出	入	出	入	出	入	出	入	出	入	出	入	出	入	出	
苹果						9																									69
橘子										22																					23
货物0003																															12
货物0004		20																													80
货物0005																															221

这种记账法效率和准确率都不高，但目前仍有一些仓库应用这种方法做账，尤其是一些小型工厂仓库。

（3）Excel 出入库流水账记账法

笔者偶然发现，Excel 函数“SUMIF”能基于一组数据（如采购流水数据、到货流水数据、发货流水数据等）计算出所有货品的累计采购数量，再累计到货数量、累计发货数量，从而使仓库记账变得简单，只要有出入库流水数据就能得到库存数据。

基于入库数据（入库流水账）和出库数据（出库流水账），利用 SUMIF 函数分别求出货品的入库总数和出库总数，再运用公式（期初数量 + 入库总数 - 出库总数 = 期末数量）计算出当前的库存量。

有人说，有了 ERP 和 WMS 系统，仓库就不用记账了。从实际工作出发，结合实际工作经验，笔者认为完全依靠系统数据是行不通的，尤其是 ERP 缺乏仓库管理模块。没有库位管理，就难以做到先进先出；好一些的 WMS 系统，流程虽相对严谨，库存数据可以依赖，但难免出现错误。仅依靠 ERP 数据或 WMS 系统数据，一旦出现数据错误，则无法进行验证。笔者曾经工作的服装企业一次年终盘点，一货品 ERP 记录库存数量是 98 件，但实物库存数量仅 96 件，仓库盘亏 2 件。但当时笔者所在的仓库运用 Excel 同时做了记录，账面数量也是 96 件。也就是说，Excel 账面记录和实物库存数量相符。但审计部门只认可 ERP 的记录数量，不认可仓库 Excel 的账面记录。后审计人员发现数据差错是订单人员在操作 ERP 时失误导致的。

（4）货品先进先出记账法

对于没有 WMS 或 ERP 先进先出仓库管理模块的，可以统计仓库所有货品的入库数据，记录每一天的到货，库放位置，再设定好先进先出的规则，是根据生产日期还是到货日期进行发货，从而得到先进先出的库存账，如表 4–3 所示。

表 4–3　仓库货品先进先出记账法

	A	B	C	D	E	F	G	H	I	J	K	L	M
1	入库流水数据									发货数据			
2	入库日期	库位	货品编号	条形码	产品名称	件数	发货量	剩余件数		货号	条形码	产品名称	发货件数
3	1月1日	库位011	SKU001	12345	神马酒1	78	78			SKU001	12345	神马酒1	20
4	1月1日	库位002	SKU002	12346	神马酒2	57	57			SKU002	12346	神马酒2	40
5	1月1日	库位003	SKU002	12346	神马酒2	45	45			SKU003	12347	神马酒3	50
6	2月1日	库位004	SKU001	12345	神马酒1	22	22			SKU001	12345	神马酒1	90
7	3月1日	库位005	SKU001	12345	神马酒1	38	38			SKU002	12346	神马酒2	85
8	3月1日	库位026	SKU003	12347	神马酒3	50	50			SKU003	12347	神马酒3	69
9	3月1日	库位007	SKU003	12347	神马酒3	105	69	36		SKU001	12345	神马酒1	123
10	3月1日	库位009	SKU001	12345	神马酒1	78	78			SKU002	12346	神马酒2	78
11	3月1日	库位981	SKU001	12345	神马酒1	22	17	5					
12	3月1日	库位013	SKU002	12346	神马酒2	38	38						
13	4月1日	库位015	SKU002	12346	神马酒2	50	50						
14	5月1日	库位017	SKU001	12345	神马酒1	105		105					
15	5月1日	库位019	SKU002	12346	神马酒2	100	13	87					
16	5月1日	库位021	SKU002	12346	神马酒2	22		22					
17	5月1日	库位023	SKU002	12346	神马酒2	38		38					

```
=IF(F3>SUMIF(K:K,D3,M:M)-
SUMIF(D$2:D2,D3,G$2:G2),SUMIF(K:K,D3,M:M)-
SUMIF(D$2:D2,D3,G$2:G2),F3)
```

注：流水数据务必按先进先出的日期进行排序。

3. 基于数据分析制作各种“报表”（★★★）

仓库管理者务必分析每种货品的月发货频次、月周转率、剩余可用周数，以及每种货品的整托、整箱和零头数量。同时谨记，工作中需要的报表，尤其是周报、月报，不是我们填写出来的，而是系统自动生成的，是基于平时的相关流水账、数据明细和模板得出的。我们只需从系统中导出明细，即可通过模板生成我们需要的报表。在仓库管理工作中，流水账是所有仓库报表的基础——库存报表是基于出入库流水账自动生成的，工作量报表是基于平时的工作记录流水账生成的。

（1）部门日报与周报的制作

仓库部门日报示例如表 4–4 所示，仓库周报示例如表 4–5、表 4–6 所示。

表 4–4　仓库部门日报示例

日期	上班时间	下班时间	当日到岗人数	当日总工时	今日工作量分值	拣货工作量			制单工作量			包装工作量			什么工作量			备注			每工时分值
						单数	行数	箱数	客户数	×	单数	单数	箱数	×	×	×	×	×	×	×	
4月1日																					
4月2日																					
4月3日																					
4月4日																					
4月5日																					
4月6日																					

表 4–5　仓库部门周报示例

某某仓周报格式							全年累计入库				全年累计发货				全年累计整改				全年累计异常				全年累计回款		
		当前库存数据					上周入库				上周发货				上周整改				上周异常				上周回款		其他方面
货主编号	货主名称	占用面积	库位数	SKU数	库存总量	库存金额	票数	托数	箱数	瓶数	票数	SKU数	瓶数	重量	票数	托数	箱数	瓶数	破损	发货延迟	污染	盘亏	上周回款金额	剩余未回金额	×××
1	×××××																								
2	×××××																								
3	×××××																								
4	×××××																								

输入周期：	10	汇报部门：	仓储部	时间段	03月06日-03月12日
汇报标题	汇报内容				
本周数据	入库重量	1500	贴标数量	3467	发货重量	2500
	入库体积	200	贴标工时	457	发货体积	300
	入库票数	3000	贴标SKU	35	取消订单	500
	入库箱数	4590	拣货单数	23578	缺货订单	400
	入库数量	12457	单品订单	23000	延迟发货	56
	入库SKU	345	多品订单	578		
当年数据汇总	入库重量	4966	贴标数量	15834	发货重量	8941
	入库体积	716	贴标工时	1592	发货体积	1308
	入库票数	12366	贴标SKU	115	取消订单	1485
	入库箱数	18776	拣货单数	132936	缺货订单	965
	入库数量	46371	单品订单	131000	延迟发货	121
	入库SKU	735	多品订单	1936		
上周主要问题	1.供应商到货延迟，且没有预报					
	2.仓库漏雨					
	3.快递公司提货时，没有地方停车					
下周工作重点	1.整理仓库					
	2.某客户货品盘点					
	3.拣货人员培训					

表 4–6　仓库各部门周报示例

序号	部门	数据	上海仓	北京仓	广州仓	××仓	合计
1	仓储	数据1					
2		数据2					
3		数据3					
4		数据4					
5		数据5					
6		数据6					
7		数据7					
8		数据8					
9	采购	数据1					
10		数据2					
11		数据3					
12		数据4					
13		数据5					
14		数据6					
15		数据7					
16		数据8					
17	客服	数据1					
18		数据2					
19		数据3					
20		数据4					
21		数据5					
22		数据6					
23		数据7					
24		数据8					
25	财务	数据1					
26		数据2					
27		数据3					
28		数据4					
29		数据5					
30		数据6					
31		数据7					
32		数据8					
33	**	数据1					
34		数据2					
35		数据3					
36		数据4					
37		数据5					
38		数据6					
39		数据7					
40		数据8					

（2）库存报表的制作

无论是通过 WMS，还是用 Excel 记账，仓库管理者都需根据仓库的入库数据和出库数据制作相关报表，具体如表 4–7、表 4–8 所示。

表 4–7　某仓库 1 月货品入库明细

货品名称	货品代码	1	2	3	4	5	6	7	8	9	10	11	12	13	14	15	16	17	18	19	20	21	22	23	24	25	26	27	28	29	30	31	总量	排名
苹果	691568901	16													67					87	15												185	13
橘子	691568902				15	46						55									91	15											222	11
货物0003	691568903	26						59					59									95	15										254	10
货物0004	691568904	42			28						105			63						15			99	15					15				382	8
货物0005	691568905		34	22								28		624							15			103	15					15			856	7

表 4–8　某仓库 1 月货品出库明细

货品名称	货品代码	1	2	3	4	5	6	7	8	9	10	11	12	13	14	15	16	17	18	19	20	21	22	23	24	25	26	27	28	29	30	31	总量	排名
苹果	691568901		8	15								15	15			15				15		15											98	30
橘子	691568902				15	13							15		15	15				15			15										103	26
货物0003	691568903				15		7				6					15		15			15		15										88	37
货物0004	691568904	130		11	15	41	30				11					115	28	70	15			15		15				15	15	15			541	7
货物0005	691568905	15	15			15	15									30			15	86			15		15				15	15	15		266	14

库存报表不需要我们手工制作，只需做好模板，导入出入库流水数据即可直接（自动）生成，如表 4–9 所示。

表 4–9　库存报表的制作

日期	期初	入库总量	出库总量	期末
1月1日	172570	99	571	172098
1月2日	172098	61	411	171748
1月3日	171748	72	1010	170810
1月4日	170810	58	480	170388
1月5日	170388	84	613	169859
1月6日	169859	85	492	169452
1月7日	169452	115	737	168830
1月8日	168830	99	232	168697
1月9日	168697	103	319	168481
1月10日	168481	184	590	168075

月份	月初库存	当月入库总数	当月出库总数	月末库存
1	172570	8039	16300	164309
2	164309	11959	8031	168237
3	168237	17696	8384	177549
4	177549	20445	22239	175755
5	175755	19697	25707	169745

月份	4												
仓库	货品仓库编号	物品名称	物品代码	年初数量	截至目前入库	截至目前出库	本月期初	入库次数	本月入库	出库次数	本月出库	本月期末	发货频次排名
1号库	1	苹果	691568901	10	1100	466	238	3	421	1	15	644	81
1号库	2	橘子	691568902	1005	1125	468	849	3	813	0	0	1662	112
1号库	3	货物0003	691568903	1010	1690	597	1084	3	1082	1	63	2103	81
1号库	4	货物0004	691568904	1015	2054	1443	1551	5	447	7	372	1626	6
1号库	5	货物0005	691568905	1020	1900	2642	65	4	452	4	239	278	18
1号库	6	货物0006	691568906	1025	2866	2720	1373	4	698	12	900	1171	3
1号库	7	货物0007	691568907	1030	2664	2747	1780	5	459	16	1292	947	1
1号库	8	货物0008	691568908	1035	2035	2850	760	4	464	13	1004	220	2

（3）员工工作量统计报表的制作

员工工作量统计相关报表示例如表 4–10 至表 4–12 所示。

表 4–10　仓库员工日工作量统计示例

任务序号	日期	紧急程度	工作类型	工作内容	工作量描述	人数	工作人员	开始时间	结束时间	休息时间	用时（分钟）	管理人员评分	总分值	估算理论值	备注
1	1月2日		打扫卫生	打扫二楼仓库卫生	2000平方米	2	小高、小谢	9:45	15:05		320	0.9	576	288	不太干净
2	1月2日		库存维护	整理货物	200SKU	3	小张、小高、小龙	10:45	15:09		264	1	792	264	
3	1月2日		其他工作	装货架	20组	4	小谢、小周、小宋、小王	11:45	15:13		208	1	832	208	
4	1月2日		包装	包装套装	100套	1	小叶	12:45	15:17		152	1	152	152	

表 4-11　仓库员工日工作量分析报表示例

下班前汇报:	1月2日	当日员工工作分值							
人员	上架	库存维护	拣货	包装	扫描	打扫卫生	其他工作	当天工作分值	当天上班时长/分
小高	0	264	0	0	0	288	0	552	610
小周	96	0	0	0	0	0	208	304	489
老周	0	0	0	0	0	0	0	0	653
小龙	0	264	0	0	0	0	0	264	607
小王	0	0	0	280	0	0	208	488	516
小张	0	264	0	280	0	0	0	544	650
小宋	96	0	0	0	0	0	208	304	604
小叶	96	0	0	432	0	0	0	528	483
小谢	0	0	0	0	0	288	208	496	647

表 4-12　仓库员工月工作量统计示例

汇报第	2	月员工工作量							
人员	上架	库存维护	拣货	包装	扫描	打扫卫生	其他工作	本月工作分值	本月上班时长/分
小高	2624	4800	0	0	3360	4805	4528	20117	16864
小周	3920	0	2224	10424	0	1258	2368	20194	13488
老周	1944	2768	1997	0	2768	0	0	9477	18208
小龙	4568	4528	0	0	0	3478	3296	15870	16936
小王	0	976	6678	10216	0	538	2368	20776	14404
小张	4424	5504	6451	5744	0	1190	3296	26610	18172
小宋	3776	0	2224	10424	0	1258	2368	20050	16900
小叶	3776	976	13651	15896	0	720	360	35379	13528
小谢	0	3040	2224	5264	6128	4152	3600	24408	18136

4. BOM 使用方法（★★★）

（1）BOM

BOM 是一种以数据格式描述产品结构的文件，也叫 BOM 表、BOM 清单。

例如，生产一辆汽车或一台电视机，需要哪些组件、配件、零件，用量多少，可用一个清单来描述，这个清单就是 BOM。这些组件、配件、零件需要用到哪些容器、载具，不同容器、载具可装纳多少组件、配件、零件也基于 BOM 的范畴，BOM 示例如表 4-13 所示。

表 4–13　BOM 示例

生产计划												
产品名称	数量											
A	100											
产品名称	组装产品	需求数量	产品数量	一级需求	一级需求转换	二级需求	二级需求转换	三级需求	三级需求转换	四级需求	四级需求转换	需求总量
A	B	2	100	200	0	0	0	0	0	0	0	200
A	C	3	100	300	0	0	0	0	0	0	0	300
A	D	5	100	500	0	0	0	0	0	0	0	500
A	工时	3	100	300	0	0	0	0	0	0	0	300
B	E	5	0	0	200	1000	1500	7500	0	0	0	8500
B	F	4	0	0	200	800	1500	6000	0	0	0	6800
B	工时	1.5	0	0	200	300	1500	2250	0	0	0	2550
C	E	2	0	0	300	600	0	0	2000	4000	0	4600
C	G	2	0	0	300	600	0	0	2000	4000	0	4600
C	工时	1.1	0	0	300	330	0	0	2000	2200	0	2530
D	B	3	0	0	500	1500	0	0	0	0	0	1500
D	H	2	0	0	500	1000	0	0	0	0	0	1000
D	工时	1.5	0	0	500	750	0	0	0	0	0	750
H	C	2	0	0	0	0	1000	2000	0	0	0	2000
H	F	3	0	0	0	0	1000	3000	0	0	0	3000
H	工时	1.2	0	0	0	0	1000	1200	0	0	0	1200

产品名称	需求汇总
A	100
B	1700
C	2300
D	500
E	13100
F	9800
G	4600
H	1000
工时	7330

内容：

组装货品A，需要2个B、3个C、5个D，耗费3个工时；

组装1个B，需要5个E、4个F，耗费1.5个工时；

组装1个C，需要2个E、2个G，耗费1.1个工时；

组装1个D，需要3个B、2个H，耗费1.5个工时；

组装1个H，需要2个C、3个F，耗费1.2个工时。

计算组装100个A，需要多少个B、C、D、E、F、G、H，以及耗费多少工时？

（2）BOM 在生产企业中的应用

基于 BOM，我们可以根据生产计划推算需要组装多少半成品，累计需要多少物料、配件、零件，以及需要多少容器、载具装纳这些配件、零件。目前，这些物料、配件或半成品库存是否满足，哪些需要安排采购，哪些需要内部进行生产？BOM 应用于生产企业的示例如表 4–14 所示。

表 4–14　BOM 应用于生产企业的示例

	A	B	C	D	E	F	G	H	I	J	K	L	M	N	O
1	半成品配比表						成品配比表					输入生产数量：	10		
2	半成品名称	原料配件名称	数量	半成品需求数量	原料配件需求数量		半成品配件名称	数量	生产成品数量	半成品及配件需求数量		原料配件名称	半成品需求	成品需求	累计需求量
3	半成品A	原材料A	10	20	200		半成品A	2	10	20		原材料A	200	0	200
4	半成品A	原材料B	2	20	40		半成品B	3	10	30		原材料B	40	0	40
5	半成品A	配件A	3	20	60		配件A	1	10	10		原材料C	60	0	60
6	半成品B	原材料C	2	30	60		配件B	4	10	40		原材料D	150	0	150
7	半成品B	原材料D	5	30	150		配件C	5	10	50		配件A	210	10	220
8	半成品B	配件A	5	30	150							配件B	90	40	130
9	半成品B	配件B	3	30	90							配件C	0	50	50
10															
11															
12															
13															

=VLOOKUP(A3,G:J,4,0)

=C4*D4

=M$1

=H4*I4

=SUMIF(B:B,L3,E:E)

=SUMIF(G:G,L4,J:J)

=M5+N5

（3）案例：利用 BOM 推算 VMI 仓库的物料消耗和容器使用情况

以生产某汽车主机厂 VMI 仓库为例，说明如何基于 BOM 推算物料的消耗和容器的使用情况。

①生产某种车型需要消耗哪些 VMI 仓库配送的配件，以及单位消耗量。

②每种配件用什么容器承载？直接放置于料架车上，还是先装箱再放置于料架车上？一箱装纳多少配件，一个料架车放置多少箱，一个料架车能放置多少配件？

③生产线的线边库，什么库位放什么配件，最多放多少，最低安全存量是多少。

④每种车型每小时的通常产能。

⑤每个料架车装满后的总重量和总体积，这既与装车配载有关，也与料架车从主机厂收货口至线边库的人工作业量有关。同时，要确定每种配件的线边库库位到收货口的距离，距离越远工人运送货物工作量越大、时间越长。

⑥推算每种车型每小时的产能，以计算每小时线边库消耗的配件量。

一旦投入生产，立即会有空料箱和空料架返回 VMI 仓库，主机厂线边库各配件的库存数据随着生产消耗和 VMI 仓库的补给而实时变化。当线边库库存物料缺乏，则需根据紧急程度，安排 VMI 仓库及时配送。

一旦 VMI 仓库开始安排补给，主机厂的驻厂工人即开展收货和运输物料至线边库的工作。VMI 仓库的库存随配货而减少，随供应商的到货而增加。

随着生产时间的延长，配件消耗越来越多，根据紧急程度，自动生成补给需求计划，并根据短驳车的装载量进行配车。

VMI 仓库接到指令后，要及时安排配货装车，仓库管理者要对配货情况、装车情况、库存变动情况等一清二楚。

只有实时了解主机厂线边库的库存变动，仓库管理者才能合理安排补给，保障主机厂的生产，线边库的实时库存变动示例如表 4-15 所示。

（4）BOM 在仓库日常管理中的应用

①根据生产计划，提前推算仓库各种货品的配货量。如果货品分区存储，则提前知道哪个区域配货量较大、用到哪些货品和载具及预计用量。

②基于每种货品每箱装载量、每托装载量，可以根据到货量推算托盘需求总量，或根据库存量推算整托、整箱量。

③若有货品包装需要的物料（胶带、标签、泡沫）、纸箱、木箱，以及消耗量统计数据，则可以根据每日的订单数据，推算所有物料、纸箱、木箱的消耗量。

表 4–15　线边库的实时库存变动示例

当VMI仓库补给的配件到达主机厂线边库后，部分配件库位显示饱和。

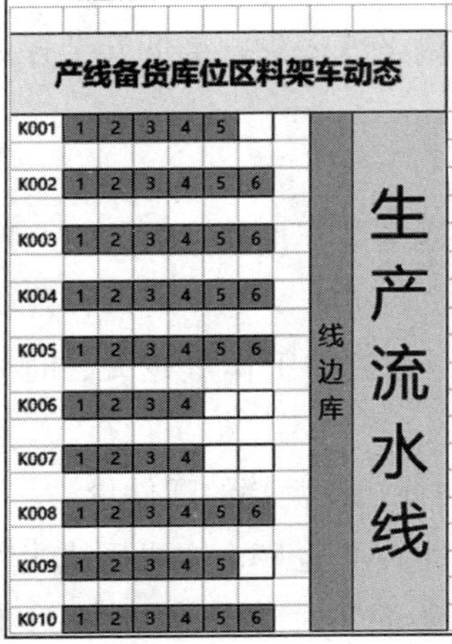

累计补给量　已经消耗的数量　当前库存　线边库的空间可以填充的量

10.主机厂产前库区实时数据

产区库位	配件	产线库区期初量	料架数	料箱数	实时消耗	实时补给	实时数量	实时料箱数	实时料架数	可用车次数	可用小时数	可补配件数	可补料架数
K001	PJ001	120	6	24	45	40	115	23	5	57	9.5	5	0
K002	PJ002	180	6	36	90	90	180	36	6	45	7.5	0	0
K003	PJ003	120	6	24	90	100	130	26	6	43	7.167	0	0
K004	PJ004	360	6	18	90	360	630	31	10	210	35	0	0
K005	PJ005	300	6	30	90	100	310	31	6	103	17.17	0	0
K006	PJ006	360	6	36	90	0	270	27	4	90	15	90	2
K007	PJ007	360	6	18	90	0	270	13	4	90	15	90	2
K008	PJ008	60	6	0	15	20	65	0	6	65	10.83	0	0
K009	PJ009	72	6	0	15	12	69	0	5	69	11.5	3	0
K010	PJ010	90	6	0	0	0	90	0	6	90	15	0	0

④可将各 BOM 需要的物料提前按比例进行组包、组箱、组托（也称黄金包、黄金箱、黄金托）以提高配货效率。例如，若生产一辆汽车需要用到 A、B、C、D、E、F 配件各 2 个，则可以将每 10 个或 20 个 A、B、C、D、E、F 分为一组，事先准备好，如图 4–3、表 4–16 所示。

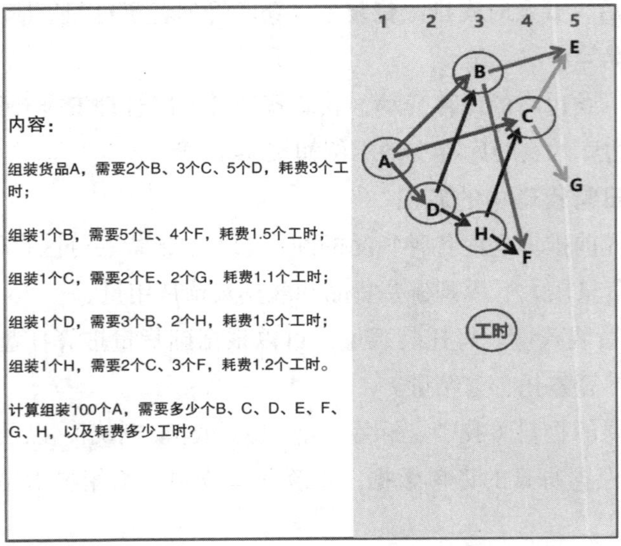

图 4–3　基于 BOM 预先分配生产物料

表 4–16　基于 BOM 的生产物料需求统计

生产计划		
产品名称	数量	
A	100	

产品名称	组装产品	需求数量	产品数量	一级需求	一级需求转换	二级需求	二级需求转换	三级需求	三级需求转换	四级需求	四级需求转换	需求总量
A	B	2	100	**200**	0	0	0	0	0	0	0	200
A	C	3	100	300	0	0	0	0	0	0	0	300
A	D	5	100	500	0	0	0	0	0	0	0	500
A	工时	3	100	300	0	0	0	0	0	0	0	300
B	E	5	0	0	**200**	1000	**1500**	7500	0	0	0	8500
B	F	4	0	0	200	800	**1500**	6000	0	0	0	6800
B	工时	1.5	0	0	200	300	**1500**	2250	0	0	0	2550
C	E	2	0	0	300	600	0	0	2000	4000	0	4600
C	G	2	0	0	300	600	0	0	2000	4000	0	4600
C	工时	1.1	0	0	300	330	0	0	2000	2200	0	2530
D	B	3	0	0	500	**1500**	0	0	0	0	0	1500
D	H	2	0	0	500	1000	0	0	0	0	0	1000
D	工时	1.5	0	0	500	750	0	0	0	0	0	750
H	C	2	0	0	0	0	1000	2000	0	0	0	2000
H	F	3	0	0	0	0	1000	3000	0	0	0	3000
H	工时	1.2	0	0	0	0	1000	1200	0	0	0	1200

产品名称	需求汇总
A	100
B	**1700**
C	2300
D	500
E	13100
F	9800
G	4600
H	1000
工时	7330

5. Excel 函数（★★★）

（1）了解 Excel 表格设计、运算及引用符号

Excel 具有一定的表格设计功能，可用于仓库管理中，如表 4–17 所示。

表 4–17　仓库、管理中常用的表格示例

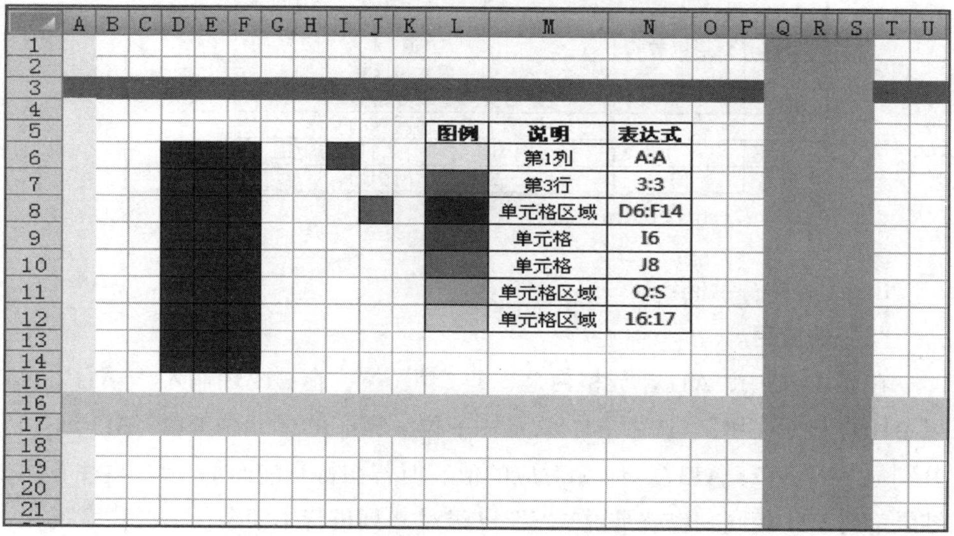

Excel 的加减乘除基本运算示例如表 4–18、表 4–19 所示。

表 4–18　Excel 中的基本运算示例

	A	B	C	D	E	F	G	H	I
1	姓名	语文	数学	英语	总分	总分计算表达式1	总分计算表达式2		
2	张朵朵	78	80	75	233	=B2+C2+D2	=SUM(B2:D2)		
3	王亚尼	95	77	69	241	=B3+C3+D3	=SUM(B3:D3)		
4	叶凡	88	90	79	257	=B4+C4+D4	=SUM(B4:D4)		
5								说明：如果要在某个单元格体现我们需要的结果，即需要求的值，在该单元格内输入相应的公式即可。例如，求张朵朵的总分，可直接在E2单元格内输入 =B2 +C2+ D2，或者函数SUM（B2:D2）	
6	本月收入	支出1	支出2	支出3	剩余	剩余计算表达式1	剩余计算表达式2		
7	200	35	20	40	105	=A7-B7-C7-D7	=A7-SUM(B7:D7)		
8	1000	200	150	300	350	=A8-B8-C8-D8	=A8-SUM(B8:D8)		
9									
10	单价（元/千克）	总重量（千克）	总价格	总价格计算表达式					
11	2.5	8.8	22	=A11*B11					
12	3.6	5	18	=A12*B12					
13									
14	总数量	每箱数量	箱数	箱数表达式					
15	1000	10	100	=A15/B15					
16	200	8	25	=A16/B16					
17									
18	如果计算性质相同，可以在第一个单元格内输入公式，选中下拉菜单即可。								
19									

表 4–19　Excel 中的基本运算符号

算术运算符				比较运算符		
名称	算术运算符	功能		名称	比较运算符	功能
加号	+	加		等号	=	等于
减号	–	减		大于号	>	大于
斜杠	/	除		小于号	<	小于
星号	*	乘		大于等于号	>=	大于等于
				小于等于号	<=	小于等于
				不等于号	<>	不等于

引用运算符		
名称	引用运算符	功能
冒号	:	引用单元格区域
逗号	,	合并多个单元格区域
空格		取两个单元格区域的交集
小括号	( )	括号内为函数和公式的计算范围
大括号	{ }	数组公式时引用

注：ctrl+shift+enter={}。

Excel 运算符示例：

“$”的应用。

在表 4–20 中，A11 单元格内是一个“甲”字，在 B11 中输入“=A11”，结果 B11 也显示“甲”。选中 B11 单元格下拉，相应的单元格 B12、B13、B14，分别显示与 A12、A13、A14 相对应的值。但若在行号前面加“$”再往下拉，结果都与 B11 相同。也就是说，“$”已经对 B 列进行了锁定。需要注意的是，如果公式中的单元格行号没有用 $ 锁定，则向下拖动时行号依次增加，列号不变；如果列号没有用 $ 锁定，则往右拖动时，列号依次增加，行号不变。

表 4–20　Excel 中 "$" 的应用示例

	A	B	C	D	E
1	$固定符的说明				
2	单价(元/千克)	2.5			
3					
4	采购批次	重量(千克)	价格(元)	价格计算表达式	
5	第一次	20	50	=B$2*B5	在C5内输入公式后，选中C5下拉，若没有在2前面加$，则会变成B3、B4、B5
6	第二次	30	75	=B$2*B6	
7	第三次	20	50	=B$2*B7	
8	第四次	40	100	=B$2*B8	
9					
10					
11	甲	甲	=A11	不加$的下拉结果	
12	乙	乙	=A12		
13	丙	丙	=A13		
14	丁	丁	=A14		
15		甲	=A$11	加$的下拉结果	
16		甲	=A$11		
17		甲	=A$11		
18		甲	=A$11		
19		甲	=A$11		

（2）年、月、日、时、分、秒的计算

①确定年、月、日的函数 YEAR、MONTH、DAY 应用示例如表 4–21 所示。

表 4–21　函数 YEAR、MONTH、DAY 应用示例

	A	B	C	D	E	F	G
1	日期	年	月	日	年计算表达式	月计算表达式	日计算表达式
2	2012-11-2	2012	11	2	=YEAR(A2)	=MONTH(A2)	=DAY(A2)
3	2012-11-2	2012	11	2	=YEAR(A3)	=MONTH(A3)	=DAY(A3)
4	12-11-2	2012	11	2	=YEAR(A4)	=MONTH(A4)	=DAY(A4)
5		=YEAR(A4)	=MONTH(A4)	=DAY(A4)			
6							
7					2012-11-2	=DATE(B2,C2,D2)	

② TODAY（ ）、NOW（ ）函数，回车可得当天的日期、当时的时间（见表 4–22）。

表 4–22　函数 TODAY（ ）与 NOW（ ）应用示例

	A	B
1	求当天日期	求现在时间
2	=TODAY()	=NOW()

统计员工工作时间时，可以将其工作结束日期减开始日期，求得其工作天数。若要计算其中的正常工作日，则需用 Excel 函数 NETWORKDAYS，如表 4–23 所示。

表 4–23　函数 NETWORKDAYS 应用示例

	A	B	C	D
1	开始上班日期	放假日期	求上班天数	求工作日天数(不计周六日)
2	2012-6-3	2012-11-17	167	120
3			=B2-A2	=NETWORKDAYS(A2,B2)

若求具体时、分、秒，可以利用 Excel 函数 HOUR、MINUTE、SECOND，如表 4–24 所示。

表 4–24　函数 HOUR、MINUTE、SECOND 应用示例

	A	B	C	D	E	F	G
1	时间	时	分	秒	时计算表达式	分计算表达式	秒计算表达式
2	22:13:23	22	13	23	=HOUR(A2)	=MINUTE(A2)	=SECOND(A2)
3	2:18:34	2	18	34	=HOUR(A3)	=MINUTE(A3)	=SECOND(A3)

若要求得某一工作所用时间，可用结束时间减开始时间，计算出费用多少小时多少分钟，再用小时数乘以 60 加上分钟，如表 4–25 所示。

表 4–25　时间函数应用示例

	A	B	C	D
1	开始时间	结束时间	所用时间	所用时间（分钟）
2	14:30	16:00	1:30	90
3			=B2-A2	=HOUR(C2)*60+MINUTE(C2)

注：计算所用分钟时，单元格格式设置为“常规”。

若需知道某日是星期几，可先通过函数 WEEKDAY 求得该日是所在周的第几天，再匹配该日是星期几，计算时需要注意中西方国家一周的第一天不同。若需知道某个日期是当年的第几周，可以使用函数 WEEKNUM（日期，1 或 2），如表 4–26 所示。

表 4–26　函数 WEEKDAY 应用示例

	A	B	C	D	E	F	G	H	I	J	K
1	日期	星期（第几天）	中国将星期一作为第一天	星期			中国			西方	
2	11月20日	2	=WEEKDAY(A2,2)	二	=VLOOKUP(B2,G:H,2,0)		1	一		1	日
3	11月21日	3	=WEEKDAY(A3,2)	三	=VLOOKUP(B3,G:H,2,0)		2	二		2	一
4	11月22日	4	=WEEKDAY(A4,2)	四	=VLOOKUP(B4,G:H,2,0)		3	三		3	二
5	11月23日	5	=WEEKDAY(A5,2)	五	=VLOOKUP(B5,G:H,2,0)		4	四		4	三
6	11月25日	7	=WEEKDAY(A6,2)	日	=VLOOKUP(B6,G:H,2,0)		5	五		5	四
7							6	六		6	五
8	日期	星期（第几天）	西方将星期日作为第一天	星期			7	日		7	六
9	11月20日	3	=WEEKDAY(A7,1)	二	=VLOOKUP(B9,J:K,2,0)						
10	11月21日	4	=WEEKDAY(A8,1)	三	=VLOOKUP(B10,J:K,2,0)						
11	11月22日	5	=WEEKDAY(A9,1)	四	=VLOOKUP(B11,J:K,2,0)						
12	11月23日	6	=WEEKDAY(A10,1)	五	=VLOOKUP(B12,J:K,2,0)						
13	11月25日	1	=WEEKDAY(A11,1)	日	=VLOOKUP(B13,J:K,2,0)						

（3）绝对值、最大值、最小值、计数、求和、平均值函数的应用

Excel 函数 ABS（ ）用于求取绝对值，如表 4–27 所示。

表 4–27　函数 ABS（ ）应用示例

	A	B	C
1	数值	绝对值	绝对值计算表达式
2	-2.3	2.3	=ABS(A2)
3	78	78	=ABS(A3)
4	-88	88	=ABS(A4)
5	99	99	=ABS(A5)

	A	B	C	D	E	F
1	数值		计算项目	计算结果	表达式1	表达式2
2	33		求最大值	108	=MAX(A2:A12)	
3	69		求最小值	2	=MIN(A2:A12)	
4	12		求平均值	50.9	=AVERAGE(A2:A12)	=SUM(A2:A12)/COUNT(A2:A12)
5	24		求和	509	=SUM(A2:A12)	
6	88		计数	10	=COUNT(A2:A12)	
7	99		计数（含文本）	11	=COUNTA(A2:A12)	
8	66		求平均值(含文本）	46.27272727	=AVERAGEA(A2:A12)	=SUM(A2:A12)/COUNTA(A2:A12)
9	家					
10	108					
11	2					
12	8					

函数 MAX，可求一组数值中的最大值；函数 MIN，可求一组数值中的最小值。函数 SUM，常用于求和，可直接引用，可求某一范围所有数值的和。函数 COUNT 与 COUNTA 都用于计数，区别在于函数 COUNTA 可以对文本格式的值进行计数，函数 COUNT 只对数值进行计数。

函数 AVERAGE 与 AVERAGEA 都用于求平均值，但函数 AVERAGE 只针对数值，以数值的和除数值的个数而求得平均值。函数 AVERAGEA 则以数值的和除所有参与的值（包含文本）的个数，而求得平均值。

（4）Excel 常用函数在数据统计处理中的应用

函数 INT，取整，不保留任何小数。

函数 ROUNDUP，向上舍入，可按需求保留小数位数，“0”为不保留。

函数 MOD，求被除数与除数的余数，在计算入库上架库位和货品盘点中应用较多。

以上示例见表 4–28。

表 4–28　函数 INT、ROUNDUP、MOD 应用示例

	A	B	C	D
1	现有100瓶散装啤酒，运输过程中需用啤酒箱进行包装，每箱可以装12瓶，求需要几个啤酒箱，共装满多少箱，尾数箱装了多少瓶？			
2				
3	总数量（瓶）	包装规格（瓶/箱）		计算结果说明：共需要9个箱子，其中8箱装满、1箱未装满，未装满箱装了4瓶。
4	100	12		
5				
6	求整箱数	计算表达式		
7	8	=INT(A4/B4)		
8				
9	求箱数	计算表达式		
10	9	=ROUNDUP(A4/B4,0)		
11				
12	求剩余零头	计算表达式		
13	4	=MOD(A4,B4)		

函数 RANK 用于求某个范围值的大小序列。如 B2 单元格王二小的成绩在 B2：B7（6 个人的成绩）中排名第 5，注意排名与倒数排名计算公式的区别，特别是“1”的作用（见表 4–29）。

表 4–29　函数 RANK 应用示例

	A	B	C	D	E	F	G	H	I
1	姓名	成绩	排名	排名计算表达式		姓名	成绩	倒数	倒数排名计算表达式
2	王二小	76	5	=RANK(B2,B$2:B$7)		王二小	76	2	=RANK(G2,G$2:G$7,1)
3	钱一波	88	2	=RANK(B3,B$2:B$7)		钱一波	88	5	=RANK(G3,G$2:G$7,1)
4	张正三	67	6	=RANK(B4,B$2:B$7)		张正三	67	1	=RANK(G4,G$2:G$7,1)
5	许四海	83	3	=RANK(B5,B$2:B$7)		许四海	83	3	=RANK(G5,G$2:G$7,1)
6	李五洲	83	3	=RANK(B6,B$2:B$7)		李五洲	83	3	=RANK(G6,G$2:G$7,1)
7	彩永正	93	1	=RANK(B7,B$2:B$7)		彩永正	93	6	=RANK(G7,G$2:G$7,1)

函数 SUMPRODUCT 可求符合多种条件的数值和，如公式 =SUMPRODUCT((A2：A13= “南大”)*(B2：B13= “大一”)*(D2：D13))。

即求学校为“南大”(A2：A13= “南大”)、班级为“大一”(B2：B13= “大一”)的参与人数(计算范围 D2：D13)，“*” 为连接多种满足条件的符号，如表 4–30 所示。

表 4–30 函数 SUMPRODUCT ( ) 应用示例

	A	B	C	D	E	F	G	H
1	学校	班级	科目	参加人数				表达式
2	南大	大一	语文	24		求南大大一参加的人数	42	=SUMPRODUCT((A2:A13="南大")*(B2:B13="大一")*(D2:D13))
3	复大	大一	语文	12				=SUMPRODUCT((A2:A13=A2)*(B2:B13=B2)*(D2:D13))
4	北大	大一	语文	15		求南大语文参加的人数	49	=SUMPRODUCT((A2:A13="南大")*(C2:C13="语文"),(D2:D13))
5	同大	大一	语文	16				=SUMPRODUCT((A2:A13=A2)*(C2:C13=C2),(D2:D13))
6	南大	大一	数学	18		求南大参加的总人数	67	=SUMIF(A2:A13,"南大",D2:D13)
7	复大	大一	数学	19				=SUMIF(A2:A13,A2,D2:D13)
8	北大	大一	数学	10				
9	同大	大一	数学	14				
10	南大	大二	语文	25				
11	复大	大二	语文	26				
12	北大	大二	语文	17				
13	同大	大二	语文	23				

在使用函数 SUMPRODUCT 时，注意“,”与“*”的区别，如表 4–31 所示，SUMPRODUCT(B2：B9，C2：C9)，是从 B2*C2 一直加到 B9*C9。

表 4–31 “,”与“*”符号的区别

	A	B	C	D	E	F	G
1	货品	单价（元）	购买重量(千克)	购买费用			计算购买货品的总价
2	苹果	3.5	3	10.5	=B2*C2		115
3	梨子	2.8	2	5.6	=B3*C3		=SUMPRODUCT(B2:B9,C2:C9)
4	香蕉	2.5	5	12.5	=B4*C4		
5	芦柑	3.6	4	14.4	=B5*C5		
6	橘子	2	4	8	=B6*C6		
7	葡萄	6	3	18	=B7*C7		
8	橙子	4	4	16	=B8*C8		
9	西瓜	1.5	20	30	=B9*C9		
10			合计：	115	=SUM(D2:D9)		

函数 COUNTIF，求在一定范围满足某一条件值的数量，计数所用。仓库管理员的工作中，经常用 COUNTIF 计算某个货品的库位数、入库次数和发货次数，COUNTIF、SUMIF、VLOOKUP 为常用的 3 个函数，函数 COUNTIF 应用示例如表 4–32 所示。

表 4–32　函数 COUNTIF 应用示例

	A	B	C	D	E	F	G	H
1	姓名	语文	数学	英语		计算项目	计算结果	计算表达式
2	王二小	76	80	95		语文成绩达到90分的有几名	2	=COUNTIF(B2:B8,“>=90”)
3	钱一波	87	92	87		数学成绩达到90分的有几名	3	=COUNTIF(C2:C8,“>=90”)
4	张正三	68	87	68		求成绩中达到90分的有多少	9	=COUNTIF(B2:D8,“>=90”)
5	许四海	99	68	87		求成绩中“87分”的有多少	5	=COUNTIF(B2:D8,“87”)
6	李五洲	95	99	92				
7	彩永正	88	97	97		求姓钱的学生有几个	2	=COUNTIF(A3:A9,“钱*”)
8	钱永正	88	87	97				

函数 SUMIF 是求满足条件的和，如表 4–33 所示，求一年级有多少学生，及在 A14：A22 范围内有多少“一年级”学生。

表 4–33　函数 SUMIF 应用示例

	A	B	C	D	E	F	G
1	库位	货品名称	数量				也可以 =SUMIF(A2:A10,A2,C2:C10) 表达式1
2	A0101	牛仔裤	2		求A0101库位上有多少数量的衣服	48	=SUMIF(A2:A10,“A0101”,C2:C10)
3	A0101	短裤	10				
4	A0101	3/4裤	16		求仓库内裤类服装有多少	50	=SUMIF(B2:B10,“*裤*”,C2:C10)
5	A0101	西装	20				
6	A0201	衬衫	15		求仓库内牛仔类服装有多少	25	=SUMIF(B2:B10,“*牛仔*”,C2:C10)
7	A0201	西装裤	22				
8	A0201	袜子	15		求仓库内有几种牛仔类服装	2	=COUNTIF(B2:B10,“*牛仔*”)
9	A0201	牛仔裙	23				
10	A0301	夹克	58		求A0101库位上有多少种衣服	4	=COUNTIF(A2:A10,“A0101”)
11							
12							
13	年级	班组	人数				表达式1
14	一年级	一(班)	33		求一年级有多少学生	95	=SUMIF(A14:A22,“一年级”,C14:C22)
15	一年级	二(班)	32				
16	一年级	三(班)	30				
17	二年级	一(班)	41				
18	二年级	二(班)	40				也可以 =SUMIF(A14:A22,A14,C14:C22)
19	二年级	三(班)	40				
20	三年级	一(班)	40				
21	三年级	二(班)	41				
22	三年级	三(班)	40				

如表 4–34 所示，函数 COUNTIF 是计算函数，而 SUMIF 是求和函数。

表 4–34　函数 COUNTIF、SUMIF 应用示例

	A	B	C	D	E	F	G	H	I	J
1	库位	A0101	A0101	A0101	A0101	A0201	A0201	A0201	A0201	A0301
2	货品名称	牛仔裤	短裤	3/4裤	西装	衬衫	西装裤	袜子	牛仔裙	夹克
3	数量	2	10	16	20	15	22	15	23	58
4										
5										
6	求A0101库位有几种衣服	4	=COUNTIF(1:1,“A0101”)							
7	求A0101库位有多少件衣服	48	=SUMIF(1:1,“A0101”,3:3)							

函数 SUBTOTAL 具有多种函数的功能，若在函数表达式中加入“1，2，3，4，5，6，7，8，9”条件，结果各不一样，如表 4–35 所示。

表 4–35　函数 SUBTOTAL 应用示例

	A	B	C	D	E
1		SUBTOTAL的妙用			
2	数值			表达式1	表达式2
3	12	1 AVERAGE 平均值	6.6666667	=SUBTOTAL(1, A$3:A$11)	=AVERAGE(A$3:A$11)
4	12	2 COUNT 计算包含数字的单元格数	6	=SUBTOTAL(2, A$3:A$11)	=COUNT(A$3:A$11)
5	-3	3 COUNTA 计算非空白的单元格数	8	=SUBTOTAL(3, A$3:A$11)	=COUNTA(A$3:A$11)
6		4 MAX 计算最大值	14	=SUBTOTAL(4, A$3:A$11)	=MAX(A$3:A$11)
7	14	5 MIN 计算最小值	-4	=SUBTOTAL(5, A$3:A$11)	=MIN(A$3:A$11)
8	家	6 PRODUCT 计算所有参数的乘积	217728	=SUBTOTAL(6, A$3:A$11)	=PRODUCT(A$3:A$11)
9	ABC	7 STDEV 估算基于给定样本的标准偏差	8.0415587	=SUBTOTAL(7, A$3:A$11)	=STDEV(A$3:A$11)
10	-4	8 STDEVP 估算基于给定样本总体的标准偏差	7.3409052	=SUBTOTAL(8, A$3:A$11)	=STDEVP(A$3:A$11)
11	9	9 SUM 求和	40	=SUBTOTAL(9, A$3:A$11)	=SUM(A$3:A$11)

注意函数 COUNT、COUNTA 和 COUNTIF 的区别，如表 4–36 所示。

表 4–36　函数 COUNT、COUNTA、COUNTIF 应用示例

	A	B	C	D	E	F	G
1							表达式
2	计算区域（A3:C7）				计算区域内数值的个数	8	=COUNT(A$3:C$7)
3	中国		23				仅计算数字的个数
4		1			计算区域内录入文字的单元格个数	11	=COUNTA(A$3:C$7)
5	家23	江苏	88				计算包括数字和文字，以及“空格”的个数
6	8	22			计算区域内未录入数值的单元格个数	4	=COUNTBLANK(A$3:C$7)
7	23	0	1				未录入任何文字及空格键
8					计算区域内数值是“23”的个数	2	=COUNTIF(A$3:C$7, "23")
9							仅计算单元格内数值为“23”的个数
10							
11					计算区域列数	3	=COLUMNS(A3:C7)
12					计算区域行数	5	=ROWS(A3:C7)
13							
14							
15					计算区域内出现最多的数值	23	=MODE(A3:C7)

=COUNTIF(A$3:C$7, "23")

计算范围　满足的条件

语言表达：求A3:C7范围内，单元格内值是“23”的个数。

MIN（计算范围）= SMALL（计算范围，1），MAX（计算范围）= LARGE（计算范围，1），如表 4–37 所示。

表 4-37　函数 SMALL、LARGE 应用示例

	A	B	C	D	E
1	排名第几				
2					
3	数值		返回数值中倒数第2的数字	32	=SMALL(A$4:A$10,2)
4	66				
5	32		返回数值中排名第3的数字	66	=LARGE(A$4:A$10,3)
6	79				
7	65				
8	58				
9	6				
10	68				

商小数位取值函数应用示例如表 4–38 所示。

表 4–38　商小数位取值函数应用示例

	A	B	C	D	E	F
1	被除数	除数		求值	计算表达式	
2	10	3		3	=INT(A2/B2)	取整数
3				4	=CEILING(A2/B2,1)	向上舍入到1的倍数
4				3.4	=CEILING(A2/B2,0.1)	向上舍入到0.1的倍数
5				3.6	=CEILING(A2/B2,0.3)	向上舍入到0.3的倍数
6				6	=CEILING(A2/B2,3)	向上舍入到3的倍数
7				5	=CEILING(A2/B2,5)	向上舍入到5的倍数
8				3.34	=CEILING(A2/B2,0.01)	向上舍入到0.01到倍数
9				3	=FLOOR(A2/B2,1)	向下舍入到1的倍数
10				3.33	=FLOOR(A2/B2,0.01)	向下舍入到0.01的倍数
11				3	=FLOOR(A2/B2,3)	向下舍入到3的倍数
12				0	=FLOOR(A2/B2,5)	向下舍入到5的倍数
13				3.34	=ROUNDUP(A2/B2,2)	向上舍入，小数保留2位
14				3.334	=ROUNDUP(A2/B2,3)	向上舍入，小数保留3位
15				4	=ROUNDUP(A2/B2,0)	向上舍入，小数保留0位
16				3.3	=ROUND(A2/B2,1)	四舍五入，小数保留1位
17				3.33	=ROUNDDOWN(A2/B2,2)	向下舍入，小数保留2位
18				3.333	=ROUNDDOWN(A2/B2,3)	向下舍入，小数保留3位
19				3	=TRUNC(A$2/B$2,0)	不保留小数
20				3.3	=TRUNC(A$2/B$2,1)	保留1位小数
21				3.3333	=TRUNC(A$2/B$2,4)	保留4位小数
22				3.3333333	=TRUNC(A$2/B$2,7)	保留7位小数

函数 ROW、COLUMN 应用示例如表 4–39 所示。

表 4-39　函数 ROW、COLUMN 应用示例

单元格所在行数　　　　　　单元格所在列数

	A	B	C	D	E	F	G
1	**求单元格所在列和行**						
2	以及ROW与COLUMN的其他应用						
3					5	=COLUMN()	=COLUMN(E3)
4					4	=ROW()	=ROW(E4)
5							
6							
7		2	=COLUMN()	=COLUMN(B7)			
8							
9		9	=ROW()	=ROW(B9)			
10							
11	1	=ROW(A1)					
12	1	=ROW(B1)					
13	1	=COLUMN(A1)					
14	1	=COLUMN(A3)					
15	1	=ROW(1:1)					
16	1	=COLUMN(A:A)		在任何单元格内			
17	2	=ROW(A2)		输入这些公式,			
18	2	=ROW(B2)		值均不会改变.			
19	2	=COLUMN(B1)					
20	2	=COLUMN(B4)					
21	2	=ROW(2:2)					
22	2	=COLUMN(B:B)					

（5）字段组合、拆分、查找、替换、提取、二次匹配等函数应用示例

函数 & 与 CONCATENATE 都可以合并字段。同时按 shift 键和数字键“7”可实现“&”的输入，如表 4-40 所示。

表 4-40　函数 & 与 CONCATENATE 应用示例

	A	B	C	D	E	F
1	字段1	字段2	字段3	合并	合并计算表达式1	合并计算表达式2
2	我	爱	你	我爱你	=A2&B2&C2	=CONCATENATE(A2, B2, C2)
3	钓	鱼	岛	钓鱼岛	=A3&B3&C3	=CONCATENATE(A3, B3, C3)

函数 LEN、LENB 应用示例如表 4-41 所示。注意函数 LEN 与 LENB 及字符与字符串的区别。一个汉字为一个字符串，一个字符串可能为一个字符，也可能为两个字符；一个数字或字母为一个字符，一个汉字为两个字符。

表 4–41　函数 LEN、LENB 应用示例

	A	B	C	D	E
1	字段	返回字段的字符数	返回字段的字符串数	返回字符数的计算表达式	返回字符串数的计算表达式
2	我的家	6	3	=LENB (A2)	=LEN (A2)
3	ABC	3	3	=LENB (A3)	=LEN (A3)
4	Shanghai上海	12	10	=LENB (A4)	=LEN (A4)
5	家	2	1	=LENB (A5)	=LEN (A5)
6	A	1	1	=LENB (A6)	=LEN (A6)

函数 LEFT 应用示例如表 4–42 所示。其中，LEFT（A5，3）是计算 A5 单元格中左侧 3 位的字段，即“江苏省”。

表 4–42　函数 LEFT 应用示例

	A	B	C
1	字段	返回左侧的部分字段	计算表达式
2	201220188283185	2012	=LEFT (A2, 4)
3	shanghai上海	s	=LEFT (A3, 1)
4	中华人民共和国	中	=LEFT (A4, 1)
5	江苏省泰州市	江苏省	=LEFT (A5, 3)

MID 是从字段中间提取信息的函数，如表 4–43 所示，确定某人的出生年份，可在其身份证号码中，从第 7 位开始向后取 4 位数，函数 MID 应用示例 2 如表 4–44 所示。

表 4–43　函数 MID 应用示例 1

	A	B	C	D	E
1			出生日期		
2	姓名	身份证号	年	月	日
3	××	321028198802091728	1988	02	09
4			=MID (B3, 7, 4)	=MID (B3, 11, 2)	=MID (B3, 13, 2)

表 4–44　函数 MID 应用示例 2

求A2单元格中 201220188283185
左起第6位往后4位的值。

	A	B	C
1	字段	返回中间的部分字段	计算表达式
2	201220188283185	0188	=MID (A2, 6, 4)
3	shanghai上海	hai	=MID (A3, 6, 3)
4	中华人民共和国	人民	=MID (A4, 3, 2)
5	江苏省泰州市	省	=MID (A5, 3, 1)

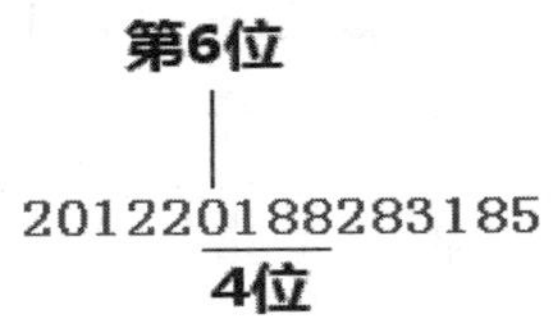

如表 4–45 所示，函数表达式 RIGHT（A4，1）意为取单位格 A4 中的值“中华人民共和国”右侧第 1 位值“国”。

表 4–45　函数 RIGHT 应用示例

	A	B	C
1	字段	返回右侧的部分字段	计算表达式
2	201220188283185	185	=RIGHT(A2,3)
3	shanghai上海	上海	=RIGHT(A3,2)
4	中华人民共和国	国	=RIGHT(A4,1)
5	江苏省泰州市	泰州市	=RIGHT(A5,3)

如表 4–46 所示，可以结合 LEFT、MID、RIGHT 三个函数对字段较多的代码基于编码规则进行拆分，以方便识别，如转变仓库常见的货架编号（货架编号 – 巷道 – 层 – 格）、服装的物品代码（年份 – 大类 – 颜色 – 尺寸）等的格式。

表 4–46　函数 LEFT、MID 和 RIGHT 的综合应用示例

原物品代码	转变格式	转变格式的函数公式
BA10205301811	BA-10205-301-811	=LEFT(A2,2)&"-"&MID(A2,3,5)&"-"&MID(A2,8,3)&"-"&RIGHT(A2,3)

函数 FIND 可实现查找字段中某一位值，如表 4–47、表 4–48 所示。

表 4–47　函数 FIND 应用示例 1

	A	B	C	D	E
1	字段	需要查找的字	查找的字在字段中第几位	表达式1	表达式2
2	中华人民共和国	华	2	=FIND(B2,A2)	=FIND("华",A2)
3	上海市松江区洞舟路	松	4	=FIND(B3,A3)	=FIND("松",A3)
4	howareyou	w	3	=FIND(B4,A4)	=FIND("w",A4)
5	happybirthday	p	3	=FIND(B5,A5)	=FIND("p",A5)

表 4–48　函数 FIND 应用示例 2

	A	B	C	D	F	G
1	字段	需要查找的字	所在的第一个位置	所在的第二个位置	第二个位置表达式1	第二个位置表达式2
2	家上海自家来水来家自海上	上	2	12	=FIND(B2,A2,FIND(B2,A2)+1)	=FIND(B2,A2,C2+1)
3	上海自来水来自海上	海	2	8	=FIND(B3,A3,FIND(B3,A3)+1)	=FIND(B3,A3,C3+1)
4	上海自来水来自海上	自	3	7	=FIND(B4,A4,FIND(B4,A4)+1)	=FIND(B4,A4,C4+1)
5	上海自来水来自海上	来	4	6	=FIND(B5,A5,FIND(B5,A5)+1)	=FIND(B5,A5,C5+1)

函数 REPT 可实现对某一字段重复“N”次，如表 4–49 所示。

表 4-49　函数 REPT 应用示例

	A	B	C
1	字段：	中华人民-	
2			表达式
3	将字段重复3遍	中华人民-中华人民-中华人民-	=REPT(B1,3)
4	将字段重复2遍	中华人民-中华人民-	=REPT(B1,2)
5	将字段中的左侧2个字重复3遍	中华中华中华	=REPT(LEFT(B1,2),3)
6	将字段中的第3个字重复4遍	人人人人	=REPT(MID(B1,3,1),4)

函数 REPLACE 可将字段中指定位置的字段替换成相应的内容，函数 SUBSTITUTE 可将字段中相关值按指定条件替换成相应的内容，相关示例如表 4–50 所示。

表 4–50　函数 REPLACE、SUBSTITUTE 应用示例

	A	B	C	D
1	字段：	江苏泰州JACK	也可以 =SUBSTITUTE(B1,RIGHT(B1,LENB(B1)-LEN(B1)),"")	
2				
3	将字段左侧2字替换成"中国"	中国泰州JACK	=REPLACE(B1,1,2,"中国")	
4	将字段第3位往后的2个字去掉	江苏JACK	=REPLACE(B1,3,2,"")	
5				
6	求字段中的英文	JACK	=RIGHT(B1,LENB(B1)-LEN(B1))	
7	将字段中的英文去掉	江苏泰州	=SUBSTITUTE(B1,B6,"")	
8	将字段中的英文改成"ABC"	江苏泰州ABC	=SUBSTITUTE(B1,B6,"ABC")	
9				
10	将字段的关键词之间加上空格，方便阅读或打印	江苏 泰州 JACK	=LEFT(B1,2)&" "&MID(B1,3,2)&" "&RIGHT(B1,4) 注意："" 中输入了空格	
11	13764497844	137-64497844	=LEFT(A11,3)&"-"&RIGHT(A11,8)	
12			=SUBSTITUTE(B1,RIGHT(B1,LENB(B1)-LEN(B1)),"ABC")	
13				

可以用 LOOKUP 函数来判定库存货品的合理性，如库存 0~30 单位量属于很少、30~100 单位量属于低、100~500 单位量属于中等、大于 500 单位量属于高，如表 4–51、表 4–52 所示。

表 4–51　函数 LOOKUP 应用示例 1

	A	B	C	D	E	F
1	用LOOKUP来匹配货品数量所处的区间					
2	库存货品	库存数	库存区间		区间级别	区间划分
3	苹果	15	11-20		1	1-10
4	橘子	25	21-30		11	11-20
5	香蕉	57	51-60		21	21-30
6	土豆	78	71-80		31	31-40
7	黄瓜	9	1-10		41	41-50
8	茄子	11	11-20	=LOOKUP(B3,E$3:F$14)	51	51-60
9	鸡蛋	37	[illegible]		61	61-70
10	橙子	88	81-90		71	71-80
11	西瓜	101	101-110		81	81-90
12	梨子	3	1-10		91	91-100
13	冬枣	55	51-60		101	101-110
14	葡萄	60	51-60		111	111-120

表 4–52　函数 LOOKUP 应用示例 2

	A	B	C	D	E	F	G	H
1	货品名称	库存	评定	评定计算表达式1				
2	苹果	76	低	=LOOKUP(B2, $G$3: $H$6)			评定标准	
3	饼干	90	低	=LOOKUP(B3, $G$3: $H$6)			0	很低
4	瓜子	87	低	=LOOKUP(B4, $G$3: $H$6)			30	低
5	香烟	105	中	=LOOKUP(B5, $G$3: $H$6)			100	中
6	矿泉水	600	高	=LOOKUP(B6, $G$3: $H$6)			500	高
7	面包	3	很低	=LOOKUP(B7, $G$3: $H$6)				
8				评定计算表达式2				
9			低	=IF(B2>=500,"优",IF(B2>=100,"中",IF(B2>=30,"低","很低")))				
10								

（6）文字格式的转换

函数 TEXT 可实现字段格式的转换，如表 4–53 所示。

表 4–53　函数 TEXT 应用示例

	A	B	C
1		转换成指定的格式	
2	41288	¥41288.00元	=TEXT(A2,"¥0.00元")
3		¥41,288	=TEXT(A2,"¥0,0")
4		$41,288元/小时	=TEXT(A2,"$#,000")&"元/小时"
5		$41,288元/小时	=TEXT(A2,"$0,0元")&"/小时"
6		2013年01月14日	=TEXT(A2,"yyyy年mm月dd日")
7		2013-1-14	=TEXT(A2,"yyyy-m-dd")
8		13-1-14	=TEXT(A2,"yy-m-dd")
9		13-01-14	=TEXT(A2,"yy-mm-dd")

（7）函数 IF 的应用

通过函数表达式 =IF 设定条件，满足条件为结果 1，否则为结果 2。表示不满足条件时不显示任何信息，函数 IF 应用示例见表 4–54。

表 4–54　函数 IF 应用示例

	A	B	C	D	E
1	及格标准：	60			
2	姓名	成绩	判断及格	判断及格表达式1	判断及格表达式2
3	王二小	76	是	=IF(B3>=$B$1,"是","")	=IF(B3>=60,"是","")
4	钱一波	60	是	=IF(B4>=$B$1,"是","")	=IF(B4>=60,"是","")
5	张正三	67	是	=IF(B5>=$B$1,"是","")	=IF(B5>=60,"是","")
6	许四海	55		=IF(B6>=$B$1,"是","")	=IF(B6>=60,"是","")
7	李五洲	83	是	=IF(B7>=$B$1,"是","")	=IF(B7>=60,"是","")
8	彩永正	33		=IF(B8>=$B$1,"是","")	=IF(B8>=60,"是","")
9					
10	姓名	成绩	判断不及格	判断不及格表达式1	判断不及格表达式2
11	王二小	76		=IF(B11<$B$1,"不及格","")	=IF(B11<60,"不及格","")
12	钱一波	60		=IF(B12<$B$1,"不及格","")	=IF(B12<60,"不及格","")
13	张正三	67		=IF(B13<$B$1,"不及格","")	=IF(B13<60,"不及格","")
14	许四海	55	不及格	=IF(B14<$B$1,"不及格","")	=IF(B14<60,"不及格","")
15	李五洲	83		=IF(B15<$B$1,"不及格","")	=IF(B15<60,"不及格","")
16	彩永正	33	不及格	=IF(B16<$B$1,"不及格","")	=IF(B16<60,"不及格","")

函数 IF 与逻辑符号 AND 结合应用示例如表 4–55 所示，三门课程成绩同时达到 90 分者即“是”全优生；否则为“否”。

表 4–55　函数 IF 与逻辑符号 AND 结合应用示例

	A	B	C	D	E	F
1	姓名	语文	数学	英语	全优生评定	评定计算表达式
2	王二小	76	80	95	否	=IF(AND(B2>=90,C2>=90,D2>=90),"是","否")
3	钱一波	87	92	87	否	=IF(AND(B3>=90,C3>=90,D3>=90),"是","否")
4	张正三	68	87	68	否	=IF(AND(B4>=90,C4>=90,D4>=90),"是","否")
5	许四海	99	68	87	否	=IF(AND(B5>=90,C5>=90,D5>=90),"是","否")
6	李五洲	95	99	92	是	=IF(AND(B6>=90,C6>=90,D6>=90),"是","否")
7	彩永正	88	87	97	否	=IF(AND(B7>=90,C7>=90,D7>=90),"是","否")

函数 IF 与逻辑符号 OR 结合应用示例如表 4–56 所示，任一门课程达到 90 分即为满足条件。

表 4–56　函数 IF 与逻辑符号 OR 结合应用示例

	A	B	C	D	E	F
1	姓名	语文	数学	英语	有无达到90分学科	判断计算表达式
2	王二小	76	80	95	奖励	=IF(OR(B2>=90,C2>=90,D2>=90),"有","")
3	钱一波	87	92	87	奖励	=IF(OR(B3>=90,C3>=90,D3>=90),"有","")
4	张正三	68	87	68		=IF(OR(B4>=90,C4>=90,D4>=90),"有","")
5	许四海	77	68	87		=IF(OR(B5>=90,C5>=90,D5>=90),"有","")
6	李五洲	89	1	1		=IF(OR(B6>=90,C6>=90,D6>=90),"有","")
7	彩永正	88	87	97	奖励	=IF(OR(B7>=90,C7>=90,D7>=90),"有","")

箱数输入“2”，则体现 2 箱的打印内容。

=IF（$A9<=$B$1，$A9，“”），在 B1（$B$1）中输入需要打印的箱数“5”，由于 A9 中的值“6”大于“5”，所以结果为“”，而不是“6”，“”即不体现任何值。公式中，ROW（1:1）来代替 1，这样向下拉公式时会自动变化，如表 4–57、表 4–58 所示。

表 4–57　基于箱数确定需打印的箱号

	A	B	H	I	J	K	L	M	N	O
1	箱数：	2								
2	根据箱数自动跳出需要打印的箱号.									
3	虚拟箱号	打印箱号		打印内容						
4	1	1		第	1	箱/	共	2	箱	
5	2	2		第	2	箱/	共	2	箱	
6	3									
7	4									
8	5									
9	6									
10	7									

=IF(J6<>"","第","")

=B6

=IF(J6<>"",B$1,"")

表 4-58　函数 IF、ROW 组合应用示例

	A	B	C	D	E	F	G
1	箱数：	5					
2	根据箱数自动跳出需要打印的箱号.						
3	虚拟箱号	打印箱号	表达式1		打印箱号	表达式2 公式可以直接下拉，且不需要虚拟箱号	表达式3 逐一输入较烦琐
4	1	1	=IF($A4<=$B$1,$A4,"")		1	=IF(ROW(1:1)<=$B$1,ROW(1:1),"")	=IF(1<=B$1,1,"")
5	2	2	=IF($A5<=$B$1,$A5,"")		2	=IF(ROW(2:2)<=$B$1,ROW(2:2),"")	=IF(2<=B$1,2,"")
6	3	3	=IF($A6<=$B$1,$A6,"")		3	=IF(ROW(3:3)<=$B$1,ROW(3:3),"")	=IF(3<=B$1,3,"")
7	4	4	=IF($A7<=$B$1,$A7,"")		4	=IF(ROW(4:4)<=$B$1,ROW(4:4),"")	=IF(4<=B$1,4,"")
8	5	5	=IF($A8<=$B$1,$A8,"")		5	=IF(ROW(5:5)<=$B$1,ROW(5:5),"")	=IF(5<=B$1,5,"")
9	6		=IF($A9<=$B$1,$A9,"")			=IF(ROW(6:6)<=$B$1,ROW(6:6),"")	
10	7		=IF($A10<=$B$1,$A10,"")			=IF(ROW(7:7)<=$B$1,ROW(7:7),"")	
11	8		=IF($A11<=$B$1,$A11,"")			=IF(ROW(8:8)<=$B$1,ROW(8:8),"")	
12	9		=IF($A12<=$B$1,$A12,"")			=IF(ROW(9:9)<=$B$1,ROW(9:9),"")	
13	10		=IF($A13<=$B$1,$A13,"")			=IF(ROW(10:10)<=$B$1,ROW(10:10),"")	
14	11		=IF($A14<=$B$1,$A14,"")			=IF(ROW(11:11)<=$B$1,ROW(11:11),"")	
15	12		=IF($A15<=$B$1,$A15,"")			=IF(ROW(12:12)<=$B$1,ROW(12:12),"")	

（8）函数 VLOOKUP、MATCH、HLOOKUP 应用示例

查找匹配函数 VLOOKUP，可在数据首列搜索匹配右“N”列所对应的值，如表 4-59 所示。

表 4-59　函数 VLOOKUP 应用示例

	A	B	C	D	E	F	G	H	I	J	K
1	姓名	籍贯	性别	年龄	语文	数学	英语		输入查询姓名：	王二小	
2	王二小	上海	男	18	76	80	95				
3	钱一花	江苏	女	19	87	92	87		籍贯	上海	=VLOOKUP($J$1,$A:$G,2,0)
4	张正三	浙江	男	20	68	87	68		性别	男	=VLOOKUP($J$1,$A:$G,3,0)
5	许四海	安徽	男	18	99	68	87		年龄	18	=VLOOKUP($J$1,$A:$G,4,0)
6	李五霞	福建	女	19	95	99	92		语文成绩	76	=VLOOKUP($J$1,$A:$G,5,0)
7	彩永正	北京	男	20	88	97	97		数学成绩	80	=VLOOKUP($J$1,$A:$G,6,0)
8	钱永正	广州	男	17	88	87	97		英语成绩	95	=VLOOKUP($J$1,$A:$G,7,0)
9											
10									输入查询姓名：	张正三	
11											
12									籍贯	浙江	=VLOOKUP($J$10,$A:$G,2,0)
13									性别	男	=VLOOKUP($J$10,$A:$G,3,0)
14									年龄	20	=VLOOKUP($J$10,$A:$G,4,0)
15									语文成绩	68	=VLOOKUP($J$10,$A:$G,5,0)
16									数学成绩	87	=VLOOKUP($J$10,$A:$G,6,0)
17									英语成绩	68	=VLOOKUP($J$10,$A:$G,7,0)

如表 4-60 所示，运用函数 MATCH 在区域 A2：A9 内查询货品。注意，如果查询区域为“A1：A9”，则香蕉在第 4 行，西瓜在第 9 行，如表 4-61 所示。

表 4–60　函数 MATCH 应用示例 1

	A	B	C	D	E
1	货品				
2	苹果		需要查找的货品：	香蕉	
3	梨子				
4	香蕉		查找货品所在序列	3	=MATCH(D2,A2:A9,0)
5	芦柑				
6	橘子		查找西瓜所在序列	8	=MATCH("西瓜",A2:A9,0)
7	葡萄				
8	橙子				
9	西瓜				

表 4–61　函数 MATCH 应用示例 2

	A	B	C	D	E	F	G	H	I
1	货品	苹果	梨子	香蕉	芦柑	橘子	葡萄	橙子	西瓜
2									
3	需要查找的货品：	香蕉							
4									
5	查找货品所在序列	3	=MATCH(B3,B1:I1,0)						
6									
7	查找西瓜所在序列	8	=MATCH("西瓜",B1:I1,0)						

区域选定很重要，如区域设定为 B1：I1，即从 B1 算起，B1 作为第 1 列，香蕉则位于第 3 列。函数 HLOOKUP 可在数据首行搜索匹配以下“N”行所对应的值，如表 4–62 所示。

表 4–62　函数 HLOOKUP 应用示例

	A	B	C	D	E	F	G	H	I	J
1	货品	苹果	梨子	香蕉	芦柑	橘子	葡萄	橙子	西瓜	
2	价格	3.5	2.8	2.5	3.6	2.2	6	4	1.5	
3	产地	烟台	潍坊	海口	江西	湖南	上海	成都	江苏	
4										
5	查询货品	梨子								
6	查询项目	价格	产地							
7	查询结果	2.8	潍坊	=INDEX(B2:I3,MATCH(C6,A2:A3,0),MATCH(B5,B1:I1,0))						
8		=INDEX(B2:I3,MATCH(B6,A2:A3,0),MATCH(B5,B1:I1,0))								
9		=HLOOKUP(B5,1:3,2,0)								
10										
11	橘子的价格	2.2	=HLOOKUP("橘子",1:2,2,0)							

函数 HLOOKUP 与 VLOOKUP 用法基本相同，区别在于前者搜索的值在首行、后者在首列，如表 4–63 所示。

表 4–63　函数 VLOOKUP 在首列搜值

	A	B	C	D	E	F
1	货品	价格				
2	苹果	3.5		查询货品	芦柑	有2种计算公式
3	梨子	2.8		货品价格	3.6	=INDEX(B2:B9,MATCH(E2,A2:A9,0))
4	香蕉	2.5				=VLOOKUP(E2,A:B,2,0)
5	芦柑	3.6				
6	橘子	2				
7	葡萄	6				
8	橙子	4				
9	西瓜	1.5				

若一种货品存放于多个库位时，可利用 VLOOKUP 匹配所有库位的信息，如表 4–64 所示。

表 4–64　利用 VLOOKUP 函数匹配多库位货品信息示例

	A	B	C	D	E	F	G	H	I	J
1		货品	库位		货品	库位1	库位2	库位3	库位4	库位5
2	电视机1	电视机	库位1		电视机	库位1	库位4	库位7	库位10	库位13
3	洗发水1	洗发水	库位2		洗发水	库位2	库位5	库位8	库位11	库位14
4	C1	C	库位3							
5	电视机2	电视机	库位4							
6	洗发水2	洗发水	库位5							
7	C2	C	库位6							
8	电视机3	电视机	库位7							
9	洗发水3	洗发水	库位8							
10	C3	C	库位9							
11	电视机4	电视机	库位10							
12	洗发水4	洗发水	库位11							
13	C4	C	库位12							
14	电视机5	电视机	库位13							
15	洗发水5	洗发水	库位14							
16	电视机6	电视机	库位15							

=VLOOKUP($E2&COLUMN(A1),$A:$C,3,0)

=VLOOKUP($E3&COLUMN(C1),$A:$C,3,0)

=B2&COUNTIF(B$2:B2,B2)

当需要基于以往统计数据，查询某个地区的历史发货记录时，VLOOKUP 可在其他函数的辅助下，实现与 INDEX 数组函数相同功效，如表 4–65 所示。

表 4-65　利用函数 VLOOKUP 查询历史发货记录示例

	A	B	C	D	E	F	G	H	I	J	K
1	辅助列	发货日期	发货单号	箱数	件数	城市		查询城市	上海		
2	1广州	1月1日	F00001	4	100	广州		发货日期	发货单号	箱数	件数
3	1北京	1月2日	F00002	4	200	北京		1月3日	F00003	5	100
4	1上海	1月3日	F00003	5	100	上海		1月7日	F00007	9	203
5	1成都	1月4日	F00004	6	200	成都		1月11日	F00011	13	207
6	1重庆	1月5日	F00005	7	201	重庆		1月16日	F00016	18	212
7	1武汉	1月6日	F00006	8	202	武汉		1月28日	F00028	30	224
8	2上海	1月7日	F00007	9	203	上海					
9	1昆明	1月8日	F00008	10	204	昆明					
10	1西安	1月9日	F00009	11	205	西安					
11	1贵阳	1月10日	F00010	[illegible]	[illegible]	[illegible]					
12	3上海	1月11日	F00011	13	207	上海					
13	1南昌	1月12日	F00012	14	208	南昌					
14	1长沙	1月13日	F00013	15	209	长沙					
15	1杭州	1月14日	F00014	16	210	杭州					
16	1福州	1月15日	F00015	17	211	福州					
17	4上海	1月16日	F00016	18	212	上海					
18	1南京	1月17日	F00017	19	213	南京					
19	1合肥	1月18日	F00018	20	214	合肥					
20	1济南	1月19日	F00019	21	215	济南					
21	2成都	1月20日	F00020	22	216	成都					
22	1天津	1月21日	F00021	23	217	天津					
23	1石家庄	1月22日	F00022	24	218	石家庄					
24	1大连	1月23日	F00023	[illegible]	[illegible]	[illegible]					
25	1沈阳	1月24日	F00024	26	220	沈阳					
26	1吉林	1月25日	F00025	27	221	吉林					
27	1银川	1月26日	F00026	28	222	银川					
28	1西宁	1月27日	F00027	29	223	西宁					
29	5上海	1月28日	F00028	30	224	上海					
30	1乌鲁木齐	1月29日	F00029	31	225	乌鲁木齐					
31	1拉萨	1月30日	F00030	32	226	拉萨					

=IFERROR(VLOOKUP(ROW(1:1)&$I$1,$A:$F,COLUMN(B:B),0)

=COUNTIF(F$1:F6,F6)&F6

=IFERROR(VLOOKUP(ROW(5:5)&$I$1,$A:$F,COLUMN(E:E),0),"")

（9）ADDRESS、OFFSET 与 INDIRECT 应用示例

如表 4-66 所示，函数 ADDRESS 可生成指定单元格的位置（指定的行号和列号）。

表 4-66　函数 ADDRESS 应用示例

	A	B	C	D	E	F	G	H
1	第几行	第几列		单元格地址				
2	3	2		$B$3	=ADDRESS(A2,B2)			
3	1	1		$A$1	=ADDRESS(A3,B3)			
4	4	1		$A$4	=ADDRESS(A4,B4)			
5	1	4		$D$1	=ADDRESS(A5,B5)			
6	3	2		$B$3	=ADDRESS(A6,B6,1)		1 或省略	绝对引用
7	1	1		A$1	=ADDRESS(A7,B7,2)		2	绝对行号，相对列标
8	4	1		$A4	=ADDRESS(A8,B8,3)		3	相对行号，绝对列标
9	1	4		D1	=ADDRESS(A9,B9,4)		4	相对引用

函数 INDIRECT 通常与 ADDRESS 结合使用，可实现对指代单元格的引用，但要注意 INDIRECT（F3）与 INDIRECT（“F3”）的区别，如表 4-67

所示。

表 4–67　函数 INDIRECT、ADDRESS 组合应用示例

	A	B	C	D	E	F	G	H
1	甲	乙	丙	丁		$B$1	=ADDRESS(1,2)	
2	Aa	Bb	Cc	Dd		乙	=INDIRECT(F1)	=INDIRECT(ADDRESS(1,2))
3	一	二	三	四		$C$2	=ADDRESS(2,3)	
4	毛	邓	江	胡		Cc	=INDIRECT(F3)	=INDIRECT(ADDRESS(2,3))
5								
6								
7			4	1		毛	=INDIRECT(ADDRESS(C7,D7))	
8							=INDIRECT("$A$4")	

如何想把横向的数据以纵向体现，可利用函数 INDIRECT、ADDRESS 按表 4–68 的方法实现。

表 4–68　利用函数 INDIRECT、ADDRESS 变横向数据为纵向数据示例

	A	B	C	D	E	F	G	H
1	入库日期	客户名称	货品编号	规格	入库数量	重量		
2		计算公式1:可下拉复制				公式2:不可下拉复制,需逐一输入		
3	入库日期	=INDIRECT(ADDRESS(1,ROW(1:1)))				=INDIRECT(ADDRESS(1,1))		
4	客户名称	=INDIRECT(ADDRESS(1,ROW(2:2)))				=INDIRECT(ADDRESS(1,2))		
5	货品编号	=INDIRECT(ADDRESS(1,ROW(3:3)))				=INDIRECT(ADDRESS(1,3))		
6	规格	=INDIRECT(ADDRESS(1,ROW(4:4)))				=INDIRECT(ADDRESS(1,4))		
7	入库数量	=INDIRECT(ADDRESS(1,ROW(5:5)))				=INDIRECT(ADDRESS(1,5))		
8	重量	=INDIRECT(ADDRESS(1,ROW(6:6)))				=INDIRECT(ADDRESS(1,6))		
9								
10	以上可将横向的数值变为纵向的数值,相当于"选择性粘贴"中的"倒置".							

注：ADDRESS(1,ROW(1:1))=ADDRESS(1,1)=A1
　　ADDRESS(1,ROW(3:3))=ADDRESS(1,3)=C1
由ADDRESS先确定行数，再确定列数。行数是数字，列数是英文字母。

利用 OFFSET，可以指定的引用为参照通过给定偏移量得到新的引用，如表 4–69、表 4–70 所示。

表 4-69 函数 OFFSET 应用示例 1

	A	B	C	D	E	F
1	A0101	A0102	A0103	A0104	A0105	A0106
2	B0101	B0102	B0103	B0104	B0105	B0106
3	C0101	C0102	C0103	C0104	C0105	C0106
4	D0101	D0102	D0103	D0104	D0105	D0106
5	E0101	E0102	E0103	E0104	E0105	E0106
6						
7	A0101	=OFFSET($A$1,0,0)		=A1		
8	B0101	=OFFSET($A$1,1,0)		=A1向下1格		
9	A0102	=OFFSET($A$1,0,1)		=A1向右1格		
10	C0103	=OFFSET($A$1,2,2)		=A1向下2格再向右2格		
11	E0101	=OFFSET($A$1,4,0)		=A1向下4格		
12	A0106	=OFFSET($A$1,0,5)		=A1向右5格		
13	C0105	=OFFSET($A$1,2,4)		=A1向下2格向右4格		
14	E0106	=OFFSET($A$1,4,5)		=A1向下4格向右5格		

表 4-70 函数 OFFSET 应用示例 2

	A	B	C	D	E	F	G
1	型号	规格					
		10#	20#	30#	40#		
2	A0001	45	65	59	66		
3	A0004	62	52	42	32		
4	B0125	79	79	79	79		
5	B2145	96	63	30	65		
6	C0020	66	54	56	58		
7	C0024	45	32	19	6		
8	D0140	65	66	67	68		
9							
10	信息查询						
11	查询型号	A0004					
12	查询规格	30#					
13	产品价格	42	=INDEX(B2:E8,MATCH(B11,A2:A8,0),MATCH(B12,B1:E1,0))				
14			=OFFSET(A1,MATCH(B11,A2:A8,0),MATCH(B12,B1:E1,0))				
15			=INDEX(B2:E8,2,3)				
16			=OFFSET(A1,2,3)				

（10）逻辑性查询提取信息示例

①从文本信息中提取数值，如表 4-71 所示。

表 4–71 从文本信息中提取数值

	A	B	C	D	E
1					
2	原始扫描文字记录	箱号	件数		
3	第1箱 30件	1	30		
4	第2箱 40件	2	40		
5	第3箱 35件	3	35		
6	第4箱 100件	4	100		
7	第[illegible]	[illegible]	40		
8	第6箱 100件	6	100		
9	第7箱 25件	7	25		
10	[illegible]	[illegible]	[illegible]		
11	[illegible]	[illegible]	[illegible]		
12	第10箱 40件	10	40		
13	第11箱 50件	11	50		
14	第12箱 56件	12	56		
15	第13箱 16件	13	16		
16	第14箱 46件	14	46		
17	第15箱 50件	15	50		
18	第16箱 65件	16	65		
19	第17箱 68件	17	68		
20	第18箱 55件	18	55		
21	第19箱 50件	19	50		
22	第20箱 67件	20	67		

=MID(A4,2,FIND("箱",A4)-2)

=MID(A4,FIND("箱",A4)+1,FIND("件",A4)-FIND("箱",A4)-1)*1

②将某一类数值转为相同位数并排序，如表 4–72 所示；从地理信息中提取省市名称，如表 4–73 所示。

表 4–72 某一类数值转换为同位数并排序

	A	B	C
1	无序数据	可排序格式数据	
2	A1	A001	
3	A10	A010	
4	A100	A100	
5	A11	A011	
6	A12	A012	
7	A121	A121	
8	A13	A013	
9	[illegible]	[illegible]	
10	[illegible]	[illegible]	
11	A16	A016	
12	A17	A017	
13	A2	A002	
14	A20	A020	
15	A21	A021	
16	A22	A022	
17	A3	A003	
18	A4	A004	
19	A5	A005	
20	A6	A006	
21	A7	A007	
22	A8	A008	

=LEFT(A2,1)&REPT("0",4-LEN(A2))&RIGHT(A2,LEN(A2)-1)

表 4–73　从地理信息中提取省市名称

	A	B	C	D
1				
2	地址信息	所在省	所在市	
3	江苏省扬州市人民路100号…	江苏	扬州	
4	黑龙江省哈尔滨市人民路100号…	黑龙江	哈尔滨	
5	浙江省杭州市莫干山路100号…	浙江	杭州	
6	江苏省连云港市花果山路100号…	江苏	连云港	
7	上海市淮安西路100号…		上海	

=IFERROR(LEFT(A3,FIND("省",A3)-1),"")

=MID(A4,IFERROR(FIND("省",A4)+1,1),FIND("市",A4)-IFERROR(FIND("省",A4),0)-1)

③某品牌服装吊牌条码扫码格式：字段 1 为款号，字段 2 为颜色，字段 3 为尺码，如表 4–74 所示。

表 4–74　某品牌服装吊牌条码格式设计

	A	B	C	D	E	F	G
1	原有数据	字段1	字段2	字段3			
2	AJ1358885/340/1859	AJ1358885	340	1859			
3	1J885151111/32/199	1J885151111	32	199			
4	AC88Q1T/360/1900	AC88Q1T	360	1900			
5	13885/30/1995	13885	30	1995			
6	AJ1358885/340/1859	AJ1358885	340	1859			
7	1J885151111/32/199	1J885151111	32	199			
8	AC88Q1T/360/1900	AC88Q1T	360	1900			
9	13885/30/1995	13885	30	1995			
10	AJ1358885/340/1859	AJ1358885	340	1859			
11	1J885151111/32/199	1J885151111	32	199			
12	AC88Q1T/360/1900	AC88Q1T	360	1900			
13	13885/30/1995	13885	30	1995			

=LEFT(A10,FIND("/",A10)-1)

=RIGHT(A9,LEN(A9)-FIND("/",A9,FIND("/",A9)+1))

=MID(A11,FIND("/",A11)+1,FIND("/",A11,FIND("/",A11)+1)-FIND("/",A11)-1)

④利用函数 INDEX、LARGE、IF 和 ROW，可计算货品发货的间隔时间。如表 4–75 所示，在 D4 单元格输入表中公式，下拉即可。

表 4-75 货品发货的间隔天数

	A	B	C	D	E	F
1						
2						
3	物品代码	发货体积（立方米）	发货日期	间隔天数		
4	A0001	5.5	2月1日	0		
5	A0002	1.8	2月7日	0		
6	A0001	3.6	2月8日	7		
7	A0002	1.5	2月9日	2		
8	A0001	2.2	2月10日	2		
9	A0001	3	2月17日	7		
10						
11						
12						

{=IFERROR((C4-INDEX(C:C,LARGE((IF(A$3:A4=A4,ROW(A$3:A4))),2))),0)}

⑤表 4-76 是基于仓库温度、湿度数据提取相对湿度信息的方法。

表 4-76 基于仓库温度、湿度数据提取相对湿度信息

	A	B	C	D	E	F	G	H	I	J	K	L
1		录入										
2	湿表温度	34			相对湿度		90%					
3	干湿温差	1.5										
4												
5	对照表	干湿温差										
6	湿表温度	1	1.5	2	2.5	3	3.5	4	5	6	7	
7	34	94	90	88	83	81	78	75	70	64	59	
8	33	94	90	87	83	81	77	74	69	63	58	
9	32	93	89	87	83	81	77	74	69	63	57	
10	31	93	89	87	83	80	77	74	68	62	56	
11	30	93	89	86	83	79	76	73	67	61	55	
12	29	93	89	86	82	79	76	72	66	60	54	
13	28	93	89	86	82	79	75	72	65	59	53	
14	27	93	89	85	81	78	75	71	65	59	53	
15	26	92	88	85	81	78	74	71	64	58	51	
16	25	92	88	85	81	77	74	70	63	57	51	
17	24	92	88	84	80	77	73	70	62	56	49	

=INDEX(B7:K41,MATCH(B2,A7:A41,0),MATCH(B3,B6:K6,0))&"%"

第 5 章　仓库作业效能

1. 收货及方法（★★★★★）

所有的货物都要经过收货环节进入仓库，把好收货这一关可避免各种问题。收货环节注意事项及要求如图 5–1 所示。

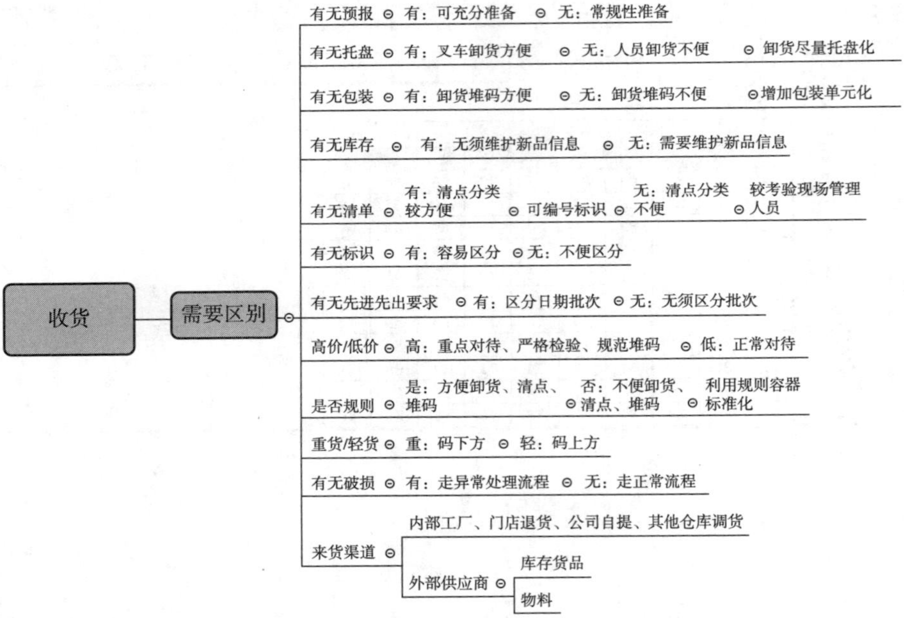

图 5–1　收货环节注意事项及要求

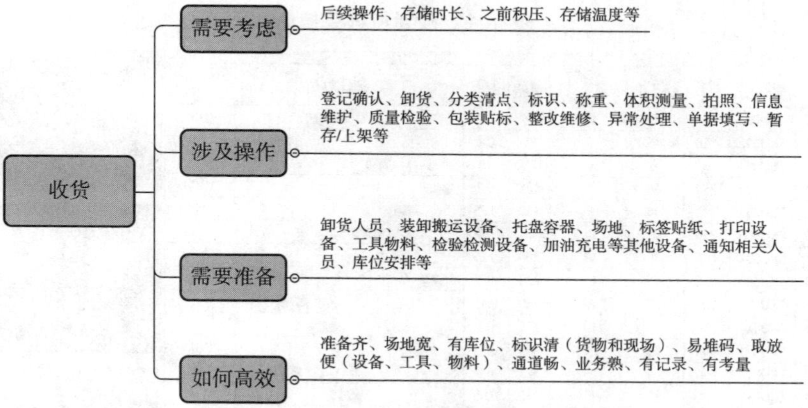

图 5-1　收货环节注意事项及要求（续）

（1）落实收货“十不”原则

①不做好收货准备，不收货。

②到货不登记，不收货。

③到货信息不采集齐全，不入库。

④货品无标识，不入库。

⑤到货标识不清楚，不入库。

⑥到货不具备存储条件（不方便堆码托运），不入库。

⑦到货不方便后续配货盘点，不入库。

⑧到货质量验收不合格，不入库。

⑨到货异常不登记处理好，不入库。

⑩到货没有准确的库位记录，不入库。

（2）重视到货预报与到货明细

只有掌握每批货物名称、到达日期和时间，才能做好收货计划和准备工作。仓库管理者可以基于到货的订货方、发货方和承运方，获得预计到货的信息。

有实物流就有信息流，有发货就有发货明细。是什么货，多少种，各有多少，我们可以根据到货明细计算到货量，推算卸货工作量，做好相关准备工作，预到货订单信息、当日预计到货情况分别如表 5-1、图 5-2 所示。

表 5–1　预到货订单信息

订单号	货品	件数	箱数（千克）	托盘数（立方米）	重量	体积	在途	预计到达时间
DD00001	SKU001	2500	690	15	5000	0.05		9:00
DD00002	SKU002	150	15	3	75	0.1		8:30
DD00003	SKU003	6	6	6	1200	18		9:30
DD00004	SKU004	250	69	7	125	0.2		15:00
DD00005	SKU005	300	30	9	150	0.25		14:00
DD00006	SKU006	350	35	11	175	0.3		13:30
DD00007	SKU007	400	40	13	200	0.35		15:00
DD00008	SKU008	450	45	15	225	0.4		15:30
DD00009	SKU009	500	50	17	250	0.45		8:30
DD00010	SKU010	550	55	19	275	0.5		9:30
DD00011	SKU011	600	60	21	300	0.55		15:00
DD00012	SKU012	650	65	23	325	0.6		9:00
DD00013	SKU013	700	70	25	350	0.65		11:00
DD00014	SKU014	750	75	27	375	0.7		16:30
DD00015	SKU015	800	80	29	400	0.75		8:30
DD00016	SKU016	850	85	31	425	0.8		11:30
DD00017	SKU017	900	90	33	450	0.85		15:00
DD00018	SKU018	950	95	35	475	0.9		14:00
DD00019	SKU019	1000	100	37	500	0.95		14:30
DD00020	SKU020	1050	105	39	525	1		10:30
DD00021	SKU021	1100	110	41	550	1.05		10:30

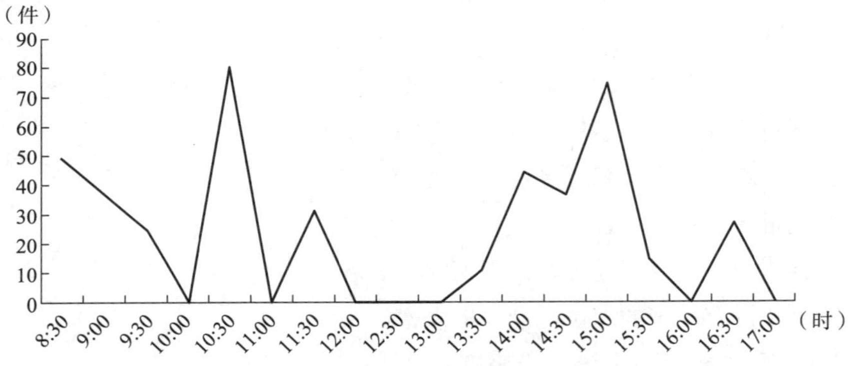

图 5–2　当日预计到货情况

（3）做好收货前的准备工作

人：人员配备，包括叉车工、搬运工、仓管员、质检员等。

机：设备工具，包括叉车（加油、充电）、液压车、托盘、标签打印机、打印机、办公桌、电脑、封箱器、美工刀、板夹、订书机等。

料：物料 / 辅料，包括纸箱、胶带、标签纸、A4 纸、唛头笔（记号笔）、缠绕膜等。

法：设计工作流程、关注方法和注意事项。要事先安排好到货如何卸、如何码、如何分、如何点、如何检验、如何标识。

环： 场地准备，如规划停车场地、卸货场地、暂放场地、分货场地、质检场地、待入库区等。

各收货口最新操作流程见表 5–2。

表 5–2　各收货口最新操作流程

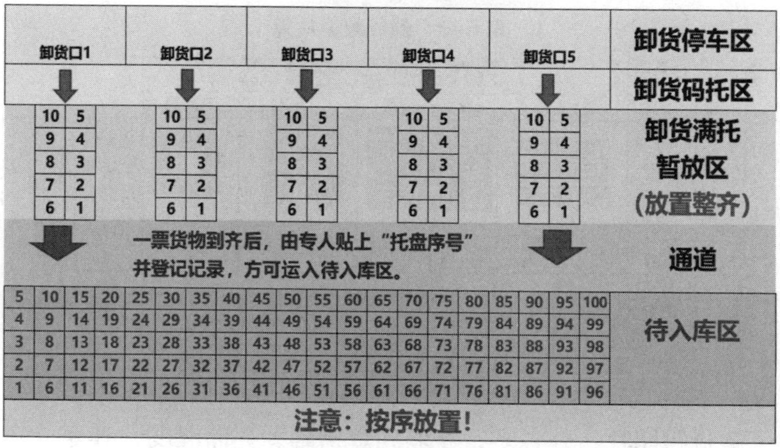

能： 设备需要能量，人员需要能力，工作需要动力。

信： 仓库管理者要明晰到货名称、数量（托、箱、件）、时间，需存放何处、由何人负责、准备哪些设备（见图 5–3）。

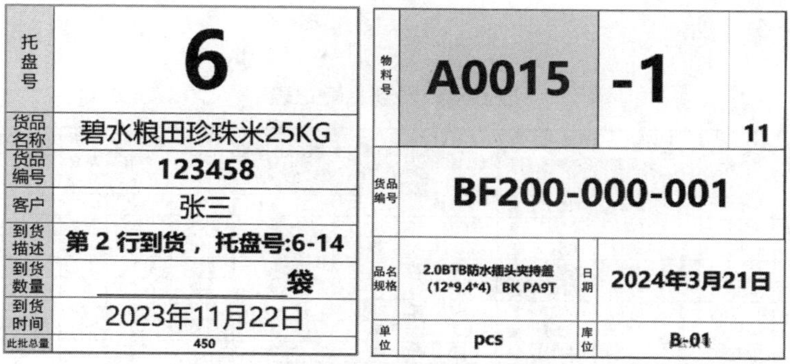

图 5–3　两种到货具体信息

（4）做好预到货数据分析

①要确定是新货还是库存已有货品（占用库位数、近期发货量、ABC 三类库位各多少量）。

②明确有无货品相关的基础信息（包装单位、单位重量、单位尺寸、包装规格、码托规格等）。这些信息关系到货物怎么堆码、一层码多少、要用多少托盘等问题。

③确定或估算到货的箱数、托盘数和体积，如表 5–3 所示。

表 5–3　到货数量估算

托盘长	托盘宽	每层码放箱数计算					
1240	1040	井排形	两排一竖形	3+2	回字形		
长度	宽度					最大每层码放箱数	理论最大值
250	200	24	14	5	4	24	25
450	300	8	8	5	4	8	9
400	300	9	10	5	4	10	10
600	350	4	0	5	4	5	6
500	200	12	12	5	4	12	12
570	420	4	0	0	4	4	5

④了解货物图片、外包装，获取到货条码、存储温度、其他特殊要求等信息。

⑤分析如何卸货，是否需质检、贴标、换包装。

（5）做好预到货登记与到货登记

做好预到货登记，以便后续了解哪些货已到，哪些货没有到，预到货登记表如表 5–4 所示。

表 5–4　预到货登记表

序号	到货单号	货物来源	到货行号	货物名称	货物编号	单位	到货数量	装箱规格	码托规格	每箱重量（千克）	每箱体积（立方米）	整托重量（千克）	整托体积（立方米）	到货箱数（个）	到货托数（个）	到货重量（千克）	到货体积（立方米）
1	SF81850	大华工厂	1	配件1	SKU001	瓶	1200	6	60	18	0.03	1080	1.8	200	4	3600	6
	SF81850	大华工厂	2	货物2	SKU002	支	3000	10	100	15	0.02	1500	2	300	3	4500	6
	SF81850	大华工厂	3	商品3	SKU003	包	500	4	25	18	0.06	450	1.5	125	5	2250	7.5
2	CG081851	宝玉公司	1	苹果	SG001	斤	3000	20	25	11	0.03	275	0.75	150	6	1650	4.5
	CG081851	宝玉公司	2	橘子	SG002	斤	2000	25	20	12	0.03	240	0.6	80	4	960	2.4
3	CG230912	华维公司	1	牙膏	SM0001	盒	1500	30	40	15	0.03	600	1.2	50	2	750	1.5
	CG230912	华维公司	2	洗发水	SM0002	瓶	900	6	30	12	0.04	360	1.2	150	5	1800	6
	CG230912	华维公司	3	香皂	SM0003	块	1200	60	40	18	0.03	720	1.2	20	1	360	0.6
	CG230912	华维公司	4	汽水	SM0004	瓶	600	12	30	15	0.03	450	0.9	50	2	750	1.5
	CG230912	华维公司	5	可乐	SM0005	瓶	900	12	40	15	0.03	600	1.2	75	2	1125	2.25
	CG230912	华维公司	6	口香糖	SM0006	支	1500	150	30	5	0.03	150	0.9	10	1	50	0.3
	CG230912	华维公司	7	酱油	SM0007	瓶	300	6	40	8	0.03	320	1.2	50	2	400	1.5
	CG230912	华维公司	8	红酒	SM0008	瓶	450	6	30	10	0.03	300	0.9	75	3	750	2.25
	CG230912	华维公司	9	香醋	SM0009	瓶	240	6	40	8	0.03	320	1.2	40	1	320	1.2

要做好到货登记（见表 5–5），记录仓库实际到了哪些货？分别在什么时间？哪些具有预计到货通知？哪些没有预计到货通知？通过长时间的数据统

计，可以知悉哪些供应商（发货方）做得好一些。

表 5–5 到货登记表

序号	到货单号	单号说明	货物来源	到货日期	到货时间	参与收货人员	现场负责人	参与总人数	卸货方式	贴标签单位	开始时间	签单时间	上架完成时间	预计到货日期	预计到货时间	到货SKU	到货数量	到货箱数	到货托数	到货重量（千克）	到货体积（立方米）	产生动作	工作分值	人均分值
1	SF81850	发运单号	大华工厂	8月2日	10:15	张三，李四	张三	2	搬运	箱	10:20	11:45	15:00	8月1日	9:00	3	4700	625	12	10350	19.5	637	489.6	244.8
2	CR81859	无此单号		8月2日	11:25	李四，张三	张三	2	叉车	件	11:50	14:00	15:35			手填	手填	手填	手填	手填	手填			
3	CG081851	采购单号	宝玉公司	8月4日	9:01	张三，李四，王二	张三	3	搬运	托	9:05	10:05	10:30	8月4日	10:30	2	5000	230	10	2610	6.9	240	167.1	55.7

（6）利用好月台、装卸平台、升降平台、传送带

为方便收货，在租赁或自建仓库时，仓库管理者要考虑是否需要月台，是否需要搭建、购买或租赁装卸平台或传送带，仓库常用胎、升降平台和传送带如图 5–4 所示。

图 5–4 仓库常用的胎、升降平台和传送带

（7）清点货物的方法

①根据预定的卸货方案按序摆放货物。

②给到达的每一种货物编号。

③给每一托（每一堆）到货编号。

④逐一清点每托、每堆到货，并将清点数量及过程标注在每托、每堆货物上。

⑤按顺序记录每种、每托、每堆货物数量，并在货物做上标记，逐一相加确认总数。

（8）货品称重验收方法

对于需要检验数量的入库货品，如果包装（装箱）规格标准是统一的，仓库管理者可以通过称重的方法来检验每一箱货物数量是不是存在差异，如表 5–6 所示。

表 5-6　货品称重验收法

	A	I	J	K	L	M	N
1	扫描	输入重量	1	[redacted]	5	框	取样件数
2	SKU0005	10.98千克				1	10
3	SKU0004	11.88千克				2	10
4	SKU0005	10.97千克				3	10
5	SKU0005	11.22千克				4	10
6	SKU0005	9.05千克	异常			5	10
7							
8		与10.98千克相差1.93千克> 1.098千克，					
9		超出1件货品的重量，故为“异常”					
10							
11							
12							

称重验收法具体操作步骤如下：设计安装称重验收小程序，通过数据线将计算机连接电子秤，当货物被放置于电子秤上时，数据自动读取至计算机光标所在的单元格。检验货品第一箱数量若无误，后续只需比较其他箱货品与第一箱货品重量即可。若其他箱货物重量不同于第一箱（取样）的重量，且误差超出允许范围，称重验收程序会显示“异常”；若不显示，说明误差在允许范围内。通过称重验收，就不需要打开每箱货物清点。只有在出现“异常”情况时，才需打开包装清点。当然，称重验收法也可以内置于 WMS。

（9）确保作业现场有序

作业现场有无秩序，对提高作业效率影响较大，图 5-5 为有无规范流程的收货现场对比。

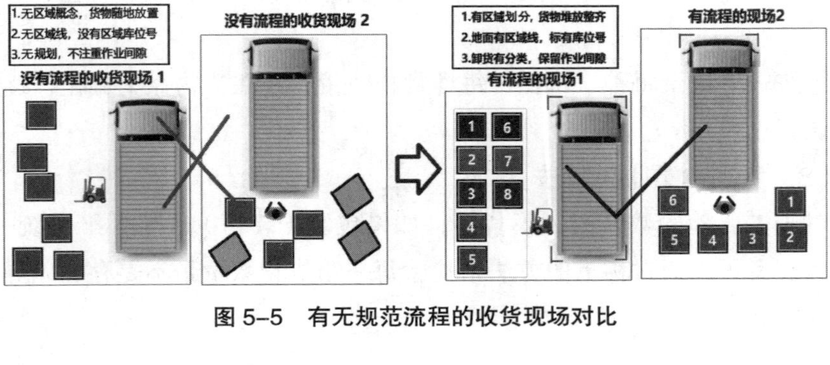

图 5-5　有无规范流程的收货现场对比

（10）收货需采集的信息

①需采集的货物信息包括编号、条码、新品 / 旧款、品名、货品描述、单位重量、单位体积、单元包装重量 / 体积、单元长 / 宽 / 高、每托每层箱数、每托箱数、托盘尺寸、满托高度、单位照片、单元包装照片、整托照片等。

②采集货物信息需要的设备 / 工具 / 物料有卷尺、电子秤、手机、货品信息采集表、板夹、笔等。

货物信息采集表如表 5-7 所示。

表 5-7　货物信息采集表

序号	货品 1	货品 2	货品 3
货品编号			
货品名称			
货品条码			
新 / 旧			
货品描述			
单位			
单位重量（千克）			
长（米）			
宽（米）			
高（米）			
单位体积（立方米）			
装箱规格			
箱长（米）			
箱宽（米）			
箱高（米）			
箱体积（立方米）			
码托一层箱数			
码托层数			
每托箱数			

续表

序号	货品 1	货品 2	货品 3
托盘（长 × 宽）（立方米）			
满托高度（米）			
货品照片			
整箱照片			
整托照片			
采集人			
信息录入			

③采集货物信息的正确流程：取样—划定合适的采集区域—逐步采集信息—逐条填写货物采集表—上传信息。

（11）一车多票（多 SKU）的卸货

对于一车多票货物，或箱体相同但内装货物不同，目前有些企业采用了自动分拣线（见图 5-6）对不同的货物进行分流，码到不同的托盘。

图 5-6 自动分拣线

如果企业没有自动分拣设备，不妨借助相关小程序，提前分配好来货的托盘位，卸货时通过扫描箱体条码（单号 / 箱号 / 货品条码）来判定货品，获得堆码的托盘号，并按指定的托盘号进行堆码（卸货现场通常由扫码人员持枪扫箱码，并用记号笔将托盘号标注于箱体，由码货人员按标注的托盘号分开进行堆码）。卸货所需托盘位的计算如表 5-8 所示。

表 5–8　卸货所需托盘位的计算

卸货时，要提前计算好（可拼/不可拼）需要的托盘位							整托箱数		可手持操作		
序号	型号/单号	箱数	整托数	整箱数	尾箱数	序列号	10		扫描型号	已扫箱数	指定托盘号
1	SKU0001	17	1	10	7	**1**	SKU0001		SKU0003	1	**6**
2	SKU0002	23	2	20	3	**2**	SKU0002		SKU0002	1	**2**
3	SKU0003	5			5		SKU0003		SKU0004	1	**3**
4	SKU0004	19	1	10	9	**3**	SKU0004		SKU0005	1	**4**
5	SKU0005	35	3	30	5	**4**	SKU0005		SKU0001	1	**1**
6	SKU0006	8			8		SKU0006		SKU0002	2	**2**
									SKU0004	2	**3**

表 5–8 计算的托盘号是在可以拼托的情况下算得的堆码托盘号；若不可以拼托，可直接将序号作为托盘号进行堆码。

（12）签单细节

①签收 4 要素：签收仓库、签收人、签收时间和签收货物。

②签单的规范格式：需备注每种货品的相关信息，如每箱数量、每托数量（每层数量 × 层数）等。如有破损或短少须在单据上注明，如“实收到货 11 托 286 箱（贰佰捌拾陆箱），其中有壹箱有污渍，已拍照反馈留档”（见图 5–7）。

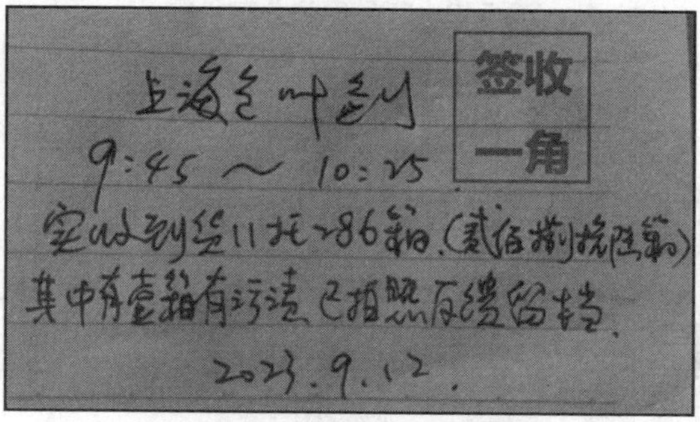

图 5–7　签单规范格式示例

（13）收货异常的统计

在收货中，无论碰到什么问题，都要做详细记录或反馈。为方便采集录入信息，仓库管理者可以做相关统计小程序或者模板。

（14）收货高效“三字经”

笔者通过多年实践，总结如图 5–8 所示的收货高效“三字经”，供仓库管理人员参考使用。

- ✓ 准备“齐”
- ✓ 场地“够”
- ✓ 标识“清”（货物与现场）
- ✓ 取放“便”（设备、物料、工具取放便捷）
- ✓ 通道“畅”（货物可及时上架）
- ✓ 业务“熟”
- ✓ “易”堆码
- ✓ “有”明细
- ✓ “有”库位
- ✓ “有”规则
- ✓ “有”模板
- ✓ “有”考量

图 5-8　收货高效“三字经”

2. 提升货品上架效率

货品上架效率低，不仅会导致货品脱售，而且会影响新货入库。

要提升货品上架效率，必须在货品上架之前就确定其存放的位置。

（1）收货员职责

仓库收货员要履行其职责，知悉每栋、层、区域、排及巷道库位是否存放货物，以及是否满格存放。货品库位分布示例如表 5-9 所示。

表 5-9　货品库位分布示例

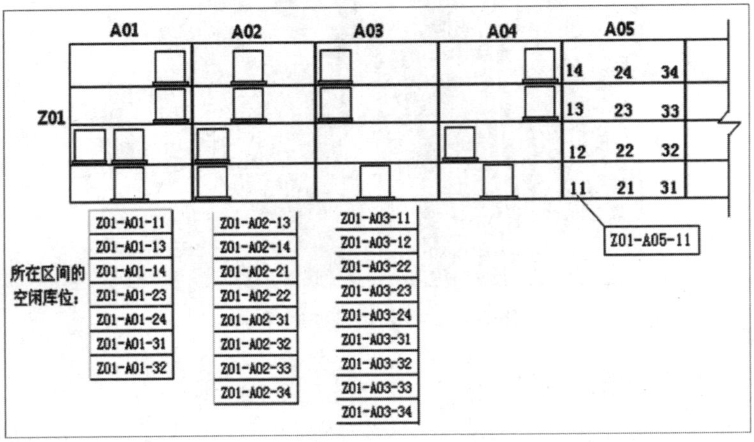

（2）事先设定货品上架规则

①通用规则：基于仓库测量库位及来货情况（货物明细），计算所需库位数并匹配生成入库上架清单，如表 5-10 所示。

表 5–10　入库上架清单示例

空库位	库存安排货品	货品	入库数量	装箱规格（个 / 箱）	托盘规格（箱 / 托）	托盘数
Z01–A01–11	苹果	苹果	300	10	15	2
Z01–A01–12	苹果	橘子	500	10	15	4
Z01–A01–13	橘子	香蕉	1000	20	20	3
Z01–A01–14	橘子					
Z01–A01–21	橘子					
Z01–A01–22	橘子					
Z01–A01–23	香蕉					
Z01–A01–24	香蕉					
Z01–A01–31	香蕉					

②按区存货规则：按货品划分库位并匹配生成货品入库上架清单，如表 5–11、表 5–12 所示。

表 5–11　货品存储情况示例

物品编号	物品名称	存储上限库位序号	存储下限库位序号
SKU0001	物品 1	1	99
SKU0002	物品 2	100	198
SKU0003	物品 3	199	297

表 5–12　基于库存的库位选择示例

物品代码	大类	型号	箱体体积（立方米）	规格（个/箱）	库位	库存量（个）	箱数（箱）	单件体积（立方米）	适合库位
213206009021420		420	0.09	40	B少078	33	0.83	0.0021	B少
213206009021440		440	0.09	40	B少079	24	0.60	0.0021	B少
213208001037400	挂	400	0.09	40	挂少081	2	0.05	0.0021	挂少
213206009041340		340	0.09	40	B少081	40	1.00	0.0021	B少
213206009041360		360	0.09	40	D082	250	6.25	0.0021	D
213206009041380		380	0.09	40	D083	360	9.00	0.0021	D
213206009041400		400	0.09	40	D084	125	3.13	0.0021	B多
213206009041420		420	0.09	40	B少085	76	1.90	0.0021	B少
213206009041440		440	0.09	40	B少086	28	0.70	0.0021	B少

库位	大类	单件体积（立方米）	整箱数（箱）	
挂少	挂		<2	
挂多	挂		>2	
D			>5	量多
S			<0.36	量少
B少		<0.006	<2	薄少
B多		<0.006	>=2	薄多
H少		>0.006	<2	厚少
H多		>0.006	>=2	厚多

物品代码	到货量	货量判断	选择库位
112201073	135	小	小021
112201106	556	大	大001
112207053	332	中	中009
112207068	156	小	小023
112207072	225	中	中011
112214030	290	中	中013
112214031	153	小	小025
112215017	356	中	中014
112215022	441	中	中018
112232063	567	大	大004

货量判断	
0	小
200	中
500	大

闲置大库位		闲置中库位		闲置小库位	
1	大001	1	中009	1	小021
2	大004	2	中011	2	小023
3	大005	3	中013	3	小025
4	大006	4	中014	4	小033
5	大007	5	中018	5	小035
6	大011	6	中019	6	小037
7	大012	7	中020	7	小039
8	大013	8	中021	8	小041
9	大014	9	中022	9	小043
10	大017	10	中023	10	小045

（3）特殊情况应急上架方法

当场地紧张、货品满仓，货架和地面库位均没有空闲位置时，仓库管理人员可以提前打印带有条码的移动托盘号，如 Y001、Y002、Y003……将货物按“托”入库，并将打印的托盘号依次贴到每托货物上，做好绑定或记录，如记录货品名称、托盘号、区域、通道或过道等信息。后续仓库管理者可以根据托盘号找到需要配发的货物，待存储区域腾出库位时，再将货物上架。注意，打印的移动托盘号字体应尽量放大。

举例来说，若仓库有 100 个托盘位，可以一个托盘位一个标识牌（标明库位编码和序号，序号为 1~100）。入库一托货，给一个牌子，剩余多少标识牌就代表还有多少空闲托盘位。后续待有整托货物出库，托盘位就会释放出来，可供新的到货使用。

总之，到货入库的宗旨就是确保所有在库货品都有库位记录和标识。

3. 提升仓库的空间利用率（★★★★）

（1）利用设备和容器法

① **货架：**可充分利用货架上部空间，方便取放货物。

② **托盘：**托盘有助于货物的堆码和搬运。

③ **巧固架、周转框 / 箱、纸箱、编织袋：**可利用其把零散的、不便堆码的货物变为可以堆码的单元。

④ **马甲袋（塑料带）、自封袋：**在拼箱时，可将各箱零散的货物先装入马甲袋或自封带，贴上袋号再拼箱，有助于隔离货物，方便配货。

⑤ **墙壁置物架 / 盒 / 袋：**可充分利用墙壁的空间，如图 5–9 所示。

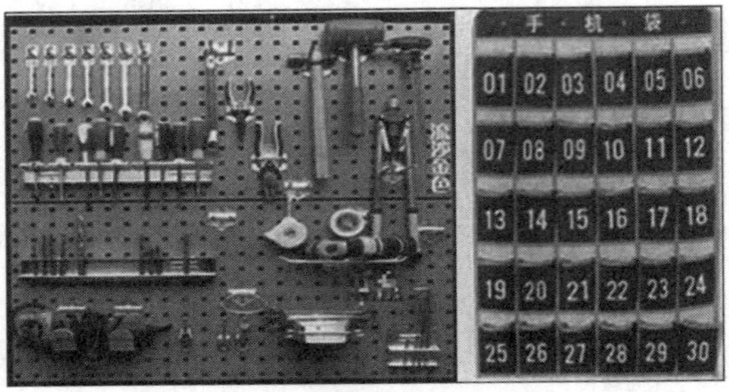

图 5–9　利用仓库墙壁提升置物空间

⑥ **抽气泵**：在家纺、服装类仓库，尤其是羽绒服、羽绒被等货品，可以利用抽气泵先把空气抽掉再装袋装箱，以节约空间。

（2）整零分开与 ABC 分开法

基于发货频率，可将仓库划分为 A、B、C 不同作业区域，如表 5–13 所示。

表 5–13　A、B、C 不同作业区域分别存放货品方法

编号	产品代码	单件体积（立方米）	包装规格（个 / 箱）	库存总量（个）	30 天销量（个）	货物总体积（立方米）	A（拣货区）	B（存储区）	C（呆滞区）	A 整箱	B 整箱	C 整箱
1	SKU001	0.00833	15	960	69	8	60	75	825	4	5	55
2	SKU002	0.02	20	789	500	15.78	109	680	0	6	34	2
3	SKU003	0.003	30	618	246	1.854	198	420	0	7	14	2
4	SKU004	0.004	40	780	90	3.12	100	120	560	3	3	14
5	SKU005	0.005	20	942	95	4.71	82	100	760	5	5	38
6	SKU006	0.01	50	1104	224	11.04	54	250	800	2	5	16

将近期不需配发的货品集中于 C 区密集存储，以减少不必要的取货巷道空间。

（3）一位多货隔断法

如果库位空间较大，同时存放了多种货物，那么就需要用隔板或者隔断区分不同货品。如果货品以箱为单位存储，可以用马甲袋进行隔离，并做好相应的标识，如图 5–10 所示。

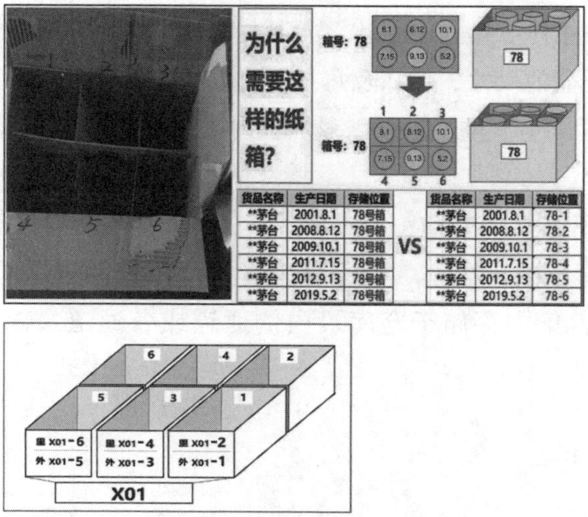

图 5–10　一位多货隔断法示例

（4）重轻叠堆法 / 垫板堆高法

仓库中的货物需要基于经验和数据进行堆码。假设现有 4 托重货、4 托轻货，同一种货物堆叠不能超过 3 托，则我们可以在 2 托重货上堆 2 托轻货来节约空间，如图 5-11 所示。

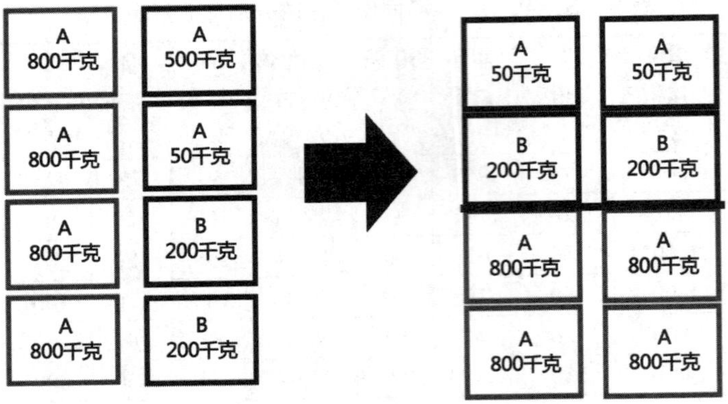

图 5-11　重轻叠堆法示例

若把一托货物堆在另一托货物上，或者 2 托货物堆在另 2 托货物上，为防止超出下方货物的承受力，或者受力不均，可以考虑垫上木板，以分散上方货物的压力。

为方便货物堆叠，仓库管理者需要做好以下几点。

①底层货物顶部要尽量平整，即不存在“零头”“缺口”。

②底层货物箱体尽量大小一致，尤其是高度。

③统计好托盘的尺寸、形状及每托货物的重量。

④遵循大不压小、重不压轻、整不压零、箭头朝上、标签朝外的货物堆码原则。

（5）减少不必要的巷道

为提高仓库空间利用率、仓库管理者可以将长期呆滞的货物或近期不需配发的货物，集中存储于仓库最内侧通道或各通道最内侧，如图 5-12 所示。

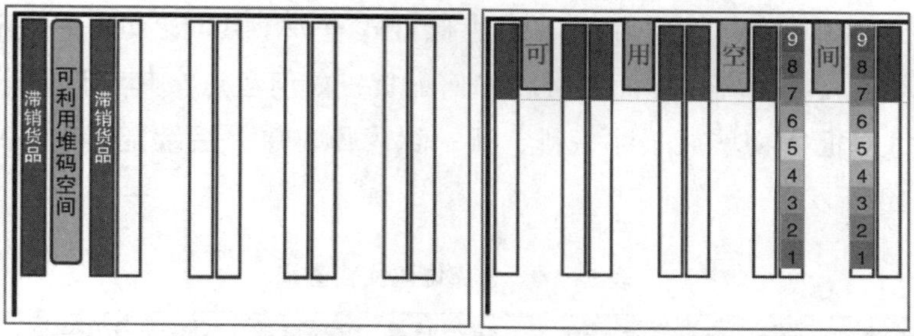

图 5–12　呆滞货品的存放方式

若相连两排库位存放的都是呆滞货物，或者是相同的货物，则两排库位之间可以不留巷道或留较小的巷道。在非自动化的仓库中，提高空间利用率与配发货效率往往很难同时满足，只能遵循利大于弊原则。

图 5–13 是不同类型仓库货物堆码现场。

图 5–13　不同类型仓库货物堆码现场

图 5–13 中的不同类型仓库，其存储方式有一个共同之处——巷道很少。这很难不让人担心堆在里面的货物如何配货，如何盘点？其实只要记录好每一托、每一框货物堆放于哪一排、哪一垛、哪一层，后续配货就不成问题，如表 5–14 所示。

表 5–14　仓库堆码货物查询

货品	数量（架）	库位	架子号	入库日期
SKU001	24	A01-01-1-1	A0001	2020年1月1日
SKU002	24	A01-01-1-2	B0001	2021年1月2日
SKU002	24	A01-01-1-3	A0002	2021年1月3日
SKU004	24	A01-01-1-4	B0002	2021年1月4日
SKU005	24	A01-01-1-5	A0003	2021年1月5日
SKU006	24	A01-01-2-1	B0003	2021年1月6日
SKU007	5	A01-01-2-2	A0004	2021年1月7日
SKU008	24	A01-01-2-3	B0004	2021年1月8日

可放 196 架

查看状态	存货数量		
	A01		
查看每个库位存放货品的数量（架）	3垛	2垛	1垛
A01-01	83	79	120
A01-02	120	77	106
A01-03	24	96	52
A01-04			48
A01-05	60	60	60
A01-06		48	99

查看具体排	A01-01	
查看状态	存货数量（架）	
24	24	
24	2	11
24	24	24
24	5	24
24	24	24

货品	数量（架）	库位	架子号	入库日期
SKU001	24	A01-01-1-1	A0001	2020年1月1日
SKU002	24	A01-01-1-2	B0001	2021年1月2日
SKU002	24	A01-01-1-3	A0002	2021年1月3日
SKU004	24	A01-01-1-4	B0002	2021年1月4日
SKU005	24	A01-01-1-5	A0003	2021年1月5日
SKU006	24	A01-01-2-1	B0003	2021年1月6日
SKU007	5	A01-01-2-2	A0004	2021年1月7日
SKU008	24	A01-01-2-3	B0004	2021年1月8日

可放 196 架

查看状态	存货层数		
	A01		
查看每个库位堆码架子的层数	3垛	2垛	1垛
A01-01	4	5	5
A01-02	5	4	4
A01-03	1	3	4
A01-04			2
A01-05	5	5	5
A01-06		2	5

查看具体排	A01-04	
查看状态	存货数量（架）	
24		
24		

（6）组合库位法

在货物之间不产生串味儿等不利影响的情况下，过分强调分类分区存储会导致库位空间无法共享，空间利用率下降。为此，可通过组合库位法，提高仓库空间利用率。

（7）“区间”存储法

如果仓库中的库位空间大小一样，那么就会造成体积大的货物超出库位区域，体积小的货物浪费空间。为此，需要将不同体积、不同库存量、不同高度的货物划分为不同的区间，以提高空间利用率。例如，箱长大于 3 米的放在 A 类库位，箱长 2.5~3 米的放在 B 类库位，箱长 2~2.4 米的放在 C 类库位，小于 2 米的放在 D 类库位；对于高位货架，整托货物高度小于 1.2 米的可作为一个区间，整托货物高度为 1.2~1.5 米的作为一个区间，整托货物高度大于 1.5 米的作为一个区间，目的都是“物得其所，库尽其用”，如表 5–15 所示。

表 5-15 “区间”存储法示例

判断标准					
库位	大类	箱体体积（立方米）	颜色型号	颜色体积	颜色库存量
挂P	挂				<6
挂少	挂				<12
挂中	挂				<20
挂多	挂				
P				<0.03	
少				<0.06	
中				<0.11	
DD			>7	>0.11	
X多		<=0.085		>0.11	
D多		>0.085		>0.11	

判断标准				
库位	大类	单件体积（立方米）	整箱数	
挂少	挂		<2	
挂多	挂		>2	
D			>5	量多
S			<0.36	量少
B少		<0.006	<2	薄少
B多		<0.006	>=2	薄多
H少		>0.006	<2	厚少
H多		>0.006	>=2	厚多

盒子尺寸（米）	选择库位
>30	A类
25~30	B类
20~24	C类
<20	D类

（8）集零为整与化整为零

① **集零为整：**对不满箱、不满托的货品进行拼箱、拼托，以提高空间利用率。

例如，将 50 件不同商品装入同一个箱子，自然比一种商品装一箱或一箱只装几件商品空间利用率高。但为了不影响配货效率，可将一种货物用一个数字标识，并装入袋子，同时在袋子上标注“袋号”再装箱。后续配货时，作业人员只需按袋号及对应的数字就可以轻松找到需要的货品，如配发 27 号货品，只需找 3 号袋即可，如图 5-14 所示。

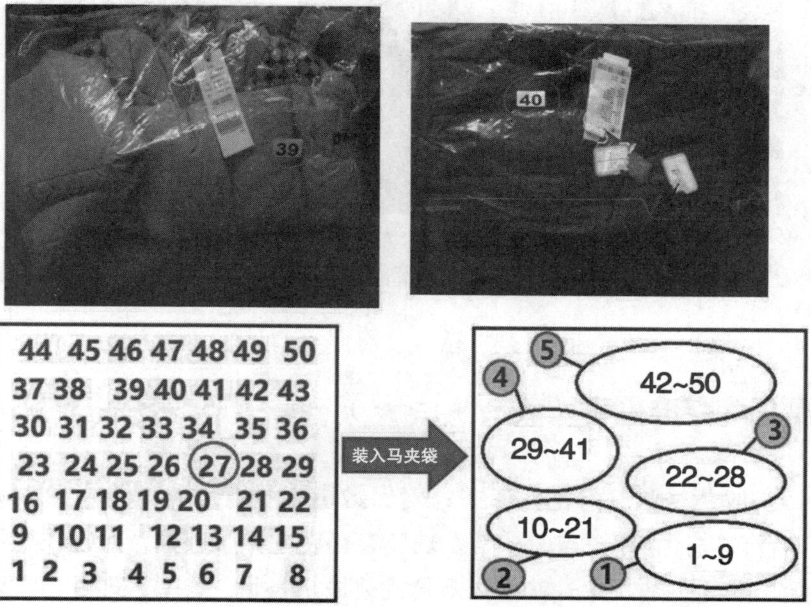

图 5-14 化零为整法示例

② **化整为零：**按托存放的货品，在没有整托库位时，可以将其拆散存放于各库位；或一分为二、一分为三、一分为四叠放于其他整托、整堆货物上。

无论是集零为整，还是化整为零，都要根据仓库的实际空间灵活运用。

（9）在硬件设备上下功夫

①选择旋转半径小的搬运设备。

②选择可以登高作业的设备。

③选择窄巷道叉车。

④选择阁楼式货架。

⑤选择旋转式货架（成本高）。

⑥选择自动化立体库（成本较高）。

（10）提升空间利用率，关键在于培养节约空间的意识

仓库管理者要特别注重细节，率先增强节约空间的意识；否则再好的方法也得不到运用。提升仓库空间利用率，须从日常管理着手，从细节做起，如图 5-15 所示。

图 5-15　提升仓库空间利用率的一个细节

4. 提升库存准确率（★★★★★）

（1）收货检验：严把入库关，确保数量和质量

笔者在进行仓库盘点时，常发现库存存在差异、破损，而且往往不是库内管理导致的，是入库时就存在差异或破损。因此，仓库管理者一定要把好收货这道关口，确保数量无误、质量无问题。

（2）牢记：无标识不入库，标识不清不入库

仓库配错货、发错货，除因货物相似外，大多与货物标识不清有关系。因此，在入库环节要确保没有标识的货品不得入库，必须张贴清晰的标识，注明货品名称、编号、规格、数量、入库日期等信息。图 5–16、图 5–17 中两种货品标识就较清晰，一目了然。

物料号	15	---	3	4
序号+名称+型号	15.NB远传智能皮膜表G16（右）			
编号	0102020006	批次	20240506	
厂家	广州大华	台	2024/3/5 9:18	
码托	20台/托	库位	A05-05-05	

图 5–16　入库货品标识示例 1

托盘号	1
货品名称	丝麦耘牛肉面粉25KG
仓库序号	14
货品编号	SKU183869
到货描述	第 1 行到货，托盘号:1-5
此托数量	________件
到货日期	2023年11月8日
此批总量	6000

图 5–17　入库货品标识示例 2

（3）拆零确认：拆托拆箱时取多少是多少

若仓库货物按托存储或按箱存储，则有利于提高库存准确率。这种情况下，仓库人员在进行日常作业时可以取完一箱再取下一箱或取完一托再取下一托，可以计算配发到哪一单需要拆箱或需要拆托及拆取多少件或拆取多少箱。如果在拆箱或拆托环节，库存账实数量是吻合的，则说明没有配错货。如果库存账实数量不吻合，则说明发生配错，仓库作业人员可以第一时间进行复核，不用等到库存盘点。拆零处理法示例如表 5-16 所示。

表 5-16　拆零处理法示例

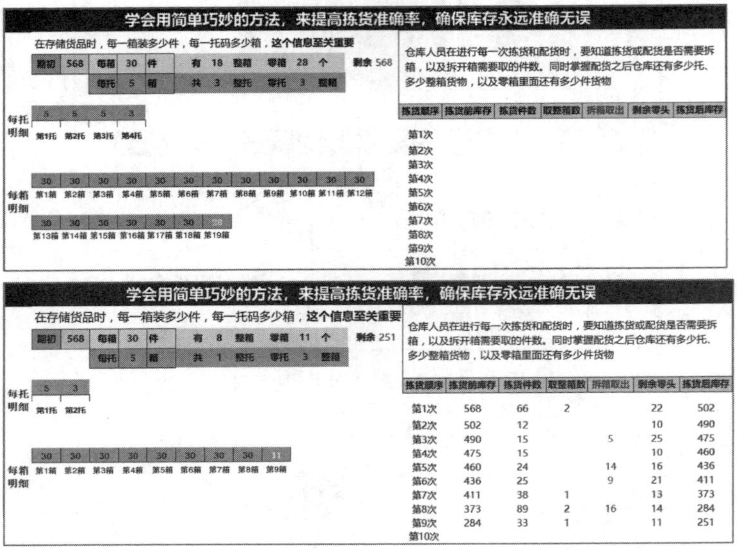
学会用简单巧妙的方法，来提高拣货准确率，确保库存永远准确无误

在存储货品时，每一箱装多少件，每一托码多少箱，这个信息至关重要

期初 568 每箱 30 件　有 18 整箱 零箱 28 个　剩余 568

每托 5 箱　共 3 整托 零托 3 整箱

每托明细：5（第1托） 5（第2托） 5（第3托） 3（第4托）

每箱明细：30（第1箱） 30（第2箱） 30（第3箱） 30（第4箱） 30（第5箱） 30（第6箱） 30（第7箱） 30（第8箱） 30（第9箱） 30（第10箱） 30（第11箱） 30（第12箱） 30（第13箱） 30（第14箱） 30（第15箱） 30（第16箱） 30（第17箱） 30（第18箱） 28（第19箱）

仓库人员在进行每一次拣货和配货时，要知道拣货或配货是否需要拆箱，以及拆开箱需要取的件数。同时掌握配货之后仓库还有多少托、多少整箱货物，以及零箱里面还有多少件货物

拣货顺序	拣货前库存	拣货件数	取整箱数	拆箱取出	剩余零头	拣货后库存
第1次						
第2次						
第3次						
第4次						
第5次						
第6次						
第7次						
第8次						
第9次						
第10次						

学会用简单巧妙的方法，来提高拣货准确率，确保库存永远准确无误

在存储货品时，每一箱装多少件，每一托码多少箱，这个信息至关重要

期初 568 每箱 30 件　有 8 整箱 零箱 11 个　剩余 251

每托 5 箱　共 1 整托 零托 3 整箱

每托明细：5（第1托） 3（第2托）

每箱明细：30（第1箱） 30（第2箱） 30（第3箱） 30（第4箱） 30（第5箱） 30（第6箱） 30（第7箱） 30（第8箱） 11（第9箱）

仓库人员在进行每一次拣货和配货时，要知道拣货或配货是否需要拆箱，以及拆开箱需要取的件数。同时掌握配货之后仓库还有多少托、多少整箱货物，以及零箱里面还有多少件货物

拣货顺序	拣货前库存	拣货件数	取整箱数	拆箱取出	剩余零头	拣货后库存
第1次	568	66	2		22	502
第2次	502	12			10	490
第3次	490	15		5	25	475
第4次	475	15			10	460
第5次	460	24		14	16	436
第6次	436	25		9	21	411
第7次	411	38	1		13	373
第8次	373	89	2	16	14	284
第9次	284	33	1		11	251
第10次						

（4）一位一货：利用标识区分货物

要提高库存准确率，就必须减少配货差错；而要减少配货差错，则需尽量做到一位一货。如果一个库位同时存放多种货品，则要做好标识。例如，给第一种货物张贴标识“1”，第 2 种货物张贴标识“2”……以此类推，则可以减少差错，如表 5-17 所示。

表 5-17　利用标识区分货物示例

入库日期	货品名称	单位	数量	存储库位	批次	显示库位
1 月 1 日	苹果	箱	1	A01	1	A01-1
1 月 2 日	橘子	箱	1	A02	1	A02
1 月 3 日	香蕉	箱	1	A01	1	A01-2
1 月 4 日	苹果	箱	1	A05	2	A05
1 月 5 日	橙子	箱	1	A01	1	A01-3

（5）配货量描述：多少整箱（包）多少零头

要减少配货差错，则要减少配货员的口算量。某商品 12 个一箱，需配货 78 个，若配货单只体现 78 个，配货员只能口算需多少箱多少零头，这一流程就有可能出错。因此，配货单应列有配货描述栏：配 6 箱 6 个。配货员则可直接取 6 整箱货品，另加 6 个零头就可以了，这样一来，准确率和效率都能提高，如表 5–18 所示。

表 5–18 设有配货描述栏的配货单

物品编码	库房物资编号	单位	外包装	包装规格	配货数量	配货描述
HFSPG001	CK001	千克	箱	20	78	3 箱 +18 千克
HFSPG002	CK002	支	箱	60	156	2 箱 +36 支
SZJY001	CK003	斤	桶	25	69	2 桶 +19 斤
SZJY002	CK004	瓶	箱	12	33	2 箱 +9 瓶
TZFSJC001	CK005	米	卷	100	178	1 卷 +78 米
TZFSJC002	CK006	平方米	卷	50	69	1 卷 +19 平方米
FSQ001	CK007	桶	托	30	78	2 托 +18 桶
FSB001	CK008	卷	托	60	68	1 托 +8 卷

（6）体现配完货的剩余量

在之前的仓库管理中，为了提高库存准确率，会用到货卡。货物入库和出库都要在货卡上进行登记，尤其是拣货人员取货时，要通过货卡进行销账。例如，某货品库存 78 件，取走 70 件，剩余 8 件。货卡上就有出货 70 件余 8 件的记录。目前，大多仓库已不再使用货卡，但是货卡的这一优势可以运用于配货单。也就是说，在配货单上，最好可以体现于某某库位取某某货，取之前库存多少，取后还剩余多少等内容。配货完成后，配货人员可以确认剩余数量是否准确，从而可在第一时间发现问题。体现剩余量的配货单如表 5–19 所示。

表 5–19 体现剩余量的配货单

库位代码	货品编号	货品名称	货品条码	库存	单位	配货数量	配货	拣货后
B02–01–1	SKU0013	××洗发水	6900000000013	78	瓶	70	√	8
B02–07–2	SKU0014	××沐浴露	6900000000014	66	瓶	62	√	4
B01–01–2	SKU0004	×× 毛衣	6900000000004	118	件	118	√	0

续表

库位代码	货品编号	货品名称	货品条码	库存	单位	配货数量	配货	拣货后
B01-02-2	SKU0005	××T恤	6900000000005	22	件	2		20
B01-03-2	SKU0006	××衬衫	6900000000006	26	件	20		6
B01-04-2	SKU0007	××饼干	6900000000007	28	包	25		3

（7）动态盘点：发货复核过程的差异检查

配货员配好货品之后，通常需要经过复核环节才能发货。现在大多仓库出库复核应用PDA或扫描枪核对商品条码，确认数量无误后方能发货。但复核环节也可能出现差错，例如，客户订购10件商品，配货员正确拣配了10件商品，而复核员在扫描商品条码进行复核时，偶尔会出现漏扫某个商品条码的情况，从而误判配货员少配了货物。这时就有可能要求仓库再配发商品给客户。如此一来，实际是给客户多发了商品，仓库中自然会短少了商品。如果我们能够在第一时间对复核环节出现差错进行复盘，确认库存剩余数量，就能尽早发现问题，避免多发。这被称为“差异货品动态盘点”，即当天配发货过程中，对复核环节出现的错货、多货、少货涉及的商品进行库存剩余量盘点，确认剩余库存是否有差异。

（8）低水位盘点：早发现早解决

假设某商品账面库存量1000个，而实物只有990个，短少10个。此时若配货数量不大，一般不影响发货；但当账面库存量较少，再出现实物短少，则会影响发货。因此，在商品库存低于一定数量时，需要对库存进行盘点，看其是否存有差异，避免后续发货时找不到货，或数量不够影响发货。同时，通过低水位盘点，可在第一时间发现问题及原因，做好预防措施。

（9）做好流水账：盘点流水账、移库流水账和借货取样流水账

仓库库存经常会出现账实不符情况，某些货品账面上存有，但找不到实物。这时就需要查看与货品有关的出入库数据以及盘点和移库的历史数据。大多仓库具有出入库数据，却没有盘点和移库的历史数据。为什么要保留盘点和移库的历史数据呢？例如，某个货品找不到时，我们可以查看之前有没有盘点，当时存放于哪个库位以及数量；是否有人从仓库借走没有归还；货品有否移库以及库位移动。通过之前的盘点数据和移库数据，或许可查询到

货品。如果历史记录没有被保留，也就无从查起。

（10）牢记：物动账动、账动物动，无指令不操作

目前仍有不少仓库存在以下情况：①货物已入库放到了货架上，但是账面没有做入库操作，尤其是辅料包材；②仓库员工擅自挪动货物，改变货物原有的位置（库位），但账面没有及时修改，导致后续其他人难以找到货；③无出库单发货，或者仅凭负责人口头指令发货，事后未及时补交出库单。这些都会导致账物不符。

因此，仓库管理人员要牢记：物动了，账就要动；账动了，物就要动。实物入库了，账面就要做入库手续。实物移库了，账面库位就要更新；实物出库了，账面就要及时做出库。

（11）区域责任到人：个人绩效 + 团队绩效

很多仓库存在内盗问题，如果不能做到区域责任到人，就没有人对区域的库存准确率和库位准确率负责。因此，要提高仓库的库存准确率，就要将各区域责任到人。同时，要建立合理的绩效考核机制，这样才能起到效果。

2010 年，笔者曾接手一个仓库。当时，仓库库存准确率 90% 都不到。为提高库存准确率，笔者将区域责任到人，规定若季度盘点差异小于 0.1%，区域责任人会获得 300 元盘点奖；若仓库所有区域库存准确率都能达标，则仓库每个员工都能获得 300 元盘点奖。同时，为了让各仓库相互配合，若所有仓库所有区域库存盘点差异都小于 0.1%，每个人还可以另获 500 元盘点奖。笔者这么做的目的，主要是让仓库每个人对其管理的区域负责，同时对别人的区域负责，从而保证库存准确率。

5. 提高拣货效率（★★★★★）

（1）波次与拣货策略

波次是汇总了多份订单为一个批次单位进行分拣货作业的过程。

仓库拣货作业的通常策略有：按不同渠道分开拣货；按承运方式分开拣货；按包装方式分开拣货；按重货轻货分开拣货；按单品多品分开拣货；按难易程度分开拣货；按库区不同分开拣货；按人数平均分段拣货；按标签法

拣货等。

（2）边拣边分与先拣后分

库存库位通道宽敞或小件商品可以边拣边分，拣货区通道条件不允许的一般要先拣后分。

（3）整零存储补货策略

货品整零分开、存拣分开，有利于缩小拣货范围，缩短拣货路径。可以在拣货区设定各货品的最低库存量，一旦低于这一库存量则触发补货程序，由存储区（整货区）补货至拣货区。补货时要尽量按补货单元进行，如补货单元为 2 托，则每次都要按 2 托的倍数补货；如果补货单元为 5 箱，则每次都要按 5 箱的倍数补货。如此，存储（整货区）剩余库存也是补货单元的倍数，不仅便于盘点，而且有利于控制库存准确率。总之，存储区（整货区）不允许存在零箱，不允许有拆箱动作，要做到整进整出。

目前，大多仓库尤其是电商仓库基本实现存拣分开。为提高拣货效率，缩小拣货范围，拣货主要集中在拣货区域；当拣货区域库存不足时，再从存储区补货至拣货区。

但很多仓库在实行存拣分开管理时，忽略了一个细节，即拣货区同一巷道的货品，在存储区也要相对集中存放。因为作业人员在对拣货区进行补货时，大多是按巷道进行的。

试想，若同一巷道几十种货品，整托整箱基本集中于存储区同一区域，作业人员补货是不是会方便许多?

（4）货品拆零提示法

从准确率上讲，在拣货过程中，在拆托拆箱环节须有提示，若理论拆箱数量与实际拆箱数量不吻合则说明有异常。

（5）按人数平均拣货法

按人数平均拣货可以减少巷道拥挤，减少无效的来回行走，集中人力拣货。

示例 1：某大型商超配送中心仓库，给数十家连锁超市配货，原先规定一家店由一个人来配货，配完一家再配下一家。由于每家超市补货种类都有几百种，且存在共性，因此配货员每配完一家店的货基本要在仓库走一圈。同时，由于配货员的拣货路径基本相同，前面的人拣货慢了就会影响后面拣货的人。若按人数平均拣货，将每家店的配货量平均分给参与的配货员，即大家共同拣货，拣完一家再拣下一家，则每个人都在自己负责的区域拣货，不会相互影响。同时，由于同时拣同一家店的货品，复核包装人员也会方便许多，避免了每个配货人员拣不同超市的货品，复核只能一家一家地复核货品，造成积压。

示例 2：对于多货品订单，电商仓库通常 20 单左右创建一个波次，为减少拣货次数，可以一百多单或者几百单创建一个波次。由于拣货量较大，一个人一次难以拣完全部货品。这时可以考虑几个人同时拣一个波次的货品。例如，一个波次的拣货任务涉及 100 个库位，5 个人同时分拣，每个人分拣存放于 20 个库位的货品；拣完货后，再合并分于每一个订单。拣货人员在拣货时，为方便后续合并订单，可以将每一种货品都放入指定的编好号码的箱中（或拣货车格口），如表 5-20 所示。

表 5-20　为分拣货品指定存放的号码箱 / 拣货车格口

单据号	库位	货品	数量	订单序号	拣货员	框号
N001	A0008	四季豆	1	1	1	9 号
N001	A0048	草头	1		4	50 号
N002	A0003	青菜	1	2	1	4 号
N002	A0019	莜麦菜	1		2	21 号
N003	A0048	草头	1	3	4	50 号
N003	A0006	青椒	1		1	7 号
N004	A0049	玉米	1	4	4	51 号
N004	A0008	四季豆	1		1	9 号
N005	A0023	香菜	2	5	2	25 号
N005	A0051	橘子	1		4	53 号
N006	A0010	韭菜	1	6	1	11 号
N006	A0024	生姜	1		2	26 号
N007	A0051	橘子	1	7	4	53 号
N007	A0026	蒜薹	1		3	28 号

（6）标签拣货法

标签拣货法是将拣货信息打印成一张张标签，体现库位、货品，拣货完成后张贴于货品上，不仅有利于确认所拣货品的准确性，而且便于后续的分拣。

标签拣货法适用于大件货品，或后续不便分拣的货品。大件货品通常一件货品一张标签，同时确认每一件商品应归属的订单；也可以一个订单一个库位的多件货品共用一张标签，表明货品属于某一个订单。

一件货品一张标签在系统不支持的条件下，不太好实现。但一个订单一个库位多件货品共用一张标签，实现起来相对简单，即便系统不支持，利用 Excel 也较方便。如表 5–21 所示，可直接将每行拣货数据打印成一张张标签。

表 5–21　拣货数据

拣货序号	单据序号	发货单号	货位	货品名称	规格	单位	数量	收件人	承运商
1	11	S2022011210	（SHA12–1–16）	BALLY/ 巴利女士灰色 / 黑色羊毛围巾	灰色	条	2	张 ××	快递公司 A
2	10	S2022011210	（SHA12–1–16）	BALLY/ 巴利女士灰色 / 黑色羊毛围巾	灰色	条	1	李 ××	快递公司 A
3	15	S2022011210	（SHA12–1–16）	BALLY/ 巴利女士灰色 / 黑色羊毛围巾	灰色	条	1	叶 ××	快递公司 A
4	14	S2022011210	（SHA12–1–16）	BALLY/ 巴利女士灰色 / 黑色羊毛围巾	灰色	条	1	周 ××	快递公司 A
5	28	S2022011208	（SHA16–3–07）	海马刀	默认规格	把	3	王 ××	快递公司 B
6	70	S2022011107	（SHA16–3–10）	喜多聚玫瑰香桃红葡萄酒	750 mL	个	3	顾 ××	快递公司 B
7	66	S2022011203	（SHA16–3–10）	喜多聚玫瑰香桃红葡萄酒	750 mL	个	5	刘 ××	快递公司 B
8	12	S2022011210	（SHA16–6–10）	巴利男士腰带	默认规格	条	1	吴 ××	快递公司 B
9	13	S2022011210	（SHA17–1–23）	佰年庄霞多丽干白葡萄酒	750 mL	瓶	6	许 ××	快递公司 B

基于拣货记录打印标签比较简单，只需做一个打印模板即可逐条打印每行拣货数据，作为标签进行拣货，并张贴于实物上，如图 5–18 所示。

拣货序号	1	单据序号	11
单号	S202201121045	库位	(SHA12-1-16)
货品名称	BALLY/巴利女士灰色/黑色羊毛围巾	规格	灰色
单位	条	数量	2
收件人	张**	承运商	快递公司A

图 5–18　拣货标签

（7）黄金组合法

黄金组合法是提前将经常一起配发的货品，按照一定的比例组装成包、成箱、成托，提升配货效率的一种方法。

例如，某大型商超配送中心提前准备一部分各门店需要配发的饮料和零食，并将这些经常需求的货品按一定量堆码于一个托盘，称为“黄金托”。在各门店下单时，计算需要多少黄金托，还需要另配多少零头，从而提高了配货效率、减少了搬运工作量。

（8）拣货区一分为二法

将拣货区域一分为二，或准备 2 个相同的拣货区。仓库收到订单配货任务后，先在第一个区域拣货，第一个区域货品不能满足再在第二个区域拣货，同时对第一个区域进行补货。第二个区域货品不能满足需求时，重回第一个区域拣货，并对第二个区域进行补货。这么做的目的是降低拣货拥堵，避免拣补交叉，减少补货原因造成的等待。

（9）临时汇总移库拣货法

出现大量订单时，可汇总数据进行分析，是否存在多个订单或多个波次共需的货品。若多个订单或波次共需的货品存放于巷道深处或高层货架等不便拣货的地方，可以汇总订单需要数量，将其提前移至临时的地堆拣货位或方便拣货的库位。

（10）一位一货的重要性

为提高拣货效率且不出错，尽量一个库位只存放一种货品。若一个库位需存放多种货品，必须做好标识或隔断，各货品不可共用一个库位记录。如 A001

库位，存放 1 种货品时库位标识为 A001，存放多种货品时，第一种货品库位可为 A001-1、第二种货品库位为 A001-2、第三种货品库位为 A001-3……依此类推，以便使账物相符，提高配货、盘点的准确率。

（11）货品单元化包装

拣货过程中，若清点工作量较大，则需要仓库管理人员提前对货品进行预包，形成不同数量的单元，以方便后续拣货。类似地，我们从一堆石子中拣选不同数量单元的石子，如果有按不同规格包装好的石子，自然比在一堆散装的石子中拣选要快很多。

（12）及时了解货品在 ABC 库位的分布量

货物存储的位置，通常称为“库位”，库位有 ABC 之分，如方便拣货的 A 类库位，不太方便的 B 类库位，非常不便的 C 类库位等。因此，我们需了解仓库中的货品及其在不同类别库位的存储量。若需求量较少的货品存储于 A 类库位较多，占用了过多 A 类库位资源，则需要移走一部分，把 A 类库位用于存放近期需要配发的货品。若需求量较大的货品存储于 A 类库位较少，则会影响后续的配货，需要从 B 类或 C 类库位补货至 A 类库位。总之，仓库管理人员要根据货品的发货量，合理地将货品存储于库位，在不影响配货效率的前提下，提高空间利用率。当然，对于体积较小的货品以及库存量较少的货品，在有发货需求的情况下全部存储于 A 类库位，如表 5-22 所示。

表 5-22 库位货品存储量分析

序号	货品编号	库存总量	A 类存放数量	B 类存放数量	C 类存放数量	近期发货总量	分析结果
1	PT20220426150447223	3935	767	0	3168	1342	需补货至 A 库位
2	ES20230131104531311	2721	921	1776	24	1794	需补货至 A 库位
13	20.13	14548	1500	2180	10868	21118	需补货至 A 库位
14	CL20150320125610	2721	436	0	2285	1590	需补货至 A 库位
23	MAT1900-DEF	636	0	635	1	349	需补货至 A 库位

（13）优化拣货路径

通常而言，拣货人员是按库位顺序进行拣货，但库位并非按最佳拣货路径排序。因此，需要对拣货路径进行优化，根据现场的实际情况判定如何从一个巷道进入下一个巷道，确定先拣选巷道的哪一个库位的货品路径最短。优化拣货路径后，库位拣货顺序可能和库位排序正好相反。拣货路径优化逻辑如图 5–19 所示。

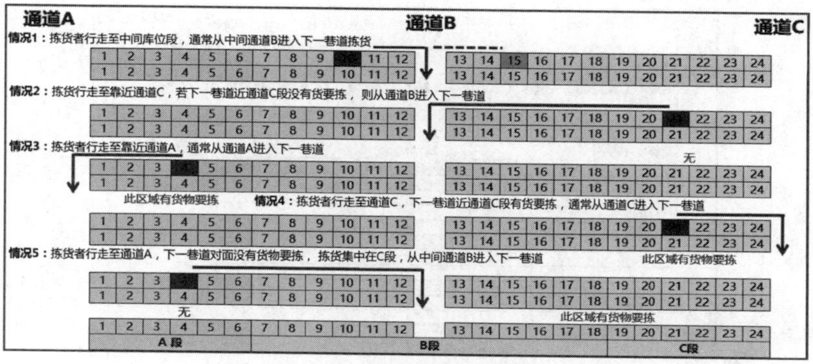

图 5–19　拣货路径优化逻辑

（14）按图拣选 / 提高可视化

按图拣选，就是给拣货人员提供一张可视化的平面图，标注哪些位置需要拣货，怎么走、去哪里一目了然，既可以优化拣货路径，又可以减少员工的思索时间，从而提高拣货效率。

（15）部分整托货品一分为二法

为提高拣货效率，仓库管理人员可以把部分托盘堆码的货物一分为二，注意，是部分，而不是全部。在配货量达不到一整托时，可以考虑先拣配半托货品，以减少搬运量。例如，把 60 箱一托的货品分成 30 箱一托，当需要 37 箱配货量时，就可以先配半托再搬 7 箱货品，省去了 30 箱货品的搬运量，如图 5–20 所示。

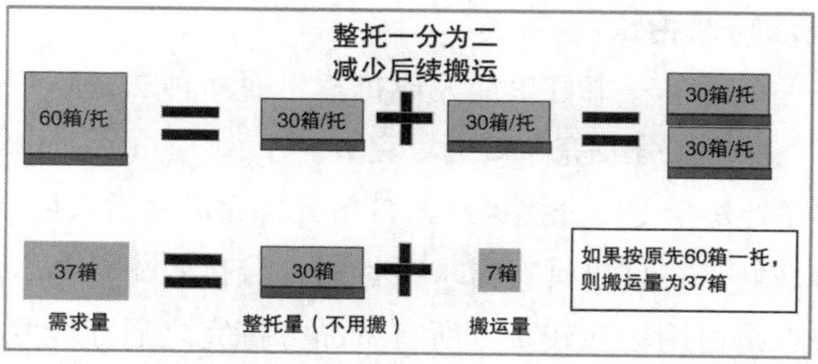

图 5–20　部分整托一分为二减少搬运量

（16）货品单元化包装

一种物品达到一定数量之后，以不同包装数量存放，可简洁方便地达到配货、分拣、点验的效果，被称为 YJ 储备定律。YJ 储备定律应用示例如表 5-23 所示。

表 5-23　YJ 储备定律应用示例

100×（A/200）+50×（A/200）+10×（A/40）＝A（A代表总数）

规律如下：

物品数量（pcs）	存放状态		
	100pcs为一个包装	50pcs为一个包装	10pcs为一个包装
1000	5	5	25
900	4	5	25
800	4	4	20
700	3	4	20
600	3	3	15
500	2	3	15
400	2	2	10
300	1	2	10
200	1	1	5
100		1	5

将1000pcs物品发至以下10城市

	地址	数量(pcs)	配货	清点件数
YJ储备定律状态下	广州	78	50×1+10×2+1×8	11
	南昌	152	100×1+50×1+1×2	4
	武汉	65	50×1+10×1+1×5	7
	昆明	99	50×1+10×4+1×9	14
	成都	145	100×1+10×4+1×5	10
	杭州	58	50×1+1×8	9
	南京	40	10×4	4
	济南	245	100×2+10×4+1×5	11
	合肥	60	10×6	6
	北京	58	10×5+1×8	13
				合计:89次

与以往存放状态比较：（以往1000pcs物品，通常为100pcs一个包装状态下存放）

	地址	数量（pcs）	配货	清点件数
通常状态下（通常为100pcs一个包装存放）	广州	78	1×78	78
	南昌	152	100×1+1×52	53
	武汉	65	1×65	65
	昆明	99	1×99	99
	成都	145	100×1+1×45	46
	杭州	58	1×58	58
	南京	40	1×40	40
	济南	245	100×2+1×45	47
	合肥	60	1×60	60
	北京	58	1×58	58
				合计：604次

6. 提升分拣效率（★★★★）

（1）摘果法与播种法

摘果法是一个订单一个订单地完成拣货，而播种法是一个货品一个货品地分发，最后一种货品分发完“接近”完成。

摘果法的好处是少占用分拣场地，订单分拣完成之后就可以发货。

播种法的好处是在订单具有需求共性时，分拣效率较高，并且可以第一时间复核。缺点是占用场地较多，所有货品分拣完之后才能复核发货。但如果设备技术允许，也可以一边分拣一边复核装箱。

综合以上，在场地条件允许的情况下，订单需求具有共性（各个订单的货品基本相同）时，播种法效率较高。

（2）批量扫描分拣法

①在波次较大、订单较多的情况下，播种（墙）范围很大，人的手臂无法将货品送至较远的播种口，只能扫描一件，投放一件，需要来回行走，浪费时间。这个时候可利用拣货车（分拣小车），将需要分配的货品一件一件地扫描并放置于每个格子（框）中，再投放至各个订单。将分拣小车作为一个集货容器，可以几十件同时投放，提高效率，如图 5-21 所示。

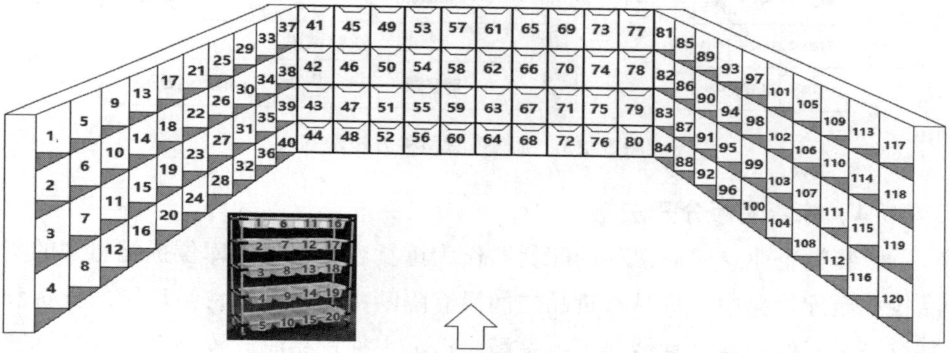

图 5-21　批量扫描分拣法 1

②直接将需要分配的货品，一件一件地投放至大播种墙的每一个格口扫描，可知哪些格口的货品属于同一订单，从而可以集中取出，如图 5-22 所示。

0	02店	02店	02店	07店	03店	01店	07店	27店	18店	09店	02店	02店	26店	19店	04店	40店	36店	49店	19店	43店	22店	10店	02店	14店	0
1	02店	02店	02店	04店	03店	02店	02店	15店	02店	09店	19店	06店	09店	24店	04店	31店	36店	49店	19店	43店	13店	10店	02店	14店	1
2	02店	03店	15店	04店	02店	07店	27店	02店	08店	05店	19店	33店	24店	09店	39店	14店	01店	47店	06店	06店	19店	34店	04店	45店	2
3	02店	01店	03店	02店	03店	03店	03店	02店	08店	05店	40店	33店	03店	25店	39店	15店	01店	40店	30店	24店	26店	34店	04店	43店	3
4	02店	03店	01店	02店	02店	10店	15店	03店	49店	24店	10店	01店	01店	17店	36店	04店	15店	20店	47店	09店	01店	40店	25店	45店	4
5	03店	02店	01店	19店	03店	04店	38店	16店	49店	01店	10店	18店	01店	17店	32店	26店	38店	20店	05店	26店	17店	40店	02店	27店	5
6	02店	03店	03店	01店	01店	07店	38店	01店	15店	03店	17店	21店	27店	04店	26店	27店	43店	16店	08店	09店	23店	11店	09店	01店	6
7	02店	03店	07店	01店	01店	02店	09店	10店	24店	05店	10店	06店	33店	01店	26店	38店	16店	26店	01店	22店	18店	11店	32店	18店	7
8	02店	01店	03店	19店	10店	01店	01店	02店	24店	27店	02店	08店	43店	13店	55店	36店	16店	08店	10店	28店	06店	11店	50店	18店	8
9	03店	07店	02店	19店	03店	04店	13店	01店	38店	43店	07店	02店	02店	29店	55店	36店	49店	26店	05店	22店	06店	11店	50店	43店	9
	1	2	3	4	5	6	7	8	9	10	11	12	13	14	15	16	17	18	19	20	21	22	23	24	

图 5-22　批量扫描分拣法 2

（3）标签拣货法

标签拣货法不仅可以提高配货的效率和准确率，还可以方便后续的分拣，如图 5-23 所示。

方法1

一件货品一张标签

库位001	苹果	李四	1
库位001	苹果	王二	2
库位001	饼干	张三	3
库位001	饼干	张三	4
库位002	夹克衫	李四	5
库位002	夹克衫	客户4	6

方法2

一个订单、一个库位、一种货品一张标签

拣货序号	7	单据序号	66
单号	S202201120387	库位	(SHA16-3-10)x5
货品名称	珀玛-开瓶器(含logo)	规格	默认规格
单位	个	数量	5
收件人	叶子双	承运商	某货运公司

图 5-23　标签拣货两种方法示例

（4）拣货隔板分开法

服装类企业仓库通常利用配货箱作为拣货容器，将各库位拣配出来的货品投放至配货箱中，货品与货品之间没有隔断，容易混淆，给后续的分拣和复核带来不便。在这种情况下，每配（拣）一种货品应放置一个垫板以隔离不同的货品，有助于后续的分拣和复核，如图 5-24 所示。

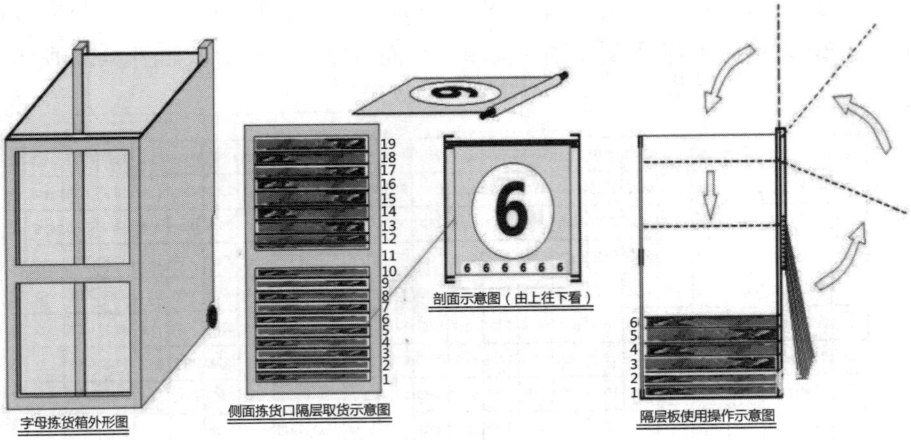

图 5-24　拣货隔板分开法示例

（5）汇总订单格式转换法

一些仓库将订单汇总之后，打印成表 5-24（左侧）这种格式，汇总订单货品分拣完成之后，根据明细分发各订单（门店）。但由于订单过多，需求数量不一，很容易看错行或看错列导致发货错误。因此，需要处理转换数据，变为表 5–24 右侧的格式，避免看错从而提高分货的效率和准确率。

表 5–24　订单汇总数据格式转换示例

库位	物品代码	店名																								转换格式：人性化读报信息，不易看错店铺名													
		南宝	银泰	地中海	南方	现代	大金	嘉亭荟	罗宾森	鹿都	五宝	假日	龙之梦	浦东商场	正大	青东	塘巴	莘庄龙之	名店街	南汇万达	五巴	一百	石化	北虹口	北岸														
		1店	2店	3店	4店	5店	6店	7店	8店	9店	10店	11店	12店	13店	14店	15店	16店	17店	18店	19店	20店	21店	22店	23店	24店	店名	数量	店名	数量	店名	数量	店名	数量	店名	数量	店名	数量	店名	数量
601A1201	SKU0001	1		1		2						1		1			3									1店	1	3店	1	5店	2	11店	1	13店	1	16店	3	29店	2
601A1401	SKU0002		2						1										1							2店	2	8店	1	18店	1								
601G1401	SKU0003								1	1				3				1				1				8店	1	9店	1	13店	3	17店	1	21店	1	33店	1	34店	1
601D0302	SKU0004				1			1								3										4店	1	7店	1	15店	3	29店	1	32店	1				
601D0302	SKU0005		2			2					3														1	2店	2	5店	2	10店	3	24店	1	27店	2	30店	2		
601A0501	SKU0006	1			1			2					1													1店	1	4店	1	7店	2	12店	1	26店	1				
601A0301	SKU0007		1		1					4			1													2店	1	4店	1	9店	4	12店	1	29店	1				
601A0201	SKU0008	1							1									4						4		1店	1	8店	1	17店	4	23店	4	26店	1	33店	1		
601F0902	SKU0009	1					1							4												1店	1	6店	1	13店	4	26店	1	31店	1				
601F1002	SKU0010		1		1				1																	2店	1	4店	1	8店	1	27店	1	29店	1	33店	1		
601F1102	SKU0011					1										3			2		1					5店	1	15店	3	18店	2	20店	1	30店	1				
601F1202	SKU0012	3			1				1											1						1店	3	4店	1	8店	1	19店	1	26店	3	29店	1	33店	1

（6）语音连续播种文字提取法

物流中心给门店配发货品大多采用播种法，尤其是新品上店，一般会打印播种单。

若门店数量多，A4 纸篇幅不够，可采用 A3 等纸张打印。在播种发货时，由于数据密集，读报人看错、读错的可能性较大。一旦出错，会产生大量的复核工作，很影响效率。为此，可编制相关小程序转换提取直观数据，相关示例见表 5–25、表 5–26。

表 5–25　转换前数据格式

货品条码	1店	2店	3店	4店	5店	6店	7店	8店	9店	10店	11店	12店	13店	14店	15店	16店	17店	18店	19店	20店	21店	22店	23店
6922456805036	2	1	1	1	1	1	1	1	3	2	2	2	2	2	2	2	2	2	2	2	2	2	2

货品条码	24店	25店	26店	27店	28店	29店	30店	31店	32店	33店	34店	35店	36店	37店	38店	39店	40店	41店	42店	43店	44店	45店
6922456805036	2	2	1	2					1	1	1	1	1	1		3		2	2	2	2	2

表 5–26　转换后数据格式

货品条码	读报人念单内容
6922456805036	1 店 2，2 店 1 到 8 店，9 店 3，10 店 2 到 25 店，26 店 1，27 店 2，32 店 1 到 37 店，39 店 3，41 店 2 到 45 店，完。

转换后的数据简洁、清晰，可大大提高读报的效率和准确率，并且可以节省人力。原先一人读报、一人发货、一人协助推发货车，转换后推车的人可以直接读报。

（7）场景效果图分货法

某商超配送中心集货现场。图 5–25 中的 7198 等数字吊牌是各超市的代码，吊牌下方是相应超市的集货点。现场人员根据分货单（见表 5–27），将货物分给各超市，待各超市货品集齐后统一配送。

图 5–25　某商超配送中心集货现场

表 5–27　分货单

门店	土豆
7001	15
7002	10
7003	25
7007	25
7011	5
7013	25
7016	15
7017	15
7021	15
7022	10
7023	5
7028	15
7031	15
7032	15
7033	5
7038	15
7041	25
7042	15
7043	15
7052	25
7053	15
7056	10
7057	25
7061	25
7063	25
7067	25
7071	15
7072	25
7076	10
7078	10
7082	15
7083	25
7086	15
7087	5
7092	15
7093	15
7096	15
7097	15
7098	10
7103	15

门店	土豆
7106	25
7107	15
7108	15
7111	25
7117	25
7118	15
7121	25
7128	25
7131	15
7132	10
7133	25
7136	15
7137	25
7141	5
7143	25
7146	15
7147	15
7148	25
7151	15
7157	10
7161	15
7162	15
7171	25
7172	15
7182	25
7186	10
7191	25
7197	25
7201	15
7206	10
7207	15
7211	15
7212	15
7217	5
7226	15
7227	15
7236	25
7237	15
7241	25
7247	25

门店	土豆
7251	25
7256	25
7262	10
7266	15
7267	25
7271	5
7276	15
7277	15
7281	15
7282	5
7287	15
7291	15
7292	15
7301	25
7302	15
7312	25

仓库在分拣货品时，分货单是按各超市代码进行排序的，而从图 5–25 中可以看出，现场超市代码并没有按序排列，不便于不熟悉环境的作业人员找到对应的超市集货点。（超市代码为什么没有排序，是因为超市营业时间有先后，不同的超市处于不同的位置，配送是基于同一地区同一线路进行装车的，故同一配送线路的门店集货场地在一起，而没有排序。）

在这种情况下，可按照现场超市集货点实际分布情况，运用 Excel 设计平面图，体现超市集货点具体位置，并将需要分发的货品明细体现于平面图中。这样分货人员就知道每一种货品分发哪些超市，如何优化行走路线，各集货口分发多少货，提高分发效率，如图 5–26 所示。

土豆

	1	2	3	4	5	6	7	8	9	10	11	12	13	14	15	16	17	18	19	20	21	22	23	24	25
	7131	7136	7141	7146	7151	7156	7161	7166	7171	7046	7051	7056	7061	7066	7071	7076	7081	7086	7091	7096	7101	7106	7111	7116	7121
												10	25		15	10		15		15		25			

	26	27	28	29	30	31	32	33	34	35	36	37	38	39	40	41	42	43	44	45	46	47	48	49	50
	7126	7123	7128	7133	7138	7143	7148	7001	7006	7012	7176	7181	7186	7191	7196	7201	7206	7211	7216	7221	7226	7231	7236	7241	7246
			25	25		25	25	15																	

过 道

	51	52	53	54	55	56	57	58	59	60	61	62	63	64	65	66	67	68	69	70	71	72	73	74	75
	7246	7251	7256	7261	7266	7271	7276	7281	7286	7291	7296	7301	7306	7311	7002	7007	7012	7017	7022	7027	7032	7037	7042	7047	7052
		25	25		15	5	15	15		15		25			10	25		15	10		15		15		25

	76	77	78	79	80	81	82	83	84	85	86	87	88	89	90	91	92	93	94	95	96	97	98	99	100
	7057	7062	7067	7072	7077	7082	7087	7092	7097	7102	7107	7112	7117	7122	7127	7132	7137	7142	7147	7152	7157	7162	7167	7172	7177
	25		25	25		15	5	15	15		15		25			10	25		15		10	15		15	

过 道

	101	102	103	104	105	106	107	108	109	110	111	112	113	114	115	116	117	118	119	120	121	122	123	124	125
	7187	7192	7197	7202	7207	7212	7217	7222	7227	7232	7237	7242	7247	7252	7257	7262	7267	7272	7277	7282	7287	7292	7297	7302	7307
			25		15	15	5		15		15		25			10	25		15	5	15	15		15	

	126	127	128	129	130	131	132	133	134	135	136	137	138	139	140	141	142	143	144	145	146	147	148	149	150
	7312	7003	7008	7013	7018	7023	7028	7033	7038	7043	7048	7053	7058	7063	7068	7073	7078	7083	7088	7093	7098	7103	7108	7113	7118
	25	25		25		5	15	5	15	15		15		25			10	25		15	10	15	15		15

图 5–26 现场超市集货点分布

（8）规则与不规则装箱（摘果与播种）条件下拆箱提示法

要提高分拣效率，就要控制好分拣的准确率。无论是摘果还是播种，无论货品装箱是否规则，只要有货品的装箱明细和分货明细，我们就有办法知道分拣到某一个订单或某一箱货时，应该拆哪一箱取多少件，或者分到哪一个订单，多少件。

若数量吻合，基本可以验证没有差错；若数量不吻合，我们也可以第一时间确定哪个环节出了差错，从而减少复核工作量。

表 5–28 为某种货品的配货与拆箱过程示例。

表 5–28　配货与拆箱过程示例

在存储货品时，确定每一箱装多少件、每一托码多少箱，**至关重要**

期初	568	每箱	30	件	有	7	整箱	零箱	21	个	剩余 231
		每托	5	箱	共	1	整托	零托	2	整箱	

每托明细

第1托	第2托
5	2

每箱明细

第1箱	第2箱	第3箱	第4箱	第5箱	第6箱	第7箱	第8箱
30	30	30	30	30	30	30	21

每一次拣货和配货都可以确定本次拣货或配货是否需要拆箱，以及需要取件数。同时，配货后可确保货品托数、整箱数以及零箱件数准确无误

拣货顺序	拣货前库存	拣货件数	取整箱数	拆箱取出	剩余零头	拣货后库存
第1次	568	66	2		22	502
第2次	502	12			10	490
第3次	490	15		5	25	475
第4次	475	15			10	460
第5次	460	24		14	16	436
第6次	436	25		9	21	411
第7次	411	38	1		13	373
第8次	373	89	2	16	14	284
第9次	284	33	1		11	251
第10次	251	4			7	247
第11次	247	16		9	21	231

在向各订单分发货品时，需计算哪个订单要拆箱，要取多少，如表 5–29 所示。

表 5–29　拆箱提示法示例

整箱件数	10																													
情况 1:先拣整箱																		计算哪一单需要拆箱，需要取多少件												
物品	库存	编号	订单1	订单2	订单3	订单4	订单5	订单6	订单7	订单8	订单9	订单10	订单11	订单12	订单13	剩余	剩余量	订单1	订单2	订单3	订单4	订单5	订单6	订单7	订单8	订单9	订单10	订单11	订单12	订单13
SKU0001	303	A1	2	3	4	2	4	7	3	2	1	5	6	7	1	256	25箱6个零头	-2			-1		-2				-3		-6	
SKU0002	204	A2	3	4	2	4	7	3	2	1	5	6	4	5	4	154	15箱4个零头	-3			-3		-3			-1		-1		
SKU0003	205	A3	1	3	3	4	2	4	7	3	2	1	5	6	1	163	16箱3个零头	-1			-1			-4				-5	-1	
SKU0004	206	A4	3	4	2	4	7	3	2	1	5	6	3	5	3	158	15箱8个零头	-3			-3		-3			-1			-5	
SKU0005	207	A5	2	1	3	4	2	4	7	3	2	1	5	6	2	165	16箱5个零头	-2				-2		-3				-4		-2
情况 2:先拣零头箱																		计算哪一单需要拆箱，需要取多少件												
SKU0001	303	A1	2	3	4	2	4	7	3	2	1	5	6	7	1	256	25箱6个零头		2			2		2				6	3	
SKU0002	204	A2	3	4	2	4	7	3	2	1	5	6	4	5	4	154	15箱4个零头		3			6		1			3		2	
SKU0003	205	A3	1	3	3	4	2	4	7	3	2	1	5	6	1	163	16箱3个零头			2			2		2				6	
SKU0004	206	A4	3	4	2	4	7	3	2	1	5	6	3	5	3	158	15箱8个零头		1			4				5	1			2
SKU0005	207	A5	2	1	3	4	2	4	7	3	2	1	5	6	2	165	16箱5个零头				3			6		1			3	

如果每箱货品数量不等，如何计算确定每一箱货分发至哪个订单（门店）结束，下一箱需从哪个订单开始分拣，以及每个订单（门店）的分货数量，如表 5–30 所示。

表 5–30　不规则装箱情况下拆箱提示法示例

汇总拣货单			分拣结果																					
库位/箱号	物品代码	数量	1店	2店	3店	4店	5店	6店	7店	8店	9店	10店	11店	12店	13店	14店	15店	16店	17店	18店	19店	20店	21店	22店
1	SKU0001	15	2		2	5	3	2		1														
2	SKU0002	17	1	1	1	4			1	1	3	1	1	1	1	1								
3	SKU0001	7								1	2	2	2											
4	SKU0002	8															1	2	1	1	1	1	1	

订单明细粘贴																						
物品代码	1店	2店	3店	4店	5店	6店	7店	8店	9店	10店	11店	12店	13店	14店	15店	16店	17店	18店	19店	20店	21店	22店
SKU0001	2		2	5	3	2		2	2	2	2			2	2	2	2	2	2	2	2	2
SKU0002	1	1	1	4			1	1	3	1	1	1	1	1	1	2	1	1	1	1	1	1
SKU0003	1	1	1	1			1	1	2	1	1	1	1	1	1	1	1	1	1	1	1	1
SKU0004	1	1	3	1	1	1	1	1	1	1	1	1	1	1	1	1	1	1	1	1	1	1

（9）混托混箱货品的分配

不同订单通常涉及不同货品，同时各订单在货品上存在很大重叠度，如表 5–31 所示。

表 5–31　不同订单货品重叠度示例

物品名称	苹果	橘子	香蕉	萝卜	香瓜	玉米	菠萝	葡萄	李子	橙子	梨子	土豆	西瓜
总需求	23	18	19	27	21	26	24	28	33	24	19	28	26
客户01	2	1		5		4	5	4	3		4		5
客户02	5		4	5	4	2		5	4	1		5	3
客户03	4		2	5		5	1	5	5	4	2	4	
客户04	4	5	3	5	4	3	4		5	3	5		4
客户05		5			2	5	2	5	4	5		5	5
客户06	2		5	4	5	1	5		5	2	4	4	5
客户07	1	3		3	5	1	5	4	2	5	4	5	
客户08	5	4	5		1	5	2	5	5	4		5	4

也就是说，到货或者库存货品往往是混托或混箱的，而且同一种货品可能出现在不同箱或托盘中。这个时候，无论是采取摘果法还是播种法，拣货效率都不会太高，如表 5–32 所示。

表 5–32　混托（箱）到货（库存）

托盘（箱）号	物品名称	数量（箱/个）
1	苹果	3
1	橘子	2
1	香蕉	1
1	萝卜	1
1	香瓜	1
2	玉米	4
2	菠萝	1
2	葡萄	1
2	李子	1
3	橙子	1
3	梨子	2
3	土豆	1
3	西瓜	1
4	橘子	1
4	香蕉	2
4	萝卜	1
4	香瓜	1
4	玉米	1
5	葡萄	2
5	李子	1
5	橙子	1
5	苹果	1
5	橘子	1
6	香蕉	2
6	萝卜	1
6	香蕉	1
6	萝卜	1

这时，只要了解每一托或每一箱是什么货品，我们就可以进行批量分配，也就是整托或整箱分配。判断某一托或某一箱的货品量，若正好满足某一订单，则直接把该托或箱货品分配给该订单，效率自然会提高许多。

经过计算，第 1 托（箱）货品可以直接分配给客户 04，如表 5–33 所示。

表 5–33　分配给客户 04 整托（箱）货品

扫描货品信息

序号	物品名称	数量
1	苹果	3
1	橘子	2
1	香蕉	1
1	萝卜	1
1	香瓜	1

物品名称	总量	剩余	苹果	橘子	香蕉	萝卜	香瓜	玉米	菠萝	葡萄	李子	橙子	梨子	土豆	西瓜
总需求	316	308	20	16	18	26	20	26	24	28	33	24	19	28	26
客户01	33	33	2	1		5		4	5	4	3		4		5
客户02	38	38	5		4	5	4	2		5	4	1		5	3
客户03	37	37	4		2	5		5	1	5	5	4	2	4	
客户04	45	37	1	3	2	4	3	3	4		5	3	5		4
客户05	38	38		5			2	5	2	5	4	5		5	5
客户06	42	42	2		5	4	5	1	5		5	2	4	4	5
客户07	38	38	1	3		3	5	1	5	4	2	5	4	5	
客户08	45	45	5	4	5		1	5	2	5	5	4		5	4

整托(箱)	配给门店	整托（箱）扫描	1
1	客户04		

第 2 托（箱）货品可以直接分配给客户 01，如表 5–34 所示。

表 5–34　分配给客户 01 整托（箱）货品

扫描货品信息

序号	物品名称	数量
1	苹果	3
1	橘子	2
1	香蕉	1
1	萝卜	1
1	香瓜	1
2	玉米	4
2	菠萝	1
2	葡萄	1
2	李子	1

物品名称	总量	剩余	苹果	橘子	香蕉	萝卜	香瓜	玉米	菠萝	葡萄	李子	橙子	梨子	土豆	西瓜
总需求	316	301	20	16	18	26	20	22	23	27	32	24	19	28	26
客户01	33	26	2	1		5			4	3	2		4		5
客户02	38	38	5		4	5	4	2		5	4	1		5	3
客户03	37	37	4		2	5		5	1	5	5	4	2	4	
客户04	45	37	1	3	2	4	3	3	4		5	3	5		4
客户05	38	38		5			2	5	2	5	4	5		5	5
客户06	42	42	2		5	4	5	1	5		5	2	4	4	5
客户07	38	38	1	3		3	5	1	5	4	2	5	4	5	
客户08	45	45	5	4	5		1	5	2	5	5	4		5	4

整托(箱)	配给门店	整托（箱）扫描	2
2	客户01		

第 3 托（箱）货品可以直接分配给客户 06，如表 5–35 所示。

表 5–35　分配给客户 06 整托（箱）货品

扫描货品信息

序号	物品名称	数量
1	苹果	3
1	橘子	2
1	香蕉	1
1	萝卜	1
1	香瓜	1
2	玉米	4
2	菠萝	1
2	葡萄	1
2	李子	1
3	橙子	1
3	梨子	2
3	土豆	1
3	西瓜	1

物品名称	总量	剩余	苹果	橘子	香蕉	萝卜	香瓜	玉米	菠萝	葡萄	李子	橙子	梨子	土豆	西瓜
总需求	316	296	20	16	18	26	20	22	23	27	32	23	17	27	25
客户01	33	26	2	1		5			4	3	2		4		5
客户02	38	38	5		4	5	4	2		5	4	1		5	3
客户03	37	37	4		2	5		5	1	5	5	4	2	4	
客户04	45	37	1	3	2	4	3	3	4		5	3	5		4
客户05	38	38		5			2	5	2	5	4	5		5	5
客户06	42	37	2		5	4	5	1	5		5	1	2	3	4
客户07	38	38	1	3		3	5	1	5	4	2	5	4	5	
客户08	45	45	5	4	5		1	5	2	5	5	4		5	4

整托(箱)	配给门店	整托（箱）扫描	3
3	客户06		

以此类推，直至整托整箱无法分配的情况，并进一步确认该托或箱哪些货品需要继续分配，哪些货品暂不需要分配。如果需要分配的货品较多，则把不需要分配的货品取出；如果不需要分配的货品较多，则把需要分配的货品取出，进而完成整个分配作业，如表 5-36 所示。

表 5-36　零托（箱）货品的分配

扫描货品信息		
序号	物品名称	数量
1	苹果	3
1	橘子	2
1	香蕉	1
1	萝卜	1
1	香瓜	1
2	玉米	4
2	菠萝	1
2	葡萄	1
10	西瓜	1
10	橘子	1
10	香蕉	1
10	萝卜	2
10	香瓜	1

物品名称	总量	剩余	苹果	橘子	香蕉	萝卜	香瓜	玉米	菠萝	葡萄	李子	橙子	梨子	土豆	西瓜
总需求	316	255	18	11	10	20	15	19	22	23	30	21	16	25	24
客户01	33	26	2	1		5			4	3	2		4		5
客户02	38	25	5	-1		1	3	2		5	4	1		3	2
客户03	37	31	4		2	5		5		3	4	3	1	4	
客户04	45	26		1		3		1	4		5	3	5		4
客户05	38	38		5			2	5	2	5	4	5		5	5
客户06	42	32	2		3	3	4		5		5	1	2	3	4
客户07	38	32		2		3	5	1	5	2	1	4	4	5	
客户08	45	45	5	4	5		1	5	2	5	5	4		5	4

整托（箱）	配给门店
10	客户02

整托（箱）扫描	10

-1　-->说明：该托箱中的橘子是不需要分配的，其余的都分配给客户02。只需要把橘子取出即可。

7. 提升复核准确率（★★★）

拣配的货品必须复核准确无误才能包装发货。必须确保复核的准确无误，复核环节一旦出错，就会导致货品错发。

复核环节出现差错，大体分为以下几种情况：①配货员配错货品或数量，复核人员没有发现；②配货员配货无误，但复核人员在清点或通过扫描枪（PDA）扫描复核时漏扫、错扫误认为配货员发生差错。

（1）设错法

利用设错法可提醒复核人员，增强复核人员的责任心。

笔者在管理绫致仓库时，利用设错法检验复核员，故意在配货员配出的货品中添加货品，或取走少量货，并跟踪复核员能否发现异常，是否如实记录异常数据。如果复核员不记录异常，要第一时间给予教育批评，酌情扣减其当月的绩效奖。当然，在实施之前，需要全员通告。

通过设错法，配货差错基本能在复核环节发现。

（2）单货对照法

配货员配货时，无论是把货品摆放在托盘上还是配货车上，货物尽量和单据的排列顺序一致，同时标注单据"序号"，货品包装标注的名称要和单据一致，以方便复核人员复核。复核人员复核一个打钩一个，直至复核完成。复核过的货品与未复核的货品要区分开，复核过的货品可先装箱码托。这样既方便复核，又能提高复核准确率，如表 5–37 所示。

表 5–37　某仓库拣货单

序号	库位代码	货品编号	货品名称	货品条码	单位	拣货数量	复核
1	B01-01-2	SKU0004	××毛衣	690000****0004	件	12	√
2	B01-02-2	SKU0005	×× T恤	690000****0005	件	2	√
3	B01-03-2	SKU0006	××衬衫	690000****0006	件	2	√
4	B01-04-2	SKU0007	××饼干	690000****0007	包	2	
5	B02-01-1	SKU0013	××洗发水	690000****0008	瓶	12	
6	B02-07-2	SKU0014	××沐浴露	690000****0009	瓶	18	

拣完货，把“序号”标注于对应的货物。以方便复核人员复核。

（3）图片对照法

在条件允许的情况下，复核环节扫描货品条码时，将电脑显示屏或 PDA 显示的商品照片和实物进行对照，以提高复核准确率（见图 5–27）。尤其是贴错条码时，更需要这种技术支持。

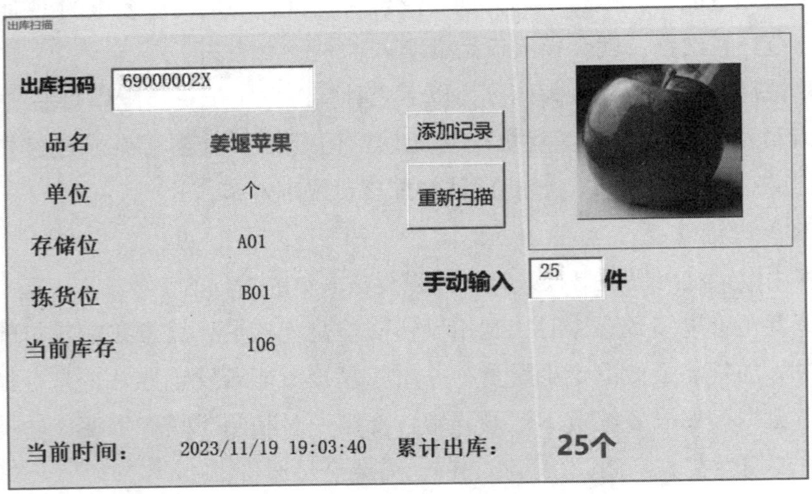

图 5–27　图片对照法示例

（4）称重法

对复核包装的货物进行称重，比较货品的重量与包装材料的重量之和是否等于货品实际重量，误差是否在可接受范围内。如果误差过大，就有可能存在配错货物、配多配少的情况，需要开箱打开包装检查。

（5）边扫边点数

复核人员在扫描货品的同时，要默数已扫货品的数量是否与 PDA 扫描的数量一致，防止扫描信息异常。

（6）系统提示

在复核环节，货品扫描成功无误时系统发出正确的提示音，出现异常时系统也会发出提示音，提示复核人员货品是否正确，目前大多仓库管理系统可以做到。

大多仓库管理系统仍缺少生成复核过程中涉及的异常货品清单，这是非常重要的，却易被忽视。基于到场货品清单，可以第一时间对库存剩余量进行动态盘点，确保库存准确。

8. 提升发货包装效率（★★★）

（1）做好预包与预制

①单件发货品可以预先包装，以减少发货环节的工作量。

②对于经常用到的物料、纸盒、纸箱，要想办法使其在包装环节能直接使用，无须过多的附加操作。例如，可提前封好纸盒、纸箱的底部，固定堆垛 / 托的货品数量，形成大小不同的单元，并设置预制物料存储区。当包装操作区域需要时，可以一个单元一个单元地从预制物料存储区领用。

同时，注意细节，重在单元化存储：物料—预制—单元化存储（做好标识）—按单元领用。

（2）以往数据的收集和分析

要积累仓库的历史发货数据：每一个订单的货品、包装材料等，以便进行数据分析。

①分析当前或往年同期哪些货品销量较大，并对这些货品进行预包装。

②分析哪些货品通常一道发货，使用几号纸箱？后续订单若出现类似的需求，据此可以大致推算需要哪些型号纸箱。

③当拥有了足够多的数据积累，后续基于订单就可以推算包装工作量和包装材料消耗量。

（3）装箱明细“前置”打印

要提高发货装箱效率，最好的方法是装箱明细“前置”，提前算好每箱要装的货品，并打印装箱标签，装箱明细单如表 5-38 所示。

表 5-38　装箱明细单

	A	B	C	D	G	H	I	J	K
1	物品代码	颜色	型号	件数	装箱规格	加箱打印区域			
2	114201041010001	黑	XS	1	20	箱号	颜色	型号	件数
3	114201041010002	黑	S	2		第1箱	黑	XS	1
4	114201041010003	黑	M	1			黑	S	2
5	114201041010004	黑	L	1			黑	M	1
6	114201041010005	黑	XL	2			黑	L	1
7	114201041010006	灰	S	4			黑	XL	2
8	114201041010007	灰	M	4					
9	114201041010008	灰	L	5		第2箱	灰	S	4
10	114201041010009	灰	XL	6			灰	M	4
11	114201041010010	灰	XXL	1			灰	L	5
12	114201041010011	红	XS	6			灰	XL	6
13	114201041010012	红	S	6			灰	XXL	1
14	114201041010013	红	M	5					
15	114201041010014	红	L	6		第3箱	红	XS	6
16	114201041010015	红	XL	6			红	S	6
17	114201041010016	红	XXL	6			红	M	5
18	114201041010017	绿	XS	18					
19	114201041010018	绿	S	1					
20	114201041010019	绿	M						

前置货品装箱单便于仓库收货和门店清点，不受操作人员影响；而通常情况下装箱会受具体装箱人员影响，并且人工计算的效率和准确率难以保证，不同的人计算的结果也可能不同。

前置装箱由于已知道装箱结果，确定总箱数，进而可以提前打印装箱发货标签，而正常装箱通常只有所有货品装箱完毕才能知道总箱数，才可以打印装箱发货标签。

（4）应用流水线（输送带）

应用流水线（输送带）不仅可以减少搬运工作量，而且让复核包工作变得有序，如图 5-28 所示。

图 5-28 流水线（输送带）

在包装操作台旁安装流水线（输送带），可以让各操作环节人员不必来回行走去取需要包装的货品，也不必来回行走去放包装好的货品，从而提高工作效率，如图 5-29 所示。

图 5-29 流水线（输送带）的应用

（5）应用自动化包装设备

如果仓库需经常大批量套（快递）袋子、封箱或打包操作，则应尽量使用自动包装设备来提高包装效率，如图 5-30 所示。

图 5-30 相关自动化包装设备

9. 如何全方位提高仓库作业效率（★★★★★）

（1）充分利用空间

仓库管理者一定要有空间意识和空间想象力，尤其要有空间意识。除必要的过道、通道，以及消防和逃生通道外，是否有可以利用的空间，有没有充分利用是我们关心的事情。

为了提升空间利用率，我们可以搭设各种货架，同时采用先进的设备和技术，设法减少货架间的巷道空间。搭设货架时，在保持一定灯距和顶距的情况下，充分合理利用上部空间是关键。很多电商企业以及一些生产企业原材料区，搭设的大多是轻型货架，货架高度通常为2米，实际一般也就利用了1.8米左右，没有充分合理利用，存在浪费。要知道，对于2米以上的空间，我们可以放置一些长久不发货轻便的整件货物，或者近期不需要配发的货品或者物料。

在实际管理中，我们发现很多仓库存在以下问题。

①货架的每一层高度一样，即所有库位大小一样。货物大小是不一样的，库位库存量也不一样，发货频次和发货量有多有少，因而仓库应设置大库位、中库位和小库位。若都设置同样大小的库位，就会存在大库位放着小件或少量货物而浪费空间的问题。

②所有货架之间的巷道一样宽，呆滞货品或不需要经常配发货品的区域留有过宽的巷道，搬运工具、车辆及人员通行的巷道一样宽，存在浪费空间的问题。仓库中，除留出必要的顶距、墙距、柱距、灯距和消防通道外，一些过道是不需要的。例如，某一区域或者两排货架之间存放了相同货物，货物的名称、编号、属性及批次都相同，不存在先进先出的问题，就没有必要每排或每两排设置取货巷道以通行叉车或液压车。若面对面的两个货架放置了相同的货物，而货架之间的巷道不是必要的过道或通道，那么至少巷道放置和货架一样的货物是没有问题的。或者说，即便不是同样的货物，如果这一区域或货架放置的货物暂时不需要或者长期不配发，那么就没有设置巷道的意义。留不留巷道，留多宽的巷道不是固定不变的，应根据库存货品的情况来定，尤其在库存空间紧张的时候。对于车辆或者人员通行较少，或者较少拣货的巷道，应该缩减宽度，或者不留。

③该移库的货物不移库，该拼箱的货品不拼箱。例如，有些货品一开始畅销，放置在靠近通道方便取货的库位，但当其销量降低、库存量减少时，

仍占用原有的库位就不合理了。或者一开始货品到货量较大，需放置在较大空间的库位，但若库存量减少仍占用较大的空间，也是不合理的。我们经常看到一些空间较大的库位仅放置一两件商品。对此，我们可以移库或者将零散的货品拼箱，以箱号为库位以便后续配发，这样既节约了空间，也不影响配货。

④能叠的不叠，能堆的不堆。举个简单的例子，平时用的一次性纸杯、饭盒，叠在一起时空间占用很小，但如果散放就会占用较多空间。仓库中的许多货物是可以堆码的，我们可以在重货上堆码轻货，在大件上堆码小件，只要不影响配货，尤其是配发频次较低的货品即可。总之，我们既要学会集零为整，又要学会化整为零，见缝插针，只要有可以利用的空间，就要想办法利用，如图 5–31 所示。

图 5–31　充分利用可用的空间

（2）设法留出过道

一方面我们强调一定要充分合理利用空间，包括减少配货巷道的宽度或不留巷道；另一方面要设法留出过道。两者看似矛盾，实则并不矛盾。这里所说的过道，是指除规定的存储区、作业区外，为了满足车辆通行、人员行走必须留出的过道。仓库配货作业时，把液压车、空托盘、空纸箱等直接放在过道中间，影响他人通行，就是没有过道意识。在仓库作业中，配出的货品应当先放置在“待复核区域”，再按序进入“复核区域”，货品复核完成进入“复核完成区”或待包装、称重区，区域之间应当留有过道。如果没有过道就容易混淆货物状态，也不便找货或处理异常。所以充分合理利用空间与设法留出过道并不矛盾。仓库作业中过道很重要，如图 5–32 所示。

图 5-32 过道的设置

（3）标识要清楚

在仓库管理中，标识直接关系到效率和准确率。到货清点、上架、配发、复核、分拣乃至盘点货物都与标识直接相关。

标识说起来简单，做起来却不简单。仓库的标识有很多，如区域标识、库位标识、通行标识、货物标识、货品状态标识等。总之，如果缺少标识，就难以分清具体区域，难以发现哪些出口存在问题。不易了解货物种类、数量，是待入库、待上架、待质检，还是待发货？

日常仓库配发货、拣货常找不到货物或者配错货物。如果库位标识清楚、货物标识清楚，效果就会不一样。说到库位标识，这里要重点强调一下，但凡有货架，都要有库位标识。张贴了库位标签，不代表标识就清楚，只要存在仓库相关作业人员不好判断的情形，就说明标识仍有改进的空间。不要流于形式，务必让所有作业人员理解。此外，若标识对货物名称及每堆、每托、每层、每垛、每箱、每包数量都标注得很清楚，盘点时自然方便很多。

可以说，标识无处不在。仓库管理者务必有通过标识和标签来提升仓库作业效率和准确率的意识。仓库相关标识示例如图 5-33 所示。

图 5-33 仓库相关标识示例

（4）划线区分

仓库中，无论是轻型货架，还是重型货架，每组货架的每一层通常都会作为多个库位使用。对于重型货架来说，一个横梁通常要放 2 托货，一托货就是一个库位，无论是地面还是横梁，划线与不划线的效果截然不同。通过划线，给两个库位或两托货之间确立边线，可减少判断上的失误。此外，一排一排的货物，划好线作业人员就容易放得整齐。消防栓和灭火器箱前严禁堆放货物，要划上线，明示线内严禁堆货。

租赁或者接手新的仓库，第一件事就是划线，至少要划出过道的边线、区域。在安装货架时，也应该先划线，以确保货架整齐。仓库划线示例见图 5–34。

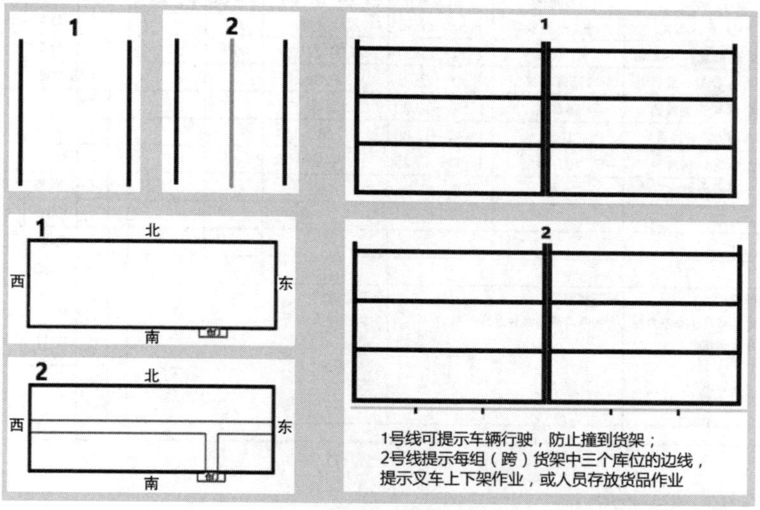

图 5–34　仓库划线示例

（5）直线原则

在仓库日常管理中，从晨会人员站队到液压车、小推车现场停放以及托盘堆码、货物摆放，都应尽可能保持一条线，不仅可节省空间，而且更容易清点。

遵循直线原则，关键是要培养这一意识，或者说养成习惯。作为仓库管理者，要及时对随意摆放的行为进行纠正，并经常进行宣贯。以便团队成员养成习惯、形成意识。

（6）及时公布信息

在日常工作中，部门或者和团队之间常因信息传递不及时而影响效率或导致各种问题。例如，取消任务或订单没有及时通知、加班通知没有及时公布、到货信息传递不畅等。这些信息都需要在第一时间通知需要知道的人。

及时公布信息，就是我们经常说的看板管理。不同的仓库，存放不同的货物，具有不同的功能，但不管什么仓库，及时公布信息并进行可视化管理，都有利于提高作业效率，减少不必要的失误。× × 仓 × × 部门当日工作及人员安排看板如表 5–39 所示。

表 5–39　× × 仓 × × 部门当日工作及人员安排看板

日期：　　　　星期：

序号	当日工作内容	工作量描述	计划时间	参与人员（员工序号）	中午12:30	晚上下班进度
1	××× 货品盘点	22托138种货品	8:30—17:30	① ③ ⑥	35%	
2	高架区整托货品移至B2	约108托	8:30—17:30	④ ② ⑤ ⑦	56托	
3	标识所有货架一层货品	295张标签	8:30—12:30	⑧ ⑨		
4	标识所有货架横梁	15通道	13:30—17:30	⑧ ⑨		
5	所有PDA重新编号	12把	13:30—14:00	⑩		
6	员工堆码知识培训	15分钟	17:30—17:45	全员		
7	客户系统资料审核	3家	8:30—17:30	⑩		
8						
9						
10						

公司领导留言区：	员工留言区：	公司通知：
温馨：员工休息时间，仓库照明要关闭，设备要归位！	⑦我们上午已经移了56托	今天中午员工聚餐

序号	员工姓名	上班时间	下班时间
1	钱又多	8:25	
2	张三	8:22	
3	李四	8:19	
4	王二	8:15	
5	孙国保	8:22	
6	张三风	8:24	
7	刘保强	8:35	
8	李大定	8:25	
9	闻四山	8:26	
10	冯国宝	8:28	
11			
12			
13			
14			
15			

（7）做好统计工作

在仓库日常管理中，倘若没有各方面工作量统计，就不会有准确详细的工作日报，由此也就不会有周报、月报和年报数据。年底管理人员自然不会高质量完成工作总结、工作汇报，更不能深入分析一年来人员的变化、完成了多少工作量、发生了哪些问题、做了哪些改进等情况。

要做好仓库管理，就必须统计每日每种货品的期初数、入库总数、出库总数和当天的期末数，统计仓库人员的每天工时，统计物料的每天消耗、出入库体积、出现的问题等。仓库人员周工作量统计如表 5–40 所示。

表 5–40　仓库人员周工作量统计

汇报第 6 周工作

人员	上架	库存维护	拣货	包装	扫描	打扫卫生	其他工作	本周工作分值	本周上班时长/分
小高	1184	1352	0	0	984	1862	2000	6215	4216
小周	800	0	1112	2546	0	462	224	5145	3372
老周	0	1384	998	0	0	0	0	2382	4552
小龙	1184	1536	0	0	0	1611	1384	5715	4234
小王	0	488	1678	2336	0	102	224	4829	3601
小张	1112	2024	1565	1146	0	595	1384	7826	4543
小宋	728	0	1112	2546	0	462	224	5073	4225
小叶	728	488	3733	3860	0	360	180	3896	3382
小谢	0	1200	1112	1480	984	1370	840	6986	4534

（8）排除隐患

安全生产永远是第一位的，首先要确保作业安全，不留安全隐患。这里所说的隐患，不仅是安全方面的隐患，还包括以下各个方面。

①串味儿货物不隔离，或相似的货物一起存储，后续可能拣错、配错。

②“整箱”货物拆零又封口，做开箱标识，后续有可能以整箱错发货，盘点作为整箱。

③在拣货过程中，形成多个零头箱，也就是多个尾数箱，盘点时容易盘错，出现差异。

④用没有去掉原有标识或标签的旧箱装纳其他货物。例如，用原来装苹果的箱子装橘子。

⑤出库扫描复核包装过程中发现多货或少货，不记录直接口头补货，或多货或配错货不及时还库，货品差异当天不做动态盘点，不对库存剩余数进行复核等。

⑥一些部门或领导，以“口头指令”提货，未及时销账和记录，导致库存差异。

⑦货物在堆码时不交错码放，不用缠绕膜、绑带或胶带加固，存在倒塌风险。

⑧采用多种托盘收货，托盘有大有小，每托堆码箱数不一，没有标识，易导致清点差异。

⑨盘点单不隐藏期末库存数量，盘点人员不盘或隐瞒实数，直接照抄盘点单数量。

⑩员工驾驶车辆，尤其是库内作业，拐弯不减速、不鸣笛。

⑪消防通道受堵、消防栓灭火器前方堆货、灭火器过期或压力不足。

⑫仓库人员不知晓灭火器摆放位置，未掌握灭火器使用方法，灭火器材不按要求配置且短缺。

⑬仓库员工作业穿戴不规范。

⑭使用美工刀开箱，刀片过长，且箱内上下无垫板，易划破或划伤箱内货品。

⑮木托盘维护不及时。

⑯仓库人员离开库房不关门，或雨天不关窗。

⑰员工下班不关闭电源、私接电源，电源线任由车辆碾压，易绊倒行走人员。

⑱在仓库附近抽烟，乱扔烟头（扔进没有水的垃圾桶 / 箱）；对易产生火花的仓库作业不做隔离防护。

⑲不及时关闭水龙头，货物随意堆放，发现异常不及时上报等。

⑳在仓库附近给设备充电，存在自燃风险。

㉑超长件（管件）货物容易碰伤或刮擦其他货物。超长件（管件）货物存放注意事项见图 5-35。

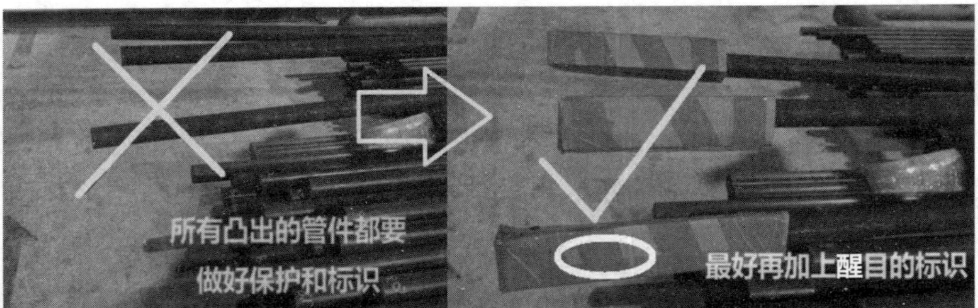

图 5-35　超长件（管件）货物存放注意事项

㉒货架上方堆放散件或敞口箱（未封口），拣货或搬箱作业容易掉落。

（9）编号

仓库很多问题的解决、现场作业流程的优化都离不开编号法。所谓编号法，就是将一切不易识别的有关货品的文字信息、较长的数字和字母字段用最简单的自然数代替，以方便查找、识别和录入。编号法既简单，适用性又强，适合任何仓库、环节和作业。

编号法应用的场景很多，可对仓库每个区域、每道门、每扇窗户、每个柱子及所有设备进行编号，如 1 号车、2 号车……1 号操作台、2 号操作台……1 号打印机、2 号打印机……货运公司的车辆管理一般用车牌号进行识别，但车牌号编码复杂，不如直接按自然数编号，在每辆车上印上相应的数字，方便识别管理。

有很多仓库，仍缺少库位管理，员工大多凭记忆配货，新员工短期很难独立配货。编号法就可以解决这一问题，只要在每种货物上贴一个数字，比如，有 100 种货物，可按序从 1 贴到 100，如此一来，配货时只需看数字就知道去哪里配货了。同样，货物入库时可以在每托货、每箱货上按顺序张贴自然数，不仅能了解货物入库的先后顺序，还能作为工作量数据进行统计，并且可以作为库位使用。

编号一定要简单，方便识别辨认。例如，向各地门店发货可以用最简单的编号来代替地区和店名。再如，水果分拣中心在分拣水果时，可以在每个框上标注各种水果的名字和编号，这样我们在分拣水果时就可以按框上的编号拣货。

（10）追求熟练度

无论是卸货、上架、配货、分拣还是包装，每一名员工每一个动作都要尽可能追求熟练度，找到方法和技巧。

能一秒完成一定不用两秒，这不仅是工作态度，还是一种工作思维，相信可以找到更好的方法。正是本着这样的思维，工作中我们做了很多优化，最典型的例子就是我们从系统里导出数据时，总是要经过许多步骤才能得到想要的数据，为了节约时间，我们基于日常操作，设法通过函数直接从源数据中提取、匹配、关联需要的数据，并制作模板，后续只要复制源数据就可以得到我们想要的结果，可以说是一劳永逸。

另一个重要优化是针对每次大规模盘点的盘点数据和账面数据的核对，以往总是需要很长时间才能完成核对，为此，我们根据每次核对的逻辑制作模板，两组不同的数据进行比对就可以发现差异，复核单据立马可打印。

能一秒完成的事绝不用两秒，并将其灌输到每一个工作场景中。

此外，退货环节，由于 SKU 多，分拣做同款合并比较费时。我们可以把事情往前推，就是说如果要提升某一道工序的效率，就要从这道工序之前的工序着手。就退货整理而言，若能事先获得退货数据，我们就可统计出各款货物 SKU 数，知道每个 SKU 的件数。若掌握了每月装纳 SKU 数，就可以提前计算每个 SKU 的装箱数，也就可以计算尾数箱的零头数量，进而可以提前打印所有货品的装箱明细，即每箱的箱唛贴纸。员工整理退货时，可直接按箱唛贴纸装箱，无须人工手写贴纸，效率自然能提升。

（11）单元存储

盘点是仓库管理的重要环节，零散的货物往往盘点起来不太方便，也容易出现差错。相对而言，整包整箱单元化的货品盘点起来就简单多了。

有什么方法可以解决这样的问题吗？其实很简单，只需我们平时习惯性地将零散的货物单元化，比如，将陈列于货架上的货物组合成一个个单元，如 10 件一堆，形成单元。单元化堆码货物，可准确确认配货剩余量。

（12）借助设备工具

自古有言：磨刀不误砍柴工；工欲善其事，必先利其器。现在很多仓库作业已从传统的人工转向机械化、自动化。很多时候，即便做不到全过程的自动化，至少也可以在某个环节实现自动化、半自动化。

在借助设备工具方面，以下几件事让笔者记忆犹新。第一件事是清点或配发散装化妆品、衣服上的尺码夹和纽扣、机器上的螺丝钉以及一张张卡片时，可以用电子秤先取样，再根据重量计算出数量，比一个一个清点要方便很多。

第二件事是笔者发现 Excel 是一个非常好的工具，利用 Excel 这个工具笔者解决了很多问题。例如，以前向全国各地发货，都是凭经验选择什么方式、哪家货运公司及快递公司，后来笔者把经验、逻辑和各家公司的报价内置于 Excel 中，形成数据库，后续发货可以根据目的地、时效和重量判断每票货物选择货运公司和快递公司，非常方便。针对越库作业环节出现的问题，笔者利用 Excel 制作分配程序，计算每箱货物应当分发的城市、每个城市每个型号的整箱数和零头，不仅效率提升很多，准确率也比人工挑拣高得多。

解决了越库作业问题之后，笔者发现发货还是需要人工把每个型号货物的零头凭经验拼箱，一个人要负责几个地区，效率较低。于是笔者考虑为什么不能事先用 Excel 确定如何拼装呢？人工怎么装箱，笔者就按人工的逻辑运用 Excel 设计了一个小程序，从越库分配到分发每个地区的零头如何拼箱，一步计算到位，效率和准确率再次得到了提升。

（13）颜色管理

虽然我们每天都在接触颜色，但很少有人去应用颜色进行管理。生活和工作中，我们利用颜色来区分不同的状态、不同的线路、不同的温度、不同的月份、不同的区域、不同的属性，利用颜色来区分不同的品牌、不同的类别、不同的部门、不同的级别、不同的型号等。

结合仓库现场，我们发现真正用颜色进行管理的地方并不多。其实在仓库管理过程中，很多地方是可以用颜色进行管理的。例如，我们做区域规划时，不同区域的标识线就可以用不同的颜色，即便是同样的颜色，也有深浅之分。

在仓库的存储区和拣货区，除区域牌可以采用不同的颜色外，货架的标签也可以用颜色区分。即便是同一组货架，拣货位和存储位也可以用不同的颜色标签进行区分。此外，货架库位的编码也可以用不同的颜色来分别表示区域、排数、层数及格数，以方便作业人员识别库位信息。

在检查仓库时，我们可以将发现的问题用红色的便签标注，以引起重视。对于很久没有配发的仓库货品，存储超过一定的时间分别标注不同的颜色。例如，超过一年的可以标注黄色，超过两年的可以标注橙色，超过三年的可以标注红色。

在仓库日常工作中，我们还可以通过不同的颜色来区分待处理的、正在处理的和处理完成的货品、事项。

（14）业务培训

仓库管理、数据分析、图表制作、库存账制作、报表及新的设备系统操作，都需要经过培训反复练习才能掌握。

仓库管理人员要知晓库存账、会画可视化的效果图，并基于长期的库存数据、出入库数据，分析库存货品情况、出入库频次和动态，这些技能都要经由培训习得。

此外，仓库中很多设备、工具及仓库管理系统，仍须开展经常性培训，仓库员工才能学会操作、使用。

仓库管理者务必组织开展各种业务技能培训，从物流仓储的基础知识、各种操作技能、作业注意事项、企业文化、安全教育、各种系统的操作，到员工及部门间沟通，包括员工的思想品德教育，甚至饮食健康、强身健体。越库培训计划如图 5-36 所示。

目的：提高员工的综合素质，提升战斗力
内容：各种基础技能的强化训练
- 练习算数
- 练习写字
- 练习代码和颜色
- 练习点数
- 练习点数封箱
- 练习搬运堆码
- 练习使用液压车
- 练习封箱
- 练习整理场地
- 练习清点货物
- 练习配货
- 练习加箱
- 练习盘点机
- 练习发理货（次）
- 练习理货念单（次）
- 团队演练

方法：员工自愿报名，统一组织实施
时间：自2008-4-29 开始　每天中午半小时

报名者签名：

图 5-36　越库培训计划

（15）打印唛头

仓库发货时，一箱可能装有很多种货品。为方便对方仓库收货及清点，我们可张贴标签纸，附注装箱明细，写明货物名称及数量。随着货量增大，人工手写箱唛花费的时间越来越多，有必要利用标签打印机打印，以节省人工。

还有很多仓库仍采用货卡的管理模式，不过货卡也可以批量打印，而且可利用 Excel 制作各种标签的打印模板。

（16）使用条码

在仓库管理过程中，条码关系到很多作业环节的效率。收货、上架、配货、复核、分拣、盘点等作业，可以通过扫描条码采集核对货物信息，否则需要人工识别、手写信息。如果没有条码，货物信息很难进入仓库管理系统，超市售卖也不便利。

通常情况下，仓库主要需要哪些条码呢？一是货物商品条码；二是各区货架库位标识条码；三是周转容器、周转框、周转箱、发货纸箱等条码；四是各环节涉及的单据条码；五是托盘、拣货车、搬运设备、拣货设备、操作设备等标识条码；六是员工工号条码。有了条码，就便于各种信息和数据的采集和录入。

有些货物不方便贴条码怎么办？比如水果蔬菜、螺丝钉等。若单个货物不方便贴条码，既可以对其包装再贴条码，也可以采用悬挂吊牌的方式。若单个货品张贴条码的成本较高，可以 10 个、20 个、100 个，或一包、一捆、一扎、一箱贴一张条码，或一托贴一张条码，或者一个库位张贴一张条码。

对于不规则的或不方便张贴条码的小件商品，可以采用速封袋或自封袋。

条码并非只有装载有系统软件的仓库或者需要系统软件的支持才能使用，其实只需一把扫描枪，连接计算机打开 Excel，扫描的数据就可以采集到 Excel 中。或者利用 PDA，安装 WPS 软件，打开 Excel，就可以使用 PDA 扫描条码信息，再通过有线或无线将扫描文件传输至计算机进行处理。另外，手机也可以作为条码信息采集工具。

（17）责任到人

一些仓库对现场管理不重视，没有将现场管理责任分配至相关部门相关人员，如设备归哪个部门管理、卫生由谁负责、门窗由谁负责关闭开启等。因为没有责任到人，大家都秉持多一事不如少一事的态度，现场难免混乱：出现拖把没人洗、液压车坏了没人修、灯泡坏了没人换、卫生间漏水没人上报修理等问题。

要确保每一件事都具有追溯性，可查询原因和责任人，尤其人数比较多的时候，必须做到以下几点：一是尽量分组；二是组内分工明确，尽量流水操作；三是不同组不同人完成的包装分开堆码并做相应的标识。

若不责任到部门、责任到人，就无法统计各部门工作量、各人的工作量和差错情况。一旦工作中出现差错，就要做到“四不放过”：不找出问题原因不放过、不找到责任人不放过、不找到解决方案不放过、不把解决方案告之相关人员并培训到位不放过。

（18）提前准备

在仓库管理中，各项作业的准备工作至关重要。就收货而言，在收到预到货通知后，做好各项收货准备工作，是收货流程的重要环节。要提前确认有没有卸货场地、分货场地和暂放场地，有没有相应的托盘，是否需要铲车，铲车有没有加油充电，有没有人卸货等。先了解天气状况，确认是否需要准备雨布。若到货量大，要事先了解仓库有没有存储空间，货架有没有足够的库位，要不要整理移库、腾库。确认是否质检，是否贴标或者换箱、换标签，是否需要准备相关的纸箱和标签贴纸等。总之，有备无患。

在仓库日常工作中，尤其是旺季订单量较大时，我们更应该提前做好各方面的准备工作。以电商“双十一”来说，需要提前采购相应物料，提前对单品、爆品进行预包，对物料进行预制，提前盘点库位和库存，提前联系中介配备人员并做好相关培训，提前选择备用场地和相关的货运公司、快递公司，准备好备用的设备工具。一句话，能提前准备的，务必提前准备。

（19）一页文档

多年前，笔者供职于一家三方物流仓库，一次一家德国客户来盘点，总共需要盘 200 多个 SKU 货品，盘点单却只有 1 页纸。笔者当时很惊讶，按我们的习惯 200 多个 SKU 货品盘点单至少需 4 页纸。仔细一看，首先盘点单字体很小，其次是没有不需要的信息，50 多行，4 列，刚好 1 页纸。不只是节约了纸张，关键是盘点时不需要翻来覆去，方便查阅，后续也方便保管。

这件事给了笔者很大的启发，能 1 页显示的文档一定不要用 2 页，这是精益求精的精神。

笔者负责绫致上海物流中心时，要给全国几千家门店发货。每天单据打印量非常大，为了提高作业效率，笔者利用 Excel 自制了一个小程序，从 ERP 导出数据通过这个小程序删除不需要的内容，同时缩小字体和行间距，再把后页内容剪切到右侧，使原来 4 页纸的内容减至不到 1 页。通过这一改良，不仅节约了纸张，还大大提高了作业效率。

（20）替后续考虑

一件商品是否便于运输、搬运、存储，其实都与最初的设计有关。设计时若没有考虑后续的方方面面，后续就会多多少少出现一些问题。

回到仓库，到货卸货速度和前面的装车是分不开的。如果装车时不考虑后续卸货是否方便，卸货就不会快。同样，卸货时随便堆码，不考虑后续的清点、上架是否方便，后续清点、上架的效率也不会高。如果上架的人员随意操作，后续拣货、配货者就会不方便。若把货物随意放置于巷道，后面的作业人员通行就会不方便。若收货时没有给货物做相应的标识，后面的作业人员就无法识别、配货。

要提高整体作业效率，就要往前推、往后想。什么是往前推？就是要提高某一环节的工作效率，就要看如何提升前一环节的效率。例如，复核岗位要提升复核效率，就需要配货人员做到货物分类摆放、货物的条码标签朝上或朝外，以方便复核人员扫描；零散的货物要包装好，如此复核效率才能提升。同样，拣货的人员要快速拣货，就需要上架补货人员选择合适的库位，尽量不一位多货，货物要摆放整齐、标识朝外。

什么是往后想呢？就是所有作业环节都要替后续环节着想，看有没有为后续环节提供方便。例如，仓库给全国办事处仓库和当地门店发货，为方便后续办事处仓库和门店收货清点，我们可在装箱时尽量按颜色型号排序装箱，货品要排放整齐，同时箱外张贴清单注明货品和数量。

第 6 章　仓库规划运维

1. 仓库规划（★★★）

1）仓库规划要点

（1）分类保管

分类保管是指按照货物的性质（理化性质或使用方向）划分货物类别，基于各类货物的储存计划，结合库房、货场、起重运输设备等条件，确定各库房和货场的分类储存方案，使“物得其所，库尽其用”。

分类保管的基本原则：相互影响的货物不能同库保存；货物保管温度、湿度要求条件不同的不能同时存放；灭火方法不同的货物必须分开存放；作业手段不同的不宜一起存放。

（2）仓库的平面布置

仓库的平面布置是指对仓库的各组成部分，即存放区、入库检验区、理货区、配送备货区、通道以及辅助作业区进行全面合理的安排。

仓库的平面布置原则：单一的物流流向、最短的搬运距离、最少的装卸环节和最大限度地利用空间；留有顶距、灯距、柱距、墙距、垛距“布置的五距”。

（3）货位布置的基本思路

①根据货物特性分区储存，将特性相近的货物集中存放。

②将单位体积大、单位重量大的货物存放在货架底层，且靠近出库区和通道。

③将周转率高的货物存放在进出库、装卸搬运便捷的位置。

④将同一供货商或者同一客户的货物集中存放，以便分拣配货。

2）仓库规划需要考虑的数据

（1）吞吐量

①每天或每周的进出品类、箱数、托数、体积、重量。

②最大吞吐量、最小吞吐量、平均吞吐量以及季节性因素。

（2）产品数据

①品类（SKU）名称、编号和描述等；②尺寸（长、宽、高）；③重量；④装载单元的尺寸（长、宽、高）；⑤每个装载单元可放置的产品数；⑥安全承重；⑦堆垛高度；⑧是否易碎品；⑨是否为有气味的产品；⑩是否易燃易爆的产品；⑪是否对气味敏感，或者是否吸收气味；⑫是否高价值产品；⑬是否有吸引力的产品；⑭是否对温度很敏感。

（3）库存数据

①各 SKU 的最大库存量（数量、箱数、托数、体积、重量）；②各 SKU 的最小库存量；③各 SKU 的平均库存量；④季节因素对库存 SKU 和库存量的影响。

（4）订单特征

①每天及每周的订单数；②每个订单的品类（SKU）数或行数；③每个品类（SKU）的数量；④订单的最大量、最小量、平均数量及受季节性因素的影响；⑤服务水平、时效的要求；⑥订单量与产品大类的关系。

（5）成本数据

①建筑；②设备；③人员；④管理费用；⑤维护保养；⑥各类关联税费。

（6）工效数据

①各工序消耗的时间（根据 SKU 数、箱数等推算为理论时间）。

②设备的工作效能。

（7）现有建筑物数据

①图纸尺寸（长、宽、高）；②各类障碍物和门窗位置及尺寸；③装卸平台位置和尺寸；④排水设施的位置；⑤照明设施的位置和型号；⑥消防设施及位置；⑦地面数据（材料、平整度、牢固度、摩擦力）；⑧预计使用年限。

（8）运输数据

①车辆型号；②到达与离开的时间（提货与送货有无预约）；③路面宽

度；④大门的宽度；⑤车辆掉头转弯等的区域；⑥车辆的最大倾角（防止侧翻）。

（9）外围区域情况

①门卫室；②办公室；③食堂及洗手间等（外来与内部人员）；④车辆修理或者清洗设施；⑤油料存储设施；⑥外围安保围栏或者围墙及照明；⑦车辆掉头转弯等所需的区域，停车区域；⑧支线铁路；⑨周边公用服务设施；⑩周边居住人群情况。

3）仓库规划涉及的相关问题

①仓库相关业务存在哪些痛点或难点？

②从到货开始，卸下来的货先放哪里，刮风下雨是否影响？

③收货暂放区 / 待上架区空间不足怎么办？如何选择备用区域？

④收货差异如何处理？常见异常有哪些？异常货品如何存放？

⑤是否需设置入库扫描区、质检区、贴标区、维修 / 加工区等？

⑥来不及分拣、复核、包装、提货，如何处理？

⑦是否需要预制包装物料，如何制定预封物料的存储区与领用区？

⑧各作业环节使用的设备临时放置于何处，空出的托盘放置于何处？

⑨是否需要提前预包经常发货货品，预包货品何处存储？

⑩物料工具放置区、纸箱回收区与废品垃圾区于何处设置？

⑪办公文具、劳保用品存放领用区，文件资料、单据存放区如何放置？

⑫是否预留公共储存区、机动作业区以及理货区？

⑬员工就餐区、休息区、会客区、个人快递（物品）暂存区、更衣区等如何设置？

⑭车辆与设备充电区、早会与集合区域、吸烟区、员工技能培训区等如何设置？

⑮办公区如何设置可方便信息和单据的及时传递？现场电源、网络条件如何？

4）仓库布局和库位设计的基本步骤

①弄清整个仓库的实物流向，确定主要通道位置。

②根据作业车辆类型确定通道宽度。

③根据作业环节统计所需区域。
④各个区域的布局设计，包括设备、货架、操作台位置等。
⑤调整优化区域位置，预留公共区域 / 机动区域。
⑥区域库位的划分、货架与地堆库位的设计及库位编号的设计。
⑦持续优化、改进。

5）入仓前要完成的工作

①装卸搬运设备、存储设备、消防设备等的采购。
②水电施工、各区域电源与插座的布置、灭火器的就位。
③托盘、容器和物料的采购。
④网络系统的选择与布置。
⑤区域标识牌、库位标签等的打印或定制。
⑥现场地面的施工、划线与清扫。
⑦新仓平面图、周边情况及进出路线图的制作。
⑧人员的招聘与培训、相关制度的建立。
⑨人员交通与食宿的安排等。

6）仓库通常需设置的区域

仓库通常需设置的区域主要有：

①送货车辆等待区；②来货登记办公区；③停车卸货区；④收货托盘领用区；⑤收货物料 / 工具区；⑥卸货暂放区；⑦到货分拣区；⑧到货异常待处理区；⑨到货异常货品区；⑩到货待入库 / 上架区；⑪送货司机休息区；⑫待质检货品区；⑬质检区；⑭清洁工具暂放区；⑮叉车充电区；⑯叉车临时停放区；⑰ PDA 充电区；⑱标签标识打印区；⑲ A 类货品存储区；⑳ B 类货品存储区；㉑ C 类货品存储区；㉒临期货品存储区；㉓过期货品存储区；㉔出库打包物料领用区；㉕（1~5 号）纸箱库存区；㉖纸箱零用区；㉗托盘存储区；㉘发货托盘领用区；㉙托盘归还区；㉚胶带库存区；㉛物料领用区；㉜可用纸箱回收区；㉝可回收废料区；㉞不可回收垃圾区；㉟液压车 / 拣货车临时停放区；㊱预包货品存储区；㊲预制物料存储区；㊳员工休息区；㊴员工就餐区；㊵劳保用品放置区；㊶员工上下班早会集合区；㊷紧急疏散集合点；㊸待分拣区；㊹分拣区；㊺待复核包装区；㊻复核包装区；㊼待称重区；

㊽称重区；㊾待交接区；㊿待装车区；51办公区域；52卫生间 / 洗漱区；53会议室 / 培训室；54员工停车区；55员工会客区；56待整理托盘区（待维修托盘区、待报废托盘区）等。

2. 搬仓的方法与注意事项（★★★★）

（1）搬仓原则

①各环节不演示不培训不搬仓。

②不做计划表、记录表不搬仓。

③准备不到位不搬仓。

④货物在途信息脱节不搬仓。

⑤新仓未规划不搬仓。

⑥新仓卫生未打扫、布置未到位不搬仓。

⑦新仓库位未确定或规则未确定不搬仓。

⑧原仓货物标识不清晰不装车。

这里要特别强调，搬仓时货物的标识要体现货物名称 / 数量、原有库位、新仓库位。每一托盘货物标识都要体现托盘序号（托盘号）、货品类别、箱数等信息。

（2）搬仓计划

①统计各仓各区货品搬运量。

②确定搬仓流程、明确注意事项。

③统计需要的人员。

④统计需要的设备。

⑤统计需要的车辆。

⑥统计需要的托盘和容器。

⑦统计需要的各种物料、工具和文具。

⑧制作相关表单。

⑨搬仓工作的演练和测试。

⑩做好搬仓过程中集货、暂放等的场地规划。

⑪各环节人员的培训。

⑫后勤保障工作的安排。

⑬采购工作与资源联系。

⑭确定搬仓进程，制定组织计划进度表。

⑮制定搬仓奖惩制度。

（3）搬仓流程

搬仓的基本流程如下：

生成货品下架指令—货品下架—按要求装载—按要求标识—做好装载记录—按要求装车—记录装车明细—运输—传达接受仓库—在途跟踪反馈—到达反馈—卸车—清点—暂放（指定区域）—上架。

（4）搬仓主要环节流程与操作细节说明

要详细描述搬仓每一个环节的操作步骤、标准过程、细节和注意事项。

例如装车环节，流程与操作如下：指挥车辆按要求停放—安全停放车辆—放置制动木块—打开车门并做好固定—准备板夹和装车记录单—检查装车货物稳定性—检查装车货物标识—按设定的顺序指挥装车—记录装车明细。

当货物从原仓库下架（装箱）按托码放后，需要对每一托进行编号。除了记录每一托货品的装载车辆，还要绘制如图 6-1 所示的示意图，说明每一托货品的具体位置。

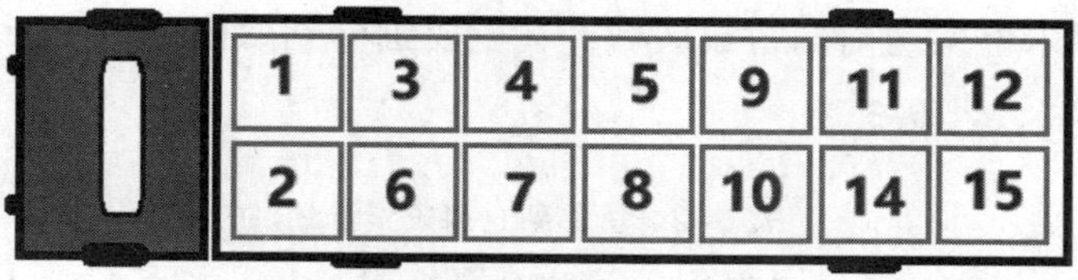

图 6-1　每托装车货品位置示意

（5）确定货品新仓库位或上架规则

想要高效率搬仓，搬仓后续问题少，就要提前为原仓库（老仓库）的所有货物规划存放于新仓库的库位。也就是说，货没有搬至新仓库，就设定好库位，待货物搬至新仓库按照设定的库位直接上架即可，而不是无序下架，随便寻找库位存放（见表 6-1）。

表 6-1　新仓库库位安排

序号	货品编码	货品名称	原库位	货品适合库位类别	新仓库位类别	新仓库位
1	SKU000**101	神马配件001	A01-01-01	A	A	A**01
2	SKU000**122	神马商品001	A01-02-01	A	A	A**02
3	SKU000**143	神马物料001	A01-03-01	A	A	A**03
4	SKU000**164	神马配件002	A01-04-01	A	A	A**04
5	SKU000**185	神马商品002	A01-05-01	A	A	A**05
6	SKU000**206	神马物料002	A01-01-02	A	A	A**06
7	SKU000**227	神马配件003	A01-02-02	B	B	B**01
8	SKU000**248	神马商品003	A01-03-02	B	B	B**02
9	SKU000**269	神马物料003	A01-04-02	B	B	B**03
10	SKU000**290	神马配件004	A01-05-02	B	B	B**04
11	SKU000**311	神马商品004	A01-01-03	B	B	B**05
12	SKU000**332	神马物料004	A01-02-03	C	C	C**01
13	SKU000**353	神马配件005	A01-03-03	C	C	C**02
14	SKU000**374	神马商品005	A01-04-03	C	C	C**03
15	SKU000**395	神马物料005	A01-05-03	C	C	C**04

（6）搬仓记录总表与分表的设计

搬仓的整个过程，都做到可追溯，信息不能断档，各作业环节要形成闭环。

不仅要规划好原仓库的货物到达新仓库存放的库位，还要事先规划货物到达新仓库未上架之前的暂放区域，甚至要细分到库位，并设计相应表格记录，见表 6–2、表 6–3。

表 6–2　货品新仓库安置计划

序号	下架日期	下架区域	下架库位	箱号	搬仓托盘号	箱数	装车时间	车牌号	封铅号	到达新仓时间	暂放区域	上架库位	操作完成
1													
2													
3													

表 6–3　货品搬仓计划

车次号	车型	车牌号	驾驶员	到达装车时间	装载托盘数	填写托盘货物分布（图）表编号	出发时间	到达新仓时间	等待时间	行驶时间
1										
2										
3										

（7）做好搬仓各项准备工作

准备工作事无巨细，包括但不限于人员、设备、车辆、容器、工具、物料、场地、记录表、记录本、单据、标签、封条等。

3. 仓库退货整理、同款合并方法（★★）

（1）人工整理合并法

根据货品的大类、款号、尺码逐步进行分类，最终将相同货品归集装箱上架。方法就是提前计算装箱品、数量及标签量，如表 6–4、表 6–5、图 6–2 所示。

表 6–4　同类货品归集表

物品	数量	装箱量	箱型	零头	可塞量	整箱数	第1箱	第2箱	第3箱	第4箱	第5箱	第6箱	第7箱	第8箱
物品1	363	60	大	3	6	6	60	60	60	60	60	63	0	0
物品2	56	50	中	6	5	1	50	6	0	0	0	0	0	0
物品3	206	30	小	26	3	6	30	30	30	30	30	30	26	0
物品4	71	35	大	1	3	2	35	36	0	0	0	0	0	0

表 6–5　退货整理表

退货地区	上海-2		打印内容							打印每箱件数										
物品代码	总件数	规格	规格	款号	颜色	型号	型号箱	总箱数	理论零头	零头箱	第1箱	第2箱	第3箱	第4箱	第5箱	第6箱	第7箱	第8箱	第9箱	尾数箱
112124077010340	122	30	30	1121 24077	010	340	4	12	2		30	30	30							32
112124077010360	55	10	10	1121 24077	010	360	6	12	5	5	10	10	10	10						10
112124077010380	37	30	30	1121 24077	010	380	2	12	7	7										30
312101001082340	278	60	30	3121 01001	082	340	10	53	8	8	30	30	30	30	30	30	30	30		30
312101001082341	188	30	30	3121 01001	082	341	7	53	8	8	30	30	30	30	30					30

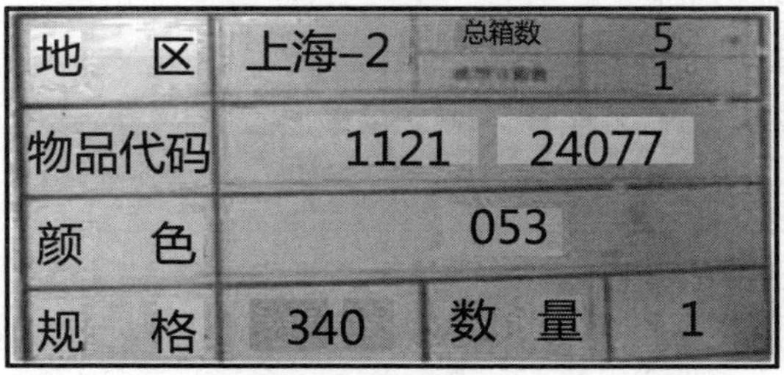

图 6–2　退货单

（2）扫描分拣合并法

方法 1：2 次扫描合并法。

第 1 步指定第一次分拣的货品并归于同一个分拣口，如表 6–6 所示。

表 6-6　指定第一次分拣的货品

货品序号	一次分拣格号
1～15	1
16～30	2
31～45	3
46～60	4
61～75	5
76～90	6
91～105	7
106～120	8
121～135	9
136～150	10
151～165	11
166～180	12
181～195	13
196～210	14
211～225	15

第 2 步扫描所有货品，将同一区间的货品归于同一分拣口，如表 6-7 所示。

表 6-7　归于同一分拣口的同一区间货品

<table>
<tr><th>货品扫描</th><th>投放格号</th><th>分拣工序</th><th>1</th><th>1</th><th colspan="5">投放提示</th><th colspan="5">累计数量</th></tr>
<tr><td>SKU0001</td><td>1</td><td></td><td></td><td></td><td>1</td><td>4</td><td>7</td><td>10</td><td>13</td><td>11</td><td>2</td><td>0</td><td>0</td><td>0</td></tr>
<tr><td>SKU0004</td><td>1</td><td></td><td></td><td></td><td>2</td><td>5</td><td>8</td><td>11</td><td>14</td><td>0</td><td>0</td><td>0</td><td>0</td><td>0</td></tr>
<tr><td>SKU0001</td><td>1</td><td></td><td></td><td></td><td>3</td><td>6</td><td>9</td><td>12</td><td>15</td><td>1</td><td>0</td><td>0</td><td>0</td><td>0</td></tr>
<tr><td>SKU0032</td><td>3</td><td colspan="13"></td></tr>
<tr><td>SKU0003</td><td>1</td><td colspan="13"></td></tr>
<tr><td>SKU0054</td><td>4</td><td colspan="13"></td></tr>
<tr><td>SKU0005</td><td>1</td><td colspan="13"></td></tr>
<tr><td>SKU0006</td><td>1</td><td colspan="13"></td></tr>
<tr><td>SKU0007</td><td>1</td><td colspan="13"></td></tr>
<tr><td>SKU0057</td><td>4</td><td colspan="13"></td></tr>
<tr><td>SKU0007</td><td>1</td><td colspan="13"></td></tr>
<tr><td>SKU0010</td><td>1</td><td colspan="13"></td></tr>
<tr><td>SKU0011</td><td>1</td><td colspan="13"></td></tr>
<tr><td>SKU0012</td><td>1</td><td colspan="13"></td></tr>
</table>

第 3 步对同一分拣口的货品进行二次分拣，最终同一种货品归于同一分拣口，实现同款合并，如表 6-8 所示。

表 6–8　货品经过二次分拣实现同款合并

货品扫描	投放格号
SKU0002	2
SKU0004	4
SKU0001	1
SKU0001	1
SKU0003	3
SKU0001	1
SKU0005	5
SKU0006	6
SKU0002	2
SKU0007	7
SKU0007	7
SKU0010	10
SKU0015	15
SKU0012	12

分拣工序	2	12

投放提示				
1	4	7	10	13
2	5	8	11	14
3	6	9	**12**	15

累计数量				
3	1	2	1	0
2	1	0	0	0
1	1	0	1	1

方法 2：根据货品数量采用区间法分拣。

这种方法是将货品分成多、中、少三个区间，量大的货品可以单独一个分拣口，量中或量少的货品可以合并到一个口子。量多的货品一次分拣到位，量少的货品需要经过 2 次分拣，最终实现同款合并，如表 6–9 所示。

表 6–9　基于货品数量的区间法分拣

	A	B	C	D	E	F	H	I	J
1	SKU	总数量	分拣类型	计数	每口SKU	一次分拣口	一次分拣口号	二次分拣口	标签(库位号)
2	T63221005Z170	1010	A	1	29	A-1	1	1	A-1-1
3	T63221005Z160	1003	A	2	29	A-1	1	2	A-1-2
4	T63221005Z150	1000	A	3	29	A-1	1	3	A-1-3
5	T2277L206735	996	A	4	29	A-1	1	4	A-1-4
6	T2277L206736	956	A	5	29	A-1	1	5	A-1-5
7	T2277L206734	936	A	6	29	A-1	1	6	A-1-6
8	T3254H003037	924	A	7	29	A-1	1	7	A-1-7
9	T3254H003036	900	A	8	29	A-1	1	8	A-1-8
10	T3254H003035	876	A	9	29	A-1	1	9	A-1-9
11	T2277L206737	872	A	10	29	A-1	1	10	A-1-10
1116	T323770020130	6	B	277	28	B-10	39	9	B-10-9
1117	T62255T137150	6	B	278	28	B-10	39	9	B-10-9
1118	T2169X45337	6	B	279	28	B-10	39	9	B-10-9
1119	0471ABU6034	6	B	280	28	B-10	39	10	B-10-10
1120	T62225X450140	5	C	1	83	C-1	40	1	C-1-1
1121	T1435A205735	5	C	2	83	C-1	40	1	C-1-1
1122	T2169X45338	5	C	3	83	C-1	40	1	C-1-1
1123	0471A451034	5	C	4	83	C-1	40	1	C-1-1
1124	1457H116228	5	C	5	83	C-1	40	1	C-1-1
1125	T2110A002034	5	C	6	83	C-1	40	1	C-1-1
1126	T2110A002934	5	C	7	83	C-1	40	1	C-1-1
1127	T323770020140	5	C	8	83	C-1	40	1	C-1-1
1128	2109HY19134	4	C	9	83	C-1	40	1	C-1-1
1129	2106H002034	4	C	10	83	C-1	40	1	C-1-1
1130	2237B001032	4	C	11	83	C-1	40	2	C-1-2

第一步数量分析

数量区间	SKU数	数量	箱型	箱号	合并SKU	分拣量	分拣口	每口分拣数
1-5	825	1145	小	C	10	83	10	83
6-50	280	8493	中	B	3	94	10	28
50以上	838	143281	大	A	1	838	29	29

第二步条件匹配

1	C	83
6	B	28
51	A	29

（3）自动化设备分拣合并

采用自动化分拣机进行同款货品合并，可根据分拣口的多少灵活设置。

结　语

本书基于笔者20年的仓库管理实践，结合10多年的培训指导经验，用时5年左右方整理而成，汇集了仓库管理与数据分析培训课程的诸多知识点。真诚推荐给企业仓库管理者，从事供应链、物流、仓库管理培训的老师，仓库管理系统的设计师和售前人员。

无论科技如何发达，设备如何先进，总会有各种问题存在，也总会有许多仓库管理者不知如何管理。当您遇到仓库管理方面的问题，不妨打开本书看一看，相信它一定会对您有些许帮助。

仓库管理涉及领域很广，难以面面俱到。囿于学识和时间，书中难免有错漏之处，恳请读者朋友批评指正。

叶剑

上海枫泾